Dr Walter Koller

Sagen aus Sachsen-Anhalt

Sagen aus Sachsen-Anhalt

Gesammelt und herausgegeben
von Siegfried Neumann

Bechtermünz Verlag

Genehmigte Lizenzausgabe für
Weltbild Verlag GmbH, Augsburg 1998

Einbandgestaltung: Zembsch' Werkstatt, München
Satz: Uhl + Massopust, Aalen
Druck und Bindung: Wiener Verlag, Himberg bei Wien
Printed in Austria
ISBN 3-86047-200-3

Inhalt

Vorbemerkung

Die Altmark und die anhaltinischen Lande, der Harz und die Grafschaft Mansfeld, das Elbe-Saale-Gebiet und die Gegend um Zeitz – sie alle weisen eine lange und reiche Sagenüberlieferung auf, die seit dem 17. Jahrhundert in regionalen Sammlungen festgehalten worden ist. Vieles davon scheint heute vergessen. Doch manche örtlichen Sagen, über den Brocken, den Kyffhäuser und andere herausragende Schauplätze, leben in mündlicher Erzählung fort; und anderes, halb Vergessenes kommt gelegentlich in kleinen Büchlein wieder ans Licht, die das Sagengut einzelner Städte oder Landstriche neu präsentieren. Nicht zufällig gibt es jedoch bis in die jüngste Vergangenheit kein Sagenbuch, das die Erzählungen aus dem gesamten Territorium Sachsen-Anhalts enthält.

Denn wie alt ist dieses Land? Die einen verweisen auf seine tausendjährige Geschichte; die anderen entgegnen, daß es eine ganz junge Verwaltungseinheit sei. Tatsächlich reichen hier viele Nachrichten und erhaltene Bauten bis in die frühe deutsche Kaiserzeit zurück, während die Grenzen des jetzigen Bundeslandes im wesentlichen erst vor einem halben Jahrhundert gezogen wurden. Wer die »Straße der Romanik« abfährt, die fast das ganze Land berührt, ist fasziniert von dem wechselnden, immer wieder beeindruckenden Landschaftsbild und von den geschichtsträchtigen Zeugnissen der Architektur dieses Raumes, die im Monumental- wie im Fachwerkbau viel Ähnliches haben. Doch die Bewohner des Landes, vor allem die Älteren, empfinden sich zum Teil bis heute im Norden noch mehr als Altmärker und im Süden als Thüringer, während sie in der Mitte den Harz, die Börde oder das ehemalige Anhalt als ihre »eigentliche« Heimat betrachten. Und diese (ausklingende!) Verhaftung im Regionalen ist bis in die Sagendokumentation hinein greifbar.

Zugleich findet sich vieles Gemeinsame in der Geschichte des heutigen Sachsen-Anhalt in den historischen Sagen wieder. Sie berichten von Kaisern, Markgrafen und Bischöfen, die für den

Ausbau des Landes sorgten oder es mit ihren Fehden überzogen, von Ritter- und Adelsgeschlechtern, deren Taten und Untaten sich hier wie da kaum unterschieden, vom Leben der Bürger und der Geistlichen vor und nach der Reformation, die das ganze Land erfaßte, oder von den Schrecken des Dreißigjährigen Krieges, die keinen Landstrich verschonten. Wie das historische Geschehen, so reichte auch dessen Überlieferung in der Sage über einstige dynastische oder administrative Grenzen hinweg.

Ebenso waren die mythischen Sagen, etwa von Hexen und Wundertätern, Kobolden und Zwergen, Riesen und Teufeln, im ganzen Lande verbreitet. Dagegen konzentrierten sich die Sagen von Nixen und Wassergeistern auf das Elbe-Saale-Gebiet, die Sagen mit der Bergwelt als Handlungsort auf den Harz und die Sagen um den Kyffhäuser, der sich als besonders sagenträchtig zeigt, auf das nahegelegene Umland. Eine besondere Rolle spielten die zahlreichen Schatzsagen, in denen vielfach der Wunsch nach einem sorgenfreien Leben seinen Niederschlag fand. Doch auch die anderen genannten Sagengruppen geben tiefe Einblicke in die Glaubens- und Vorstellungswelt mehrerer Generationen meist einfacher Leute, die dieses Erzählgut überlieferten. Was wir heute als interessante Erzählinhalte empfinden, war Sagenerzählern und -hörern ja lange weit mehr: gläubig und oft mit Schaudern vermittelte und hingenommene Wahrheit. So weisen auch die mythischen Sagen Sachsen-Anhalt als eine regional differenzierte, aber letztlich großflächige Sagenlandschaft aus.

Diese Ausgabe will die alte Sagenüberlieferung neu in Erinnerung rufen. Sie schöpft aus den noch verfügbaren schriftlichen Quellen und bietet erstmals eine Übersicht über das Sagengut ganz Sachsen-Anhalts. Was hier erzählt wird, läßt dieses Land (wie jede Sagenlandschaft) in besonderem, eigentümlichem Licht erscheinen, das mehr als nur vordergründige Wirklichkeit erfaßt: Nicht nur das Übernatürliche, das in die Alltagswelt einbricht, sondern auch die überlieferte Historie trägt weithin phantastische Züge. Dennoch erfahren wir durch die Sagen mehr von Land und Leuten als aus vielen Prospekten. Zudem mag auch gerade die Sage jenes Heimatbewußtsein und Wir-Gefühl fördern, das die Menschen jedes Landes brauchen.

HISTORISCHE SAGEN

Aus alten Zeiten

Die Burgwarte zu Grunau

Die Kirche zu Grunau [Kr. Weißenfels] steht frei auf einem Hügel. In alter Zeit jedoch, lange bevor man dort eine Kirche einrichtete, hat auf dieser Anhöhe eine Burg gestanden. Spuren von Wällen und Gräben konnte man noch im vorigen Jahrhundert sehen. Die Burgwarte diente in Kriegszeiten den Bauersleuten der Umgebung als Zufluchtsort.

Einmal, es war im Jahre 916, hat sie auch dem Herzog Heinrich von Sachsen, dem späteren Hunnenbesieger, Zuflucht und Sicherheit gewährt, als ihn König Konrad hart bedrängte. Der Herzog hatte sich mit einer kleinen Schar seiner Kämpfer in diese Feste zurückgezogen, die nun der König Konrad belagerte. Heinrichs Freund, Graf Ditmar von Wettin, wußte, daß sich Herzog Heinrich nicht lange in der kleinen Burg würde halten können. Weil aber ein größeres Heer, um ihn zu befreien, noch in weiter Ferne war, versuchte er eine List.

Ein pfiffiger, aufgeweckter Knappe mußte sich absichtlich in die Hände der Feinde dort vor Grunau fallen lassen. – Man fragte ihn, was er in der Nähe der Burg zu tun habe. Als er sich sträubte zu reden, bedrohte man ihn und setzte ihm hart zu, bis er erzählte, daß er ein kleines Pergamentschreiben des Grafen Ditmar an den Herzog um einen Stein gebunden und über den Wall in die Burgwarte geworfen habe. Man wollte nun wissen, was in dem Schreiben gestanden hätte, doch verweigerte er jede Auskunft. Man drohte, er würde gehängt, wenn er es nicht sage. – Da ließ sich der Knappe Freiheit und Leben versprechen und erzählte, daß ein großes Reiterheer, das bereits an der Saale stände, morgen schon den Herzog befreien würde. – Da es König Konrad auf einen Entscheidungskampf nicht ankommen lassen wollte, gab er die Belagerung auf und zog ab. Der Herzog aber war befreit.

Die Feste Grunau soll später (927) von demselben Heinrich, der dann bereits als Nachfolger Konrads König geworden war, während der Kriegswirren mit den Sorben, die sich in der Burgwarte eine Zeitlang verteidigten, zerstört worden sein. (1)

Die Heidenkrippe im Magdeburgischen

Ein Stein unweit Eimersleben in dem sogenannten »Alt-Haldensleber Holze« wird die »Heidenkrippe« genannt. Er liegt allein und hat eine tiefe, stets mit Wasser gefüllte Höhlung, welche einer Pferdetrappe gleicht.

Hier war einst ein christlicher Feldherr im Begriff, den in großer Überzahl versammelten heidnischen Wenden eine Schlacht zu liefern. Seine Krieger ermutigte er mit den Worten: »Wir werden siegen, so gewiß als ich mein Pferd noch aus diesem Steine tränken werde.« Damit spornte er sein Pferd, das bäumte sich und schlug eine solche Vertiefung in den Stein, daß Wasser hineingeschüttet werden konnte und der Regen sich darin sammelte. Da goß der Feldherr Wasser in den Stein, tränkte sein Schlachtroß daraus wie aus einer Krippe, und alle, die es sahen, griffen den Feind mutig an. Weil aber danach die heidnischen Wenden geschlagen [worden] sind, ist diese Krippe die »Heidenkrippe« genannt worden. (2)

Bauer Käselieb und seine Tochter

Zur Zeit des mächtigen und berühmten Kaisers Otto [935–973] lebte in Rasberg [bei Zeitz] ein wendischer Bauer mit Namen Käselieb. Seine Frau war früh gestorben, und er lebte zusammen mit seiner einzigen Tochter auf einem Bauerngut. Käselieb war ein frommer Christ, seine Tochter aber bewahrte den Glauben an die alten Götter ihres Volkes. Oft wallfahrte sie nach dem heiligen Hain bei Haynsburg, um dort zu beten und dem Priester beim

Opfern behilflich zu sein. Ihr Vater war darüber sehr betrübt. Er hätte sie gar zu gern mit in die christliche Kirche genommen. Immer wieder versuchte er, sie zurückzuhalten, wenn sie nach Haynsburg gehen wollte, aber vergebens.

Da begab er sich eines Tages schweren Herzens nach Zeitz zum Priester Boso. Dem klagte er sein Leid, und er bat den Gottesmann um Rat und Hilfe. Boso hätte am liebsten Käseliebs Tochter zu sich bestellt und ihr ernstlich ins Gewissen geredet, daß sie doch endlich von ihrem alten Glauben lassen sollte. Doch Käselieb versprach sich davon keinen Erfolg. Er wollte aber gern ein gutes Werk tun, damit seiner Tochter ihre schwere Sünde vergeben werden möge. Damit war Boso gern einverstanden. Damals war die Schloßkirche gerade im Bau. Es fehlte an Geld, und es konnten nur wenige Arbeiter und Fuhrleute beschäftigt werden. Die Bauarbeiter kamen daher nicht recht vorwärts. Nun forderte Boso den unglücklichen Rasberger Bauersmann auf, Steine zum Bau des Gotteshauses heranzufahren.

Käselieb erklärte sich freudig bereit; Lohn begehrte er nicht. Schon am folgenden Tage war er mit seinem Gespann zur Stelle. Fortan war niemand beim Bau so fleißig wie er. Von früh bis spät schaffte er Steine herbei. Um seine Wirtschaft in Rasberg kümmerte er sich nicht mehr. Damit er mit seiner Tochter leben konnte, verkaufte er ein Feld nach dem andern, dazu auch nach und nach all sein Vieh. Als die Kirche fertig dastand, war Käselieb ganz arm.

Zur Einweihung des neuen Zeitzer Gotteshauses erschien auch Kaiser Otto. Auf seinem Ritt hierher kam er mit seinem Gefolge durch den Hain bei Haynsburg und sah dort das steinerne Bild des wendischen Gottes stehen. Der Kaiser ergrimmte sehr und schleuderte seinen Spieß mit aller Kraft nach dem Bilde. Polternd fiel das Haupt des Götzen herab und traf Käseliebs Tochter, die sich hinter dem steinernen Bilde verborgen hatte. Sie war sofort tot.

In Zeitz ließ sich Kaiser Otto vom Priester Boso die neue Kirche zeigen. Da sah er in der Tür einen Bauern stehen; der hielt eine Peitsche und eine Deichselwaage in seinen Händen. Es war Käselieb. Boso erzählte nun dem Kaiser, wie dieser fromme Bauer unermüdlich beim Bau der Kirche geholfen habe und dabei so arm geworden sei, daß er nichts mehr besitze als das, was er in seinen Händen halte. Kaiser Otto war gerührt über solche Frömmigkeit und gab dem verarmten Mann so viel Geld, daß er sich einen andern Bauernhof kaufen konnte. Außerdem befahl der Kaiser, ein Steinmetz solle in der Kirche zum ewigen Andenken ein Bild des frommen Käselieb meißeln. Das geschah auch.

Käselieb hätte nun glücklich und zufrieden leben können. Aber wenige Tage nach der Einweihung der Kirche brachten wendische Männer die Leiche seiner Tochter zu ihm. Da wurde er tief betrübt und verbrachte seine letzte Lebenszeit in Trauer.

Noch heute können wir ihn in Stein gehauen in der Schloßkirche sehen. An einem Pfeiler über der Empore befindet sich die kleine, nur 30 cm hohe buntbemalte Steinfigur. Auf einem daneben angebrachten steinernen Schriftband lesen wir die Worte: »Ich heyse Keeselieb.« (3)

Die Kirche von Bitterfeld und die Wenden

Die Sage erzählt, daß früher in Bitterfeld Wenden gewohnt hätten. Damals war es aber noch keine Stadt, sondern ein Dorf mit einer Burg. Auswanderer vom Fläming eroberten das Dorf und rissen die Burg nieder. Da wollten die Wenden, als sie sich später von ihrer Niederlage wieder erholt hatten, aus Rache die Kirche zerstören, die die Fläminger inzwischen gebaut hatten. Aber noch bevor sie den ersten Streich gegen die Kirchenmauern geführt hatten, versank die Kirche im Johanneslober. Am Johannistage kann man die Glocken noch heute unterm Wasser läuten hören. (4)

Kriegeszeichen

Unser deutsches Vaterland wurde von sehr schweren und schädlichen Kriegen heimgesucht unter seinem Kaiser Heinrich, dem vierten dieses Namens, welcher regierte vom Jahre 1065 bis zum Jahre 1105. Diesen Kriegen gingen aber auch ganz besondere Anzeigen vorher, absonderlich im Erzbistum Magdeburg. Denn nicht allein, daß man überall zwei Monate lang einen großen Kometen gesehen, daß in der Luft sich feurige Kriegsheere zeigten, mit blutigen Waffen, brennenden Fackeln, glühenden Pfeilen und belagerten Städten, und daß ein Krachen in den Lüften gehört wurde, als wenn dort große Feldschlachten geliefert würden. Ebenso geschahen noch ganz besondere Wunder im Magdeburgischen. So versammelte sich eines Tages auf dem Marsch bei Magdeburg ein großer Haufen Raben, welche also heftig miteinander stritten, daß eine große Menge von ihnen tot zur Erde niederfiel. Solcher Streit hat einen ganzen Tag gewährt. Ferner haben mehrere Bischofsstäbe, die in ihren Kapellen standen, am hellen Tage, da es lauter und klar Wetter gewesen, Wasser geschwitzt und denen, die sie angefaßt, die Hände mit Wasser gefüllt. Ebenso ist Blut aus gebackenem Brote, wenn man dasselbe zerschnitten, herausgeflossen, und Kinder haben im Mutterleibe geredet. – Solche und dergleichen Wunder sind jenen schweren Kriegen vorhergegangen. (5)

Herzog Rudolfs abgeschlagene Hand

In der Grunauniederung zwischen Dobergast und Hohenmölsen kam es im Oktober des Jahres 1080 zu einer Schlacht zwischen dem Kaiser Heinrich IV. und dem Herzog Rudolf von Schwaben. Dieser ehrgeizige Herzog war dem Kaiser, der in Italien weilte, um dort deutsche Unabhängigkeit dem Papst gegenüber zu verteidigen, untreu geworden. Die Fürsten hatten Rudolf zum deutschen König und Heinrich IV. für abgesetzt erklärt. Rudolf vergaß, daß er diesem Kaiser, der noch dazu sein Schwager war, einst den Treueid geschworen htte. Heinrich kehrte von Italien zurück und zog gegen die Ungetreuen, zu denen besonders die Sachsen gehörten, zum Kampfe. Bei Hohenmölsen kam es zur Schlacht. Heinrichs Scharen trieben anfangs die Sachsen zurück. Dann aber wurden seine Truppen überall geschlagen.

Doch Rudolfs Sieg war teuer bezahlt. Der untreue Herzog erhielt einen Stich in den Leib, außerdem wurde ihm die rechte Hand abgeschlagen. Als er nun auf dem Sterbebett lag und die Bischöfe und Edlen trauernd um ihn standen, wies er auf die abgeschlagene Hand und sagte zu ihnen: »Seht, das ist die Hand, mit der ich meinem Kaiser Heinrich die Treue geschworen habe. Ich verlasse jetzt sein Reich und das Leben. Ihr aber, die ihr mich seinen Thron besteigen hießet, sehet wohl zu, ob ihr mich, der ich euch nur folgte, auf den rechten Weg geführt habt.«

Rudolf wurde dann im Dom zu Merseburg begraben. Die abgeschlagene Hand aber zeigt man dort heute [1937] noch. (6)

Die Schweinsköpfe auf dem Turm des Bornstedter Schlosses

Etwa anderthalb Stunden südwestlich von Eisleben liegt auf einem nach drei Seiten steil abfallenden und auf der vierten durch einen tiefen Wallgraben gesicherten Bergrücken das verfallene Schloß Bornstedt, von welchem außer verschiedenem Gemäuer namentlich noch der Bergfried, ein stattlicher hoher Turm mit elf Fuß hohen Zinnen, wohl erhalten ist [1883]. Unterhalb derselben sind an der Außenseite des Turmes Schweinsköpfe aus Stein angebracht, welche als Wasserspeier dienen, um das auf den Umgang des Turmes fallende Wasser abzuführen. Das Volk aber weiß einen andern Grund für ihr Vorhandensein, denn es geht bei ihm folgende Sage:

Einstmals wurde das Schloß Bornstedt von einem übermächtigen Feinde belagert. Da aber das Schloß sehr fest und die Besatzung tapfer und wachsam war, so blieben alle Anstrengungen der Belagerer vergeblich. Was aber die Waffen nicht bewirken konnten, das erhoffte man vom Hunger. In der Tat rückte für die Belagerten die Notwendigkeit, sich zu ergeben, immer näher, weil der Mundvorrat zu Ende ging und es unmöglich war, neuen herbeizuschaffen. Vergeblich schränkte man die Mahlzeiten auf das äußerste ein. Vielmehr wurden bei der knappen Kost die Leute immer magerer, und die Wämser und Rüstungen schlotterten an den Leibern herum.

Nachdem schon alles Schlachtvieh ans Messer geliefert worden war, hatte man zuletzt nur noch ein einziges Schwein. Da machte ein Mann der Besatzung den Vorschlag, dieses Schwein nicht zu schlachten, sondern es alle Morgen an einer Stelle, wo die Belagerer es hören mußten, so lange zu drangsalen, bis es laut ängstlich quiekte, damit die Belagerer auf den Gedanken kämen, es würde auf der Burg ein Schwein geschlachtet. Der Vorschlag gefiel. Man schnallte die Hungerriemen alle Tage etwas enger, und alle Morgen ertönte das ängstliche Quieken des mißhandelten Schweines. – Als das eine Weile so gegangen war, kamen die Belagerer auf die Meinung, daß man auf der Burg noch reichlich mit Schlachtvieh versehen sein müsse, und zogen mißmutig ab, weil es anscheinend unmöglich war, durch Hunger die Besatzung zur Übergabe zu zwingen.

Froh der gelungenen List, brachten die Geretteten zum Andenken an das Schwein, dem sie ihre Rettung verdankten, unterhalb der Zinnen des höchsten Turmes Schweinsköpfe an, um der Nachwelt die denkwürdige Begebenheit zu bekunden. (7)

Die kluge Äbtissin vom Arendsee

In der Altmark, nicht weit von Havelberg, liegt nahe an einem See das Städtchen Arendsee. Hier stand einst ein Frauenkloster, dessen Insassen nur aus adligen Häusern stammten. Daher herrschte in dem sehr reichen Kloster trotz Schleier und Ehelosigkeit eine gewisse Freizügigkeit, die das Leben leichter machte als anderswo. Es war ein Hort des Friedens und Frohsinns.

Doch im Jahre 1326 überfielen die Polen, unterstützt von Litauern und Russen, das Land und versetzten die Bevölkerung in Angst und Schrecken. Zu dieser Zeit hatte das Kloster eine noch junge, schöne und energische Vorsteherin, die auch bei den schlimmsten Gerüchten völlige Ruhe bewahrte. Doch alle Vorsichtsmaßnahmen, die sie zum Schutze des Klosters ergriff, konnten die aufgeregten adligen Conventualinnen nicht beruhigen; sie wurden immer ängstlicher und kopfloser.

Eines Morgens erschien eine zahlreiche polnische Horde unter Führung eines hohen Offiziers vor den Toren des Klosters. Die Domina und der Hauptmann der kleinen Besatzung, die zum

Schutze des Klosters eingetroffen war, beratschlagten, was zu tun sei. Plötzlich kam der Domina eine Erleuchtung: Sie sandte den Hauptmann als Parlamentär zu dem Befehlshaber der Belagerer und ließ ihm sagen, sie würden sich freiwillig ergeben, sofern er einverstanden sei, daß sie alles, was sie unter ihrem Chormantel verbergen könne, heraustragen dürfe. Dies möchte er bei seiner Ehre bezeugen. – Der Hauptmann tat, wie ihm befohlen. – Nun war der Starost der polnischen Truppen ein stolzer und reicher Burgherr, dem weniger an dem Kloster und seinen Schätzen gelegen war, sondern mehr an den jungen und schönen Klosterfräulein. Und so gewährte er die Bitte der Domina.

Diese erwartete den Hauptmann voller Spannung zurück. Als er ihr die Zustimmung des Polen berichtete, ging ein Lächeln über ihr Gesicht, so daß der Hauptmann voller Sorge sagte: »Einen Teil der Schätze könnt Ihr wohl hinaustragen, aber was wird aus den armen Conventualinnen?« – »Keine Sorge, die Schätze habe ich schon vergraben, dort, wo sie ganz sicher sind, und die Conventualinnen verlassen mit mir, unter dem Schutze des weiten Chormantels der Stifterin unseres Klosters, das Haus.«

Darauf ging sie in die Schatzkammer, nahm aus einem Reliquienschrein den Chormantel von ungeheurer Weite und begab sich in die Kapelle, wo ihre Schützlinge aufgeschreckt, weinend und klagend durcheinanderliefen. »Bringt mir den Stab der Äbtissin, und dann kriecht alle unter meinen Mantel! Ich habe die Erlaubnis erhalten, alles mitzunehmen, was unter ihm Platz findet.«

Einige Minuten später erschien unter dem geöffneten Tor die schöne jugendliche Domina; unter ihrem Mantel jedoch schauten neun junge und alte Frauengesichter hervor. Die Polen standen bei diesem Anblick völlig verblüfft, nicht wissend, was dies zu bedeuten habe. Der Starost fand als erster die Sprache wieder und sagte, sich vor der Äbtissin verbeugend: »Domina, zum ersten Mal in meinem Leben bedaure ich, daß mir das gegebene Wort heilig ist. Sonst würde ich allen in diesen Mauern freien Abzug gewähren; Euch jedoch würde ich als mein Weib auf meine Burg bringen.« – Errötend antwortete die Domina: »Fesselte mich nicht mein Gelübde, ich würde Euch Eures Wortes für meine Person entbinden.« – »Wohin wollt Ihr Euch begeben?« – »Nach Havelberg.« – »Dann gestattet, daß ich Euch mit einigen meiner Leute begleite.« – Die Domina nahm dieses Anerbieten an, und erst kurz vor den Toren Havelbergs trennte sie sich von dem bekehrten und mit List bezwungenen Feind.

Wochen später sandte der Starost einen vom Polenkönig selbst ausgestellten Schutzbrief, wonach dem Kloster und seinen Insassen fortan kein Leid geschehen dürfe. So konnte die mutige Äbtissin ihre Schützlinge wieder in das Kloster Arendsee zurückführen, wo sie alles unverändert vorfanden; die Polen hatten keinerlei Spuren hinterlassen. Als die Domina jedoch in ihr Gemach trat, erblickte sie auf ihrem Betstuhl ein verwelktes Rosensträußchen; und von Stund an hatte sie ihren früheren Frohsinn verloren. (8)

Von Fürsten und hohen Herren

Die Quedlinburg um 1850

Heinrich der Vogelsteller

Die Morgensonne zerriß den Nebelschleier, welcher sich auf Berge und Wald gelegt hatte. Bei dem Harzdorfe Quitlingen hatte diesen Morgen ein Vogelsteller sein Netz ausgespannt. Er freute sich der lachenden Sonne, die ihm half, die Vögel zu locken. Weniger indes behagte ihm das Pferdegetrappel, welches er plötzlich zu hören bekam. »Die Gesellschaft verscheucht mir das ganze Federvolk!« wetterte er in sich hinein. – Zu verhungern brauchte dieser Vogelsteller gerade nicht, wenn ihm auch alle Fänge mißraten wären, denn er hatte gar vornehmes Herkommen und Einkommen. Es war Herzog Heinrich von Sachsen.

Sein Schelten half nicht, das sah er ein, und neugierig lugte er aus nach den Reitern. Woher? Wohin? So mochte er sich fragen. »Woher?« – »Aus Fritzlar.« – »Wohin?« – »Zum Sachsenherzog Heinrich.« – Ein ganzes Fähnlein Reiter war es, das herankam. Sie stiegen von den Pferden, nahten sich voll Ehrfurcht dem Herzog, und – indem sie ihm die Reichskleinodien übergaben – meldeten sie ihm, daß er zum deutschen König gewählt sei.

Da freute sich der Herzog des guten Fanges, den er heute getan. Denn er war ein gewaltiger Geist, und die große Aufgabe war ihm gerade recht, die ihm die Wahl gestellt. Die Ungarn, die damals so oft einbrachen in das deutsche Land und es verwüsteten, haben den Heidenkönig und sein Schwert kennengelernt und das Wiederkommen vergessen.

Der Vogelherd bei Quitlingen muß dem König [919–935] lieb gewesen sein, denn er baute auf dem Berge daneben eine Burg, von welcher aus er den Finkenherd sehen konnte.

Quitlingen ist nachher die Stadt Quedlinburg geworden, und auch der Finkenherd ist von Häusern umgeben. Finkenherd heißt er noch heute. Wenn einer sagen will, hier sei nicht die Stelle, wo Heinrich die Botschaft empfangen, der mag nur alte Quedlinburger fragen. Denen haben's die Urgroßmütter erzählt, und die wußten es ganz genau. (9)

Des Mannes Feld

Kaiser Heinrich, aus dem Siegeszuge gegen die Ungarn zurückgekehrt, saß froh über den glücklichen Ausgang des Kampfes in dem prächtigen Thronsaale seiner Pfalz Wallhausen, umgeben von seinen Räten und den Fürsten und Würdenträgern seines Reiches, und lohnte die Tapfersten der Krieger mit freundlichem Lob und Geschenken an Land und Gut. – Einer der Ritter trat zu ihm heran; er hatte mutig gekämpft und trug manche Narbe in dem bärtigen Gesicht: »Mein Herr und Kaiser«, sprach er, »ich bin grau geworden in Eurem Dienste; die Zeit wird kommen, wo die Kraft meiner Arme mich verläßt. Aber ich habe keinen Fußbreit Landes, wo ich der Ruhe pflegen könnte im Alter. Wollt Ihr ein Feld mir geben, das ich mit einem Scheffel Gerste umsäen kann?« – »Es sei dir gewährt, mein Treuer!« sprach gütig der Kaiser.

Wieder thronte der Kaiser in der Wallhäuser Pfalz, umgeben von Räten und Fürsten und den Mächtigsten seines Landes. Da traten seine Höflinge ihn an und sprachen: »Herr, der Ritter hat Euch betrogen, er hat die Gerste dünn herumgesät um eine weite, weite Strecke des fruchtbarsten Landes, und nennt die ganze Strecke sein eigen. Nehmt zurück das Land von dem Betrüger und straft ihn für sein Vergehen!« – Der Kaiser aber antwortete und sprach: »Er hat mich nie betrogen, er hat es auch jetzt nicht getan. Was er umsät hat mit dem Scheffel Gerste, das ist und bleibt des Mannes Feld.« (10)

Otto der Große und Editha, seine Gemahlin

Wenn auch König Otto [935–973], der späterhin 962 die Würde eines römischen Kaisers erhielt und daher in der Geschichte gewöhnlich Kaiser Otto genannt wird, nicht der erste Erbauer unserer Stadt Magdeburg gewesen ist, so können wir ihn doch immerhin als den eigentlichen Begründer derselben bezeichnen. Was er für Magdeburg getan hat, wird noch weiterhin erwähnt werden, aber das mag schon hier gesagt sein, daß durch die Verleihung von Freiheiten an die Bewohner des Ortes, der dem neugegründeten Erzstifte zugehörte, derselbe bald zu einer wirklichen Stadt emporblühte. Daher haben die Magdeburger aller Zeiten mit dem Gefühl größter Dankbarkeit seiner gedacht, und die Namen Magdeburg und Otto sind für ewige Zeiten verbunden. Schon frühzeitig haben Magdeburger Bürger ihren größten Gönner und Beschützer durch Errichtung eines stattlichen Denkmals geehrt. Dasselbe hat die Ungunst der Zeiten und selbst die schreckliche Zerstörung der Stadt im Jahre 1631 überdauert, und so steht es heute [1887] noch auf dem Marktplatz der Stadt als ein Wahrzeichen ihres Alters und ihrer Größe. Wann das Reiterstandbild Ottos des Großen errichtet worden, ist nicht sicher überliefert, aber wahrscheinlich wurde es gegen Ende des dreizehnten Jahrhunderts errichtet...

Eine wunderbare Sage war und ist auch wohl jetzt noch unter dem Volke verbreitet, nämlich die, daß Kaiser Otto in jeder Neujahrsnacht, Punkt zwölf Uhr, seine Stellung verändere und eine vollständige Wendung mache.

Neben Otto war aber... seine erste Gemahlin Editha oder, wie der Name sonst lautete, Edgith, hochgeehrt von den Bürgern Magdeburgs. Und wie bekannt, wird mit ihrem Namen der Bau der ersten steinernen Stadtmauer verknüpft. Denn ihr gehörte der Ort oder die Stadt an, da sie sich dieselbe selbst als Morgengabe, das heißt als einstiges Wittum, auserkoren und erbeten hatte. Noch in der späteren Zeit galt das königliche Paar als ein Vorbild treuer Gattenliebe, wie auch Otto nach dem frühzeitigen, schmerzlichen Tode seiner Gemahlin Editha noch das Lesen erlernt hatte, um zum Seelenheil derselben selbst in den heiligen Schriften der Kirche lesen zu können...

Aber auch die Sage hat die fromme und gottesfürchtige Gemahlin Ottos verherrlicht, obwohl uns nur einige wunderbare Erzählungen überliefert sind. Doch schon der alte Geschichtsschreiber Thietmar, der, ein geborener Graf von Walbeck, die Schule des Klosters Berge besuchte und später Bischof von Merseburg wurde, berichtet uns, daß Editha wie eine Heilige verehrt worden sei und daß Wunderzeichen durch sie geschehen seien. Nur weniges hat sich von solchen Sagen erhalten, aber man sieht, wie gerade ihre Frömmigkeit und Wohltätigkeit sich in dem Gedächtnis und Andenken des Volkes erhielt. (11)

Editha und die Hirschkuh

Einstmals, als die Königin Editha sich in der Königspfalz zu Magdeburg aufhielt, ereignete sich eine wunderbare Geschichte, die da zeigt, wie selbst die Tiere des Waldes Zutrauen zu der milden und frommen Frau hegten.

In einer Nacht, als der König selbst nicht in Magdeburg weilte, hörte man ein lautes Pochen an der Tür des königlichen Gehöfts, so daß die Königin, die es hörte, einen ihrer Diener hinaussandte, um nach dem Begehren des Pochenden zu forschen. Als der Diener die Tür geöffnet hatte, kam eine ungezähmte Hirschkuh herein und eilte furchtlos bis in das Gemach der Königin, wo sie sich vor derselben niederließ, als ob sie ihr ein ihr zugestoßenes Unglück erzählen wollte. Flehentlich heftete sie ihre klugen Augen auf die hohe Frau, so daß diese wohl merkte, daß irgendein Schmerz das arme Tier quälte. Daher befahl die Königin einem ihrer Jäger, dem Tiere zu folgen und mit ihm zu gehen, wohin es ihn führen würde.

Dies geschah, und gleichsam freudig erregt, sprang die Hirschkuh auf und lief dem Jäger voraus hin zur Elbe. Als sie nun weiter über die Elbe in das jenseits sich hinstreckende Gehölz gekommen waren, führte das Tier den Jäger bis an eine Stelle, wo ihr Junges fest in einer Schlinge gefangen war. Sobald aber der Jäger das Junge aus derselben befreit hatte, sprang die Hirschkuh froh in den Wald hinein. (12)

Königin Editha und das Mädchen

Die Königin Editha ging von ihrem Königshofe aus zuweilen durch die Straßen Magdeburgs. Ehrfurchtsvoll begrüßten sie dann die Bewohner, und Notleidende durften sich ihr mit Bitten nahen. Einst sah sie unter der Menge ein blondhaariges Mägdlein. Auf den Zuruf der Königin kam die Kleine herbei und überreichte ihr anmutig einen duftigen Maiblumenstrauß. Sie hatte die Blumen in ihrem Hausgärtchen an der heutigen Junkerstraße selbst gepflegt und für die liebe Königin gepflückt. Diese war über die Gabe hocherfreut und fand Gefallen an dem blauäugigen Kinde. Sie gab ihm einen ihrer Ringe mit den Worten: »Nimm dies als Dank! Wenn du einmal in Not geraten solltest, dann komme zu mir und zeige mir den Ring, so werde ich dir helfen!«

Der Vater des Mägdleins war ein fleißiger Weber. Aber Krankheit brachte Not und Sorge in das Haus, und er geriet in Schulden. Der Gläubiger drängte und wollte ihn und seine Familie aus dem Hause jagen. Da dachte die Tochter, welche inzwischen zur Jungfrau erblüht war, an den Ring der Königin. Derselbe verschaffte ihr Einlaß zu der mildtätigen Editha. Die hohe Frau erinnerte sich des lieblichen Mägdleins mit den duftigen Maiglöckchen und hielt ihr Versprechen. Die Schuldsumme wurde bezahlt, der hartherzige Gläubiger aber bestraft. Die Königin beschenkte außerdem noch

Figuren im Magdeburger Dom, um 1250, die lange als Otto der Große und Editha galten

reichlich die Weberfamilie, und bald entstand anstatt des alten Häusleins ein schöneres Haus. Über der Tür aber prangte die »Maiblume«. – So erklärt die Sage den noch jetzt [1894] gebräuchlichen Namen eines Hauses in der Junkerstraße. (13)

Edithas Wohltätigkeit

Der König [Otto] verbot einst seiner allzu freigiebigen Gemahlin Editha, den Armen so wertvolle Gaben zuzuwenden, wie sie es häufig zu tun pflegte. Als sie bald darauf an einem hohen Festtag zur Kirche ging und ein kostbares Gewand, »Kurzebold« genannt, trug, stand an der Kirchtür ein Bettler, der den Saum des golddurchwirkten Kleiderärmels ergriff, die Königin daran festhielt und flehentlich um ein Almosen bat. – Die Königin wies ihn mit dem Bemerken ab, sie habe nichts bei sich. – Aber der Bettler bat dringender und sagte, sie möge ihm doch dann ein Stücklein ihres Gewandes geben, dann sei ihm geholfen. – Nun erlaubte ihm die Königin, den Ärmel des Prachtgewandes, den er immer noch festhielt, abzureißen.

An der Mittagstafel verlangte Otto das Kleid zu sehen, das sie am Morgen getragen. Die erschrockene Königin versuchte allerlei Ausflüchte, aber der König befahl, das Gewand herbeizuholen. Weil sie nun den Zorn ihres Gemahls fürchtete, ließ sie das Kleid herbeiholen und überreichte es ihm zitternd. Doch siehe, das Kleid war unversehrt. Verwundert zog der König den Ärmel hervor, den er selbst am Morgen, als Bettler verkleidet, abgerissen hatte. Er hatte seine Gemahlin prüfen wollen und nun erkannt, daß eine mächtige Hand durch ein Wunder ihr geholfen hatte.

Von nun an schränkte er ihre Wohltätigkeit nicht wieder ein, und sie konnte ungehindert den Armen Gutes tun. (14)

Markgraf Gero und Gernrode

Das reizend am Fuße des Harzrandes gelegene Städtchen Gernrode nennt in seiner uralten Stiftskirche Sankt Cyriaci ein kirchliches Baudenkmal sein eigen, das für die Geschichte der mittelalterlichen Baukunst von höchster Bedeutung ist.

Gründer des ehemaligen Frauenklosters zu Gernrode und dieses herrlichen Gotteshauses war der große Markgraf und Herzog der sächsischen Ostmark, Gero, von den gleichzeitigen Geschichtsschreibern »Beschirmer des Vaterlandes« und im Nibelungenliede »Markgraf Gero« genannt. Er starb am 20. Mai 965 und ist in der Gernroder Stiftskirche beigesetzt worden . . .

Die Legende berichtet, Gero habe vom Papst in Rom einen Dorn aus der Dornenkrone Christi erhalten und der Kirche seines Stiftes geschenkt. Derjenige, welcher diese Reliquie mit eigenen Augen sah, bekam vierzig Tage, und wer sie berührte, gar hundert Tage Ablaß. Das soll viele Wallfahrer nach Gernrode gezogen und dem Kloster große Summen Geldes zugeführt haben.

In der Einwohnerschaft von Gernrode lebt das Andenken an die gewaltige Persönlichkeit Geros fort. Der zum Büßer gewordene Kriegsheld soll, wie ein biblischer Patriarch, ein sehr hohes Alter erreicht haben. Er zählte mehr denn dreihundert Jahre, als er starb, so heißt es von ihm. Und an der Stätte, wo er sein irdisches Leben beschloß und wo er Abtei und Stiftskirche gründete, wandelt sein Geist umher und mit liebender Sorgfalt über dem Geschick dieses seines letzten großen Werkes. (15)

Die polnische Herzogin und die Kindesmumie im Dom

In dem Verschlag des einen Domturms [zu Magdeburg] wurde lange Zeit die unverweste Leiche eines kleinen Mädchens, die im Laufe der Zeit zur Mumie geworden war, in einem rot ausgeschlagenen, mit duftenden Kräutern gefüllten Sarge gezeigt. Über die Herkunft dieser Kindesmumie weiß eine dunkle Sage folgendes zu berichten:

Der mächtige Polenherzog Prebislav hatte sich mit Luidgard, der Tochter des Herzogs Heinrich von Mecklenburg, vermählt, und beide lebten anfangs in glücklicher Ehe. Bald aber war er ihrer überdrüssig, wollte sich von ihr trennen und sie in ein Kloster bringen. Weil sich aber Luidgard sträubte, ihm darin willfährig zu sein, so beschuldigte er sie der Untreue und stieß sie, als sie einst eben aus der Beichte kam, mit eigener Hand in ihrem Zimmer nieder. Doch war sein Stoß nicht tödlich, und einer seiner Helfershelfer, ein junger Ritter, brachte sie beiseite, um sie vollends zu töten. Der Ritter aber hatte Mitleid mit seiner jugendlichen, schönen Gebieterin, schenkte ihr das Leben und ließ statt ihrer die Leiche eines andern Weibes aufbahren. Nach drei Tagen wurde die vermeintliche Fürstin, indem man vorgab, sie sei vom Schlage getroffen, unter großem Gepränge beigesetzt.

Die unglückliche Herzogin aber hatte der Ritter nach einem geheimen Orte geschafft und dort ihrer pflegen lassen, bis sie ganz gesundet war. Dann hatte sie sich aufgemacht und war nach Magdeburg zu dem Erzbischof Konrad II. [1266–1277] geflüchtet, hatte ihm ihre Geschichte erzählt und ihn um Schutz angefleht. Diesen jammerte die unglückliche Frau, und er brachte sie in einem Kloster unter. Dann versuchte der Erzbischof alles, um die Fürstin mit ihrem Gemahl auszusöhnen. Doch wollte dieser nicht glauben, daß sie noch am Leben sei, und weigerte sich, sie wieder aufzunehmen. Ehe aber noch die Verhandlungen zu Ende kamen, raffte die Pest die Unglückliche dahin und mit ihr das Töchterchen, das ihr einige Monate nach der Flucht geschenkt worden war. Auf ihrem Sterbebett hatte Luidgard den Wunsch ausgesprochen, daß man die Leiche ihres Kindes einbalsamieren und ihrem fürstlichen Herkommen entsprechend erhalten möge. Wie sie es gewünscht hatte, so geschah es auch, und noch lange war die »schöne Engelsleiche« im Dome zu sehen. (16)

Das Stadtholz bei Salzwedel

Die Stadt Salzwedel besitzt ein ansehnliches Gehölz, welches einen Flächeninhalt von mehr als neuntausend Morgen hat. Vor Zeiten war dasselbe noch bedeutend größer, und es ist durch folgende Begebenheit kleiner geworden:

Es hatte nämlich vor vielen hundert Jahren ein Markgraf seinen Fürstensitz in Salzwedel; der hatte eine Liebschaft mit der Frau des Freischulzen in Brietz, welches Dorf nahe an dem Stadtholze liegt. Als er nun eines Tages bei dieser Frau zum Besuche war, da kam, ihm sehr ungelegen, der Schulze nach Hause. Der Markgraf daher, um seiner los zu werden, versprach ihm einen solchen Strich von dem Stadtholze abzutreten, als er in einer Viertelstunde umgehen werde. Das ließ sich der Schulze nicht zweimal sagen, und er eilte flugs in das Stadtholz, schritt auch seine Viertelstunde lang rüstig zu. Als er aber nach Verlauf derselben zurückkehrte, kam er dem Markgrafen noch zu früh, und dieser versprach ihm daher noch einen solchen Strich, als er in einer zweiten Viertelstunde umgehen werde.

Auch dieses ließ der Schulze sich gefallen, und es kam auf solche Weise ein großer und schöner Teil von dem Stadtholze auf ewige Zeiten fort an die Erben des Schulzen zu Brietz, die ihn noch jetzt [1839] besitzen. (17)

Ludwig der Springer und die Weißenfelser Fischer

Landgraf Ludwig der Springer liebte die schöne Adelheid, die Gemahlin des Pfalzgrafen Friedrichs III. von Goseck. Um sie zu heiraten, ließ er den Pfalzgrafen im Einverständnis mit Frau Adelheid töten. Bald darauf heiratete Ludwig die junge Witwe. Der Sohn des getöteten Pfalzgrafen klagte Ludwig der Anstiftung zum Morde beim Kaiser an. Dieser ließ den Schuldigen auf der Burg Giebichenstein gefangensetzen. Dort konnte er ohne Fesseln umhergehen, aber er durfte die Burg nicht verlassen; er wurde ständig bewacht. Nachdem Landgraf Ludwig schon zwei Jahre in Haft war, befahl der Kaiser dem Burghauptmann, ihn binnen dreimal drei Tagen töten zu lassen.

Da sann Ludwig nach, wie er dem Tode entgehen könne. Er schickte seinen Diener zu seinem Geheimschreiber wie auch zu einem befreundeten Ritter. Er wollte seinen letzten Willen aufschreiben lassen und sein Erbe verteilen. Das konnte ihm der Burghauptmann nicht verwehren. In der Burgkapelle betete Landgraf Ludwig lange. Sein Gebet schloß mit den Worten: »Heiliger Ulrich, hilf mir durch deinen Schutz aus Not und Tod! Ich will dir auch eine Kirche bauen lassen.«

Als der Geheimschreiber das Testament des Landgrafen aufschrieb, waren die Wächter zugegen. Auch Ludwigs ritterlicher Freund war dabei. Beim Abschied umarmte der zum Tode verurteilte Fürst die beiden Getreuen und flüsterte ihnen dabei ins Ohr: »Bringt morgen mittag mein Lieblingspferd, den »Schwan«, ans jenseitige Ufer, und sorgt dafür, daß ein Kahn an diesem Ufer steht! Ich will es wagen, mich zu retten!« Dann verließen ihn die beiden.

Landgraf Ludwig stellte sich nun todkrank. Er aß und trank nicht, sagte, ihn fröre sehr, und ließ sich Kleider und Mäntel geben. Die zog er alle an. Seine Freunde hatten inzwischen in Weißenfels mit den Fischern verhandelt. Diese fuhren in der Nacht mit einem Kahn nach der Burg Giebichenstein und verbargen sich am Fuße der Burg im Röhricht des Saaleufers. Ein Reitknecht mit des Grafen »Schwan« wartete am jenseitigen Ufer.

Als Landgraf Ludwig sich überzeugt hatte, daß alles nach

Burg Giebichenstein um 1840

Wunsch bereit war, öffnete er das Fenster, angeblich, um frische Luft zu schöpfen, schwang sich schnell hinaus und sprang in die Tiefe, wobei seine vielen Kleider die Schnelligkeit des Sprunges milderten. Wohlbehalten kam er im Röhricht des Ufers an. Geschwind zogen ihn die Weißenfelser Fischer in ihren Kahn und ruderten ihn auf das andere Saaleufer hinüber. Dort schwang sich Landgraf Ludwig auf sein Roß und stürmte davon.

Zum Dank für die Hilfe erhielten die Weißenfelser Fischer vom Landgrafen das Recht, auf der Saale bis nach der Burg Giebichenstein zu fischen. In Sangerhausen ließ er dem heiligen Ulrich eine Kirche erbauen. (18)

Der Ring der Frau Kröte

Auf dem herzoglichen Schlosse zu Dessau wird ein glückbringender Fingerring, der »Ring der Frau Kröte«, aufbewahrt. Er ist aus bleichem Golde gefertigt und oben, wo drei alte ungeschliffene Diamanten von ansehnlicher Größe eingesetzt sind, breit, unten etwas schmäler und offen. Der mittlere Edelstein ist dachförmig gestaltet, während die beiden äußeren dreieckig und von platter Form sind. Der Ring stammt vielleicht aus dem 15. Jahrhundert und trägt die Spuren langjährigen Gebrauchs. An ihn knüpft sich folgende schöne Sage:

Vor vielen Jahren befand sich in der fürstlichen Residenz Dessau eine Fürstin von Anhalt in gesegneten Umständen. Sie speiste deswegen zu Zeiten in ihrem Zimmer allein, sammelte auf einem Tüchlein die Brosamen und schüttete sie nach gehaltener Mahlzeit zum Fenster hinaus. Stets fand sich dann unter dem Fenster eine große Kröte ein und verzehrte die Brocken.

Als einst die Fürstin nachts im Bett lag, trat eine Frauengestalt mit einer brennenden Leuchte vor ihr Lager und sprach zu ihr: »Meine Frau Kröte dankt sehr fleißig für die Brocken Brots, die sie unter deinem Fenster genossen, und schickt dir diesen Ring zur dankbaren Erkenntnis. Verwahre ihn wohl und sorge dafür, daß er allezeit im Schlosse bleibt. Dann wird es den darin wohnenden Gliedern des fürstlichen Hauses wohl gehen, und ihr Stamm wird nicht aussterben. Halte auch alle Christnächte fleißig Aufsicht über Feuer und Licht in diesem Schlosse, denn leichtlich kann es in solcher Nacht in Brand geraten und wohl ganz und gar abbrennen!« Nach diesen Worten erlosch die Leuchte, und als auf die Rufe der Fürstin ihre Dienerinnen mit Licht herbeieilten, lag der Ring auf dem vorhandenen Tischchen, die geheimnisvolle Frau aber war nicht mehr zu sehen. (19)

Das Büchelchen bei Tangermünde

Das Dorf Buch in der Altmark, unweit Tangermünde gelegen, war früher ein ansehnlicher Flecken, der in alten Urkunden sogar eine Stadt genannt wird und auch seinen eigenen Roland besaß, zum Zeichen, daß ihm die hohe Gerichtsbarkeit verliehen war.

Der Große Kurfürst Friedrich Wilhelm hatte einstmals einen vornehmen Hofbedienten; dieser sprach von dem Orte mit einiger Verkleinerung und bat dabei um dessen Schenkung, ungefähr mit den Worten: Es hätten Seine Kurfürstliche Durchlaucht ein Büchelchen unfern Tangermünde; und möchten Sie ihm solches schenken; es sollte zu Ihrem alleruntertänigsten Andenken von ihm jederzeit wert gehalten werden. – Dem antwortete aber der Kurfürst: Er könne dieses Büchlein aus seiner Bibliothek nicht missen, sondern gebrauche es noch selbsten; man möge sich daher eine andere Gnade suchen. (20)

Fürst Franz als Feuerbeschwörer

Fürst Leopold Friedrich Franz, menschenfreundlich, wie er war, verordnete bald nach seinem Regierungsantritt, daß bei Feuersnöten schleunigst nach dem Dessauer Schlosse Meldung zu machen sei, damit den Betroffenen alsbald Hilfe gebracht werden könne. Lief eine solche Meldung ein, oder bemerkte er selbst von seinem Schlosse aus oder anderswo eine Feuersbrunst, so eilte der Fürst in eigener Person zu Pferde zu jeder Tages- und Nachtzeit an die gefährdete Stelle, spornte die Leute mit lauter Stimme zur Rettung an und traf mit weiser Umsicht Vorkehrungen, das wütende Element zu bekämpfen.

Dieses tätige Vorgehen des Fürsten in der Stunde der Gefahr verschaffte ihm große Achtung und brachte ihm den Ruf, er könne das Feuer besprechen. Besonders in Bone, Wörlitz, Weissandt und anderen Orten erzählt man sich, Fürst Franz habe bei einem großen Feuer im Dorfe dreimal das brennende Gehöft umritten und dadurch dem Weitergreifen der Flammen Abbruch getan. (21)

Herzog Heinrich und Meister Knoche zu Barby

Herzog Heinrich von Sachsen-Weißenfels, dem Barby gehörte, konnte einen Spaß vertragen. Einmal hatten seine Arbeiter unwissentlich den Garten des Schmiedemeisters Johann Gottfried Knoche in Barby umgearbeitet. Der gekränkte Besitzer machte sich, wie er war, in Pantoffeln, Lederschürze und Samtkäppchen, auf nach Dessau, wo sich Herzog Heinrich gerade aufhielt. Die Wachen wollten ihn nicht ins Schloß lassen. [Doch] zufällig sah Hein-

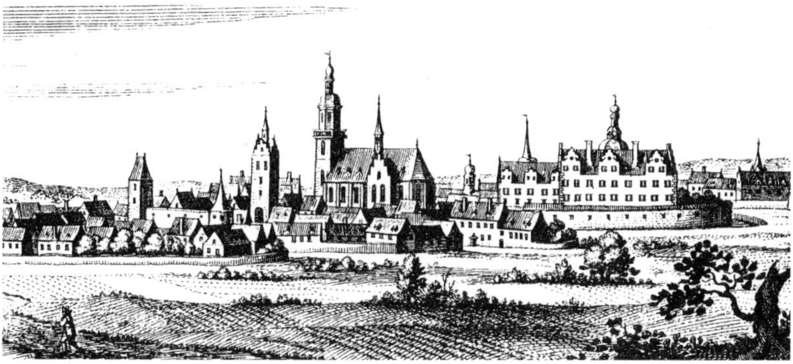

Dessau um 1650

rich aus dem Fenster, und da er ihn kannte, winkte er ihm, heraufzukommen.

Der Meister klagte, was ihm für Unrecht widerfahren sei. – Der Fürst versprach, ihn zu entschädigen, und zwar sollte er sich selbst ein Stück Land auf der »Weidenbleiche« aussuchen. – Das tat Meister Knoche auch voll und ganz. Als der Herzog einige Zeit darauf in Barby weilte, sah er, daß das ausgesuchte Gartenstück doch etwas zu groß ausgefallen war. Er stellte also den Meister zur Rede. – Da sagte dieser: »Ja, Herr Herzog, der Flicken muß größer sein als das Loch, sonst hält er nicht!« – Da lächelte Heinrich und schwieg. Das Stück Land ist noch heute [1923] im Besitz der Familie Knoche . . . (22)

Ritter und Raubritter

Von dem bey Blanckenburg gelegenen wüsten Schlosse / Alten-Reinstein genannt

Dieses uhralte und zerstöhrte Schloß lieget vor dem Unter-Hartz / eine kleine halbe Meile von Blanckenburg auf einem ziemlich hohen Felsen / und hat seinen Nahmen von dem Reinen weissen Felsen-Stein / darinnen es gebauet / bekommen. Es ist dasselbe wohl ein wunderliches Gebäu / indem darinnen alles / ausser dem etwas nunmehro verfallenen Thurm / und fast alle Gemächer / vornehmlich aber Küche / Keller / Kirche / Saal / Pferde-Ställe und dergleichen mehr in dem Stein-Fels ausgehauen worden / massen man in dem Schlosse nichts anders als lauter Stein um und neben sich antrifft / denn im Eingange zur rechten Hand sind etliche Ställe von klahrem weissem Felsen / und haben einige derselben oben Kammern / die im Felsen / vermöge unterschiedlicher Thüren / zusammen gehen. Von hier steiget man auf lauter Felsen etwas höher hinauf zu einem breiten Stein-Felsen / dabey zur lincken Hand ein in den Felsen gehauener Graben ist. Nicht weit hiervon sind die Rudera der rechten Schloß-Wohnung vorhanden / in welches durch den Felsen ein Thor-Weg durchgebrochen worden. Zur lincken Seite hinterwerts ist ein ziemliches in Felsen gehauenes Gewölbe anzutreffen / welches / derer Führer Aussage nach / die Kirche soll gewesen seyn / worbey auch noch einige in Felsen verfertigte Gemächer gewiesen werden. Wenn man nun durch die vor gedachte steinerne Durch-Fahrt wieder ausgehet / und noch höher auf den Felsen hinauf steiget / gelanget man oben auf das Schloß / und dessen Tach / so von keinem Holtz-Werck gemachet / sondern nichts anders als der blosse Stein-Fels ist / hierauf kan man herum gehen / und bey gutem Wetter sich weit und breit umsehen / zur Rechten aber stehet hart am Schlosse der anfänglich gemeldete Thurm / so von Back- oder Brannt-Steinen aufgemauert ist. Ferner siehet man gantz oben auf der Höhe nach der Quedlinburger Straße zu / welche unten bey dem Schloß vorbey gehet / ein von Erde nach der alten Fortifications-Art aufgeworffenes Boll-Werck / und ist an der Seite des Schlosses / wo es vonnöthen / und der Felsen nicht stickel genug gewesen / der Natur / zu mehrer Befestigung dieses Orts / mit etwas Mauer-Werck geholfen worden...

Es soll aber dieses Schloß von einem Grafen von Reinstein / dessen Stamm numehro gäntzlich abgestorben / erbauet / und von dem letzten dieses Nahmens eine geraume Zeit als ain Raub-Schloß gebrauchet worden seyn. Weilen man nun demselben / in diesen Vor-Zeiten fast unüberwindlichen Orte / mit Gewalt nichts hat anhaben und dessen Rauberey verhindern können / so haben die Benachbarte / denen der Graf mit Rauben grossen Schaden zugefüget / solches endlich mit List versuchet / und dadurch auch das Schloß glücklich einbekommen; denn als sie Kundschafft erhalten / daß der Graf gern weisse weiche Käse esse / und solche bey denen Bauer-Weibern bestellet habe / sind dergleichen Käse von etlichen bewehrten / und wie Bauer-Frauen angekleideten / Soldaten in der Frühe vor das Schloß gebracht / bey dem Einlassen die Wache im Thore nieder gemachet / und also / mit Hülffe des hernach dringenden Volcks / dieses Raub-Schloß zerstöhret worden / den Grafen aber haben seine Mägde noch errettet / indem sie denselben in etliche Betten eingenähet / und oben im Schloß durch ein Loch / welches nach der Quedlinburger Straße gehet / mit einem Seile hinab gelassen / da er mit einem bey sich habenden Messer die Betten aufgeschnitten / und sich zu Fusse davon gemacht... (23)

Der grausame Graf von Reinstein

In Stecklenberg [Kr. Quedlinburg] ist früher ein Burggraf gewesen, der hat wild in der ganzen Gegend gehaust, und man hat sich viel gemüht, ihn zu fangen. Aber es hat nie gelingen wollen; denn er hatte seinen Rossen die Hufe verkehrt aufgeschlagen, und wenn man nun meinte, er sei in der Burg, so war er draußen, und wiesen die Spuren der Pferde nach dem Lande, so war er drinnen. So wild und grausam war er aber, daß er sich oft an einem Tage eine

Quedlinburg um 1650

gewisse Zahl setzte, der er die Köpfe abschlagen wollte, und dann ruhte er nicht eher, als bis er sie erfüllt hatte. Aber mit dem Alter hat er doch Mitleid gehabt, und als einmal ein steinalter Mann noch spät abends in die Straße kam, fragte er ihn, wie alt er sei; und als der es ihm nun gesagt, da ließ er ihn ziehen, obgleich er noch der letzte war, der ihm an seiner Zahl fehlte.

So hat er es lange ungestraft getrieben. Aber zuletzt haben ihn die Quedlinburger auf dem Regenstein, der ihm auch gehörte, gefangen und haben ihn mit sich nach Quedlinburg geführt. Da hat er ihnen denn, als sie auf den Markt kamen, gute Worte gegeben, hat seine Lanze in die Erde gesteckt und gesagt, so weit sie hervorsähe, wolle er den ganzen Markt mit Gold anfüllen, wenn sie ihn freiließen. Aber sie haben sein Sündengeld nicht gemocht und ihn, wie er's verdiente, vom Leben zum Tode gebracht. (24)

Der Drache bei Nebra und der Ritter Sankt Georg

Als einstmals die Burg zu Nebra belagert wurde, geriet die Besatzung, obwohl sie sich aufs tapferste verteidigte, in große Not, weil es den Feinden gelungen war, sich des dicht an der Burg gelegenen Brunnens zu bemächtigen. Als nun die Not des Durstes aufs höchste gestiegen war, stieg das Burgfräulein, um Wasser zu holen, hinab zu der Quelle, die am Fuße des Burgbergs hervorsprudelt, da wo der Unstrutbrücke gegenüber das Gasthaus »Zur Sorge« steht, unter dessen Tanzsaal die Quelle sich jetzt befindet.

Kaum aber schickte sich das Burgfräulein an, aus der Quelle zu schöpfen, da kam aus einer nahegelegenen Höhle ein Drache hervor und drohte die Jungfrau zu verschlingen. Doch wie durch ein Wunder ward sie gerettet, denn vom Wendelstein her kam ihr der Ritter Sankt Georg mit riesigem Gefolge zu Hilfe, erschlug den Drachen und befreite die Belagerten.

Darum ist die Kirche zu Nebra ihm geweiht, über deren Türe die Begebenheit in Stein gehauen dargestellt ist, und aus demselben Grunde führt auch die Stadt Nebra sein Bild in ihrem Siegel. (25)

Der Lindwurm und Burg Rothensee

Da, wo jetzt die Große Schulstraße in den Breiten Weg einmündet, stand der Sage nach bald nach der Gründung Magdeburgs eine stattliche Burg, die zum Schutze der Stadt dienen sollte. Der Burgherr Wilderer von Wildburg hatte eine Tochter namens Bertha, die so schön von Wuchs und Antlitz und so voller Milde und Sanftmut war, daß viele Ritter von nah und fern sich um ihre Hand bewarben, aber immer vergebens.

So erging es auch dem Ritter Wolf von Rüdenstein, der nördlich von der Stadt, wo heute [1894] das Dorf Rothensee liegt, eine feste Raubburg im Waldesdickicht bewohnte. Dieser wollte sich aber durchaus in den Besitz der schönen Jungfrau setzen, und es gelang ihm auch mit Hilfe listiger Zigeuner, die schöne Bertha heimlich zu entführen und auf seine Burg zu bringen. Hier wußte aber die Entführte durch ihre Lieblichkeit und Herzensgüte einen Boten zu dingen, der ihren Eltern das Geschehene mitteilte und den Aufenthalt der Tochter verriet.

Nun rüstete Graf Wildburg einen Zug gegen die Feste des räuberischen Ritters zur Befreiung seiner Tochter und zog an der Spitze der Schar, die aus den tapfersten seiner Mannen bestand, aus der Stadt gen Norden. Als die Kämpfer aber in den Wald kamen, der die Burg von allen Seiten umgab, zeigte sich ein greuliches Ungetüm, ein Lindwurm mit sieben Köpfen und einem riesigen Leibe, den die Macht eines Zauberers als Wächter vor die Burg gelagert hatte. Sobald die unerschrockenen Ritter sich ihm nahten, spie das Ungetüm aus seinem siebenfachen Rachen Feuer und Flammen und schlug gewaltig mit dem Schweife um sich, so daß im Nu ganze Reihen der Tapferen am Boden lagen und ihre Rosse sich im Blute wälzten. Die übrigen Rosse aber waren nicht mehr zu halten, sondern jagten zitternd mit gesträubten Mähnen zurück, und der Graf mußte den erfolglosen Kampf aufgeben.

Nachdem der Graf durch einen Priester erfahren [hatte], daß der Lindwurm von einem tugendhaften und frommen Ritter, der durch Gebete am Grabe des Heilands sich zu einem wahren Streiter Gottes geweiht habe, getötet werden könne, ließ er die Ritterschaft im ganzen Lande zum Kampf gegen den Lindwurm auffordern und setzte als Preis die Hand seiner Tochter. Darauf kam ein junger, schöner Ritter, Georg von Ingenheim, in glänzender Rüstung auf schneeweißem Rosse. Er hatte in der Ferne von dem Abenteuer gehört und wollte die Jungfrau befreien und erringen. Ungeachtet der Feuerströme aus den Mäulern des Lindwurms und der gewaltigen Schwanzschläge, davon die Erde erbebte, schlug der kühne Streiter dem Ungeheuer mit wuchtigen Hieben einen Kopf nach dem andern ab, daß dunkle Blutströme hervorquollen und das Blut ringsum den aufgewühlten Boden bedeckte. Inzwischen hatten die übrigen, geführt vom tapferen Grafen, die Burg eingenommen, und Wolf von Rüdenstein und die gesamte Burgbesatzung wurden nach verzweifelter Gegenwehr erschlagen.

Die schöne Bertha von Wildburg war nun befreit und vermählte sich mit ihrem Befreier, dem edlen Georg von Ingenheim. Zur Verherrlichung der Heldentat ward über dem Burgtor ein Steinbild des Lindwurms angebracht, das nachdem immer das Wahrzeichen der Häuser blieb, die an der Stelle erbaut wurden. – Die Raubburg aber wurde dem Erdboden gleichgemacht; und später entstand dort ein Dorf. Dieses erhielt, wie die Sage erzählt, den Namen »Rothensee«, weil der See, der sich am Platze des Lindwurmkampfes bildete, noch lange Zeit vom Blut des Lindwurms eine rötliche Färbung behielt. (26)

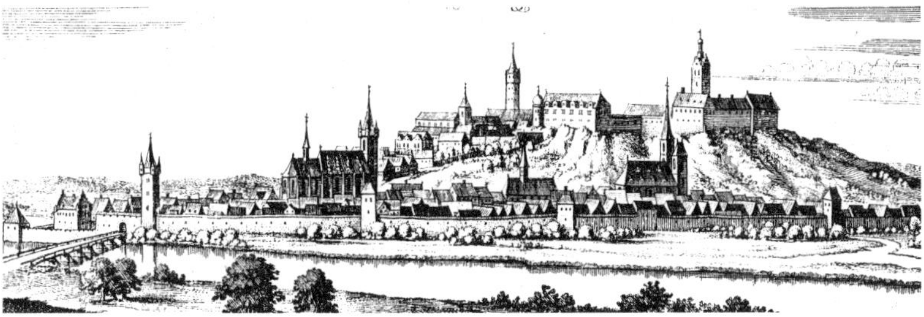

Bernburg um 1650

Der Herr von Pfuhle und die spukende Nonne von Sankt Blasien

In dem Pfuhlschen Busche zwischen Bernburg und Kustrena liegen die mit Rasen und Strauchwerk bewachsenen und darum kaum noch erkennbaren Trümmer eines verfallenen Gebäudes. Hier hauste einst ein mächtiger Graf, wegen der Lage seiner von Sümpfen umgebenen Burg der »Herr von Pfuhle« genannt. Er war eine harte Geißel der Umgegend, denn raubend und plündernd zog er mit seinen Knechten umher. Bei drohender Gefahr flüchtete er sich allemal schnell in sein Schloß, das ihm vor feindlichen Angriffen volle Sicherheit gewährte, weil der einzige Zugang zu demselben durch eine Zugbrücke geschützt und wenig Mannschaft bei dieser Art von Befestigung hinreichend war, dem Feinde Widerstand zu leisten.

Bei einem seiner Streifzüge war es ihm nun auch einmal gelungen, ein Mädchen aus angesehener Familie zu rauben und auf seine Burg zu schleppen. Auf die wiederholten Aufforderungen des benachbarten Grafen von Plötzkau, dasselbe wieder freizulassen, gab er die kurze, aber bestimmte Antwort, jener solle doch das Mädchen holen, wenn ihm soviel an ihr gelegen wäre. – Das beschloß dieser denn auch zu tun, verfuhr aber dabei sehr klug. Er wartete nämlich den Winter und starke Kälte ab, welche die Sümpfe gefrieren ließ, und rückte nun in einer dunklen Nacht mit einer zahlreichen Schar auf die feindliche Burg los. Nachdem er dieselbe ohne Widerstand erstiegen, fiel er mit seinen Leuten über die nichtsahnenden Schläfer her, welche sämtlich niedergemacht wurden, und ließ das Schloß bis auf den Grund zerstören. Das Mädchen aber gab er ihren Angehörigen zurück.

Dieses jedoch war durch die während der Gefangenschaft erlittene schlechte Behandlung trübsinnig geworden und ging in ein Kloster, wo sie im Wahnsinn gestorben ist. Doch auch im Grabe hat sie keine Ruhe gefunden, wie folgende Sage bekundet:

Wer in der Mitternachtsstunde den durch Wiesen und Wald führenden Fußweg von Aderstedt nach Bernburg allein zurücklegen muß, pflegt sich ängstlich umzuschauen und beeilt sich, um so schnell wie möglich an einer unheimlichen Stelle vorbeizukommen. Das sind die nahe am Wege liegenden Trümmer des Klosters Sankt Blasius, in welchem das von dem Herrn von Pfuhle geraubte Mädchen Aufnahme gefunden hatte. Hat der Wanderer diese unbehelligt im Rücken, so atmet er frei auf. Manchem aber springt die spukende Nonne auf den Rücken und bleibt unter Heulen und Stöhnen so lange auf ihm sitzen, bis er das ehemalige Klostergebiet verlassen hat. (27)

Die geraubten Fräulein

Vor Zeiten hausten wilde Raubritter in der alten Burg Kyffhausen. Des Tages schwärmten sie in Wald und Flur umher, plagten die Umgegend und raubten Menschen und Vieh, Gut und Geld, und des Nachts schwärmten und schwelgten sie in und von den erbeuteten Schätzen. Sie hatten nach allen Seiten hin von der Burg aus lange Gänge unter der Erde, so daß sie bald da, bald dort unversehens hervorbrachen und ebenso schnell wieder verschwanden.

Einst raubten sie am hellen Mittag in Kelbra vier junge und wunderschöne Fräulein, die eben aus der Kirche kamen, und schleppten sie auf die Burg. Auch aus anderen Orten holten sie sich junge Dirnen. Die Fräulein sollen nachher manchmal mit den Raubrittern auf die Jagd geritten, aber niemals wieder herunter in die Güldene Aue gekommen sein. Zuweilen in hellen Nächten sieht man sie noch über den Berg reiten auf schönen schneeweißen und prächtig angeschirrten Pferden, aber es ist nicht gut, ihnen zu begegnen. (28)

Die geraubte Braut

In alter Zeit war in Teuchern, dort, wo heute das Rittergut steht, eine Wasserburg. Der Ritter, der in dieser Burg wohnte, hatte einst die Braut eines andern Ritters gefangengenommen. Er hielt sie in der Burg in Gefangenschaft, um von ihrem Bräutigam ein großes Lösegeld zu erpressen. Streng wurde das Ritterfräulein bewacht. Nur zweimal in der Woche durfte sie zur Johanniskapelle, die nicht weit von der Burg entfernt war, gehen, um dort zu beten. Wächter begleiteten sie auf dem Wege dorthin. Doch wenn sie dann in heißem Gebet Gott um Rettung aus ihrer Not bat, benutzten die Wächter die Gelegenheit, um beim Kapellenschmied, der nebenbei auch eine Schankwirtschaft hatte, ihren Durst zu stillen.

Das hatte des Mägdleins Verlobter erfahren, und darauf baute er auch seinen Plan auf, seine Braut zu befreien. Als wieder einmal die Wächter dort einkehrten und wenig auf die Gefangene achteten, erschien in der Schankstube ein Pilgersmann. Der erzählte viel von fremden Ländern und lud die Wächter ein, mit ihm zu trinken. Nichtsahnend tranken sie ein Glas nach dem andern, kamen immer mehr in fröhliche Stimmung und dachten kaum noch an ihre Gefangene.

Plötzlich war der fremde Pilgersmann verschwunden. Nun erinnerten sich die Wächter ihrer Pflicht und eilten zur Kapelle. Doch da war niemand mehr zu sehen. Jener Pilgersmann war in Wirklichkeit der Bräutigam gewesen. Er hatte die Gelegenheit benutzt und war auf schnellen Pferden, die er in der Nähe der Kapelle bereitgestellt hatte, mit seiner Braut entflohen. (29)

Liebe und Leid auf Burg Waldersee

Nordöstlich von Dessau, in dem Winkel, den das Pelzeflüßchen an seiner Mündung mit der Mulde bildet, lag einst die Burg Waldeser, jetzt Waldersee genannt, von der sich nur noch wenige Trümmer erhalten haben. Schloß und Dorf Waldeser wurden im Anfang des 14. Jahrhunderts vom Hochwasser der Elbe zerstört. Aber das Volk weiß es anders. Nicht durch Wasserfluten läßt es die Burg untergegangen sein, sondern durch den Überfall eines Raubritters, und es erzählt den Hergang in folgender Weise:

Auf der Burg Waldersee herrschte Lust und Freude; des ehrenfesten Burgherrn liebreizende Tochter feierte ihre Vermählung mit einem benachbarten Edelmann. Gäste und Dienerschaft schwelgten in den Genüssen, die das Fest in reichlicher Fülle bot, bis tief in die Nacht hinein, und waren keines Unheils gewärtig. Da, um Mitternacht, wurde es auf einmal lebendig vor der Burg. Der Raubritter von Kühnau erschien mit seiner Rotte vor Waldersee und schickte sich zum Angriff an. Er hoffte, die Feste überrumpeln zu können, da er vermutete, daß die Insassen nicht mehr nüchtern wären oder bereits im Schlafe lägen. Aber der Turmwart hielt getreue Wacht. Auf sein Hornsignal erhoben sich eilends Ritter und Knechte, legten die Waffen an und warfen sich den Angreifern entgegen.

Ein hitziger Kampf entspann sich nun. Beiderseits wurde tapfer gestritten. Aber schließlich mußten sich die Raubgesellen, deren Zahl schon stark gelichtet war, in den Wald flüchten. Durch dick und dünn setzte man ihnen nach, allen voran der junge Ehemann, und keiner, der in die Hände der Sieger fiel, wurde verschont.

Im Kampfeseifer jedoch hatte man die Verfolgung zu weit ausgedehnt. Man war weit ab von der Burg gekommen, und das wurde dieser zum Verhängnis. Der Kühnauer nämlich, den man weit vertrieben glaubte, hatte sich mit einigen Genossen im Dikkicht unweit der Burg verbergen können. Jetzt brach er aus seinem Versteck hervor und drang in die von den Verteidigern entblößte Burg ein. Im Nu machte er die wenigen Waffenknechte, welche sich ihm entgegenstellten, nieder, überraschte den greisen Burgherrn, erstach auch ihn und ebenso seine Tochter, die jungvermählte Frau. Dann steckte er das Schloß in Brand und zog mit dem schnell zusammengerafften Raube heim nach seiner Feste.

Aber lange sollte er sich seiner Beute nicht erfreuen. Waldersees Eidam fand, als er von der Verfolgung zurückkehrte, eine Stätte des Grausens. Sein trautes Ehegemahl, noch im Brautgewande, daneben der Vater, lagen beide tot in ihrem Blute; das Schloß stand in Flammen. Sein ganzes Lebensglück war vernichtet; glühender Rachedurst beseelte ihn. Augenblicklich brach er auf mit den Waffengenossen, dem Räuber nach. In seiner wohlverwahrten Burg saß Kühnau mit den Seinigen und glaubte sich sicher. Doch ihm nahte das Verhängnis, die Rächer erschienen. Auge um Auge, Zahn um Zahn! Hatte der Raubritter Schloß Waldersee angezündet, so warf man jetzt Feuerbrände in seine Feste, und nicht lange dauerte es, so stand sie in Flammen. Ein Entkommen gab es für die Räuber nicht. Jeder, der flüchten wollte, wurde gefangen und an einem der nächsten Bäume aufgeknüpft. Auch Ritter Kühnau mußte dieses schmähliche Ende erleiden und erntete so den Lohn seiner Untaten.

An beiden Orten ist es zur Mitternachtsstunde nicht geheuer. Auf der Stelle, wo die Flammen seine Burg verzehrten, erscheint der Raubritter von Kühnau in der Haltung eines Gehenkten, durchwühlt den Erdboden und sucht nach seinen Schätzen. In der Nähe der Trümmer von Waldersee aber irrt eine Frauengestalt im weißen Brautgewande, den Kranz auf dem Haupthaar. Sie sucht den Gatten, dem sie am Hochzeitstage entrissen wurde. Es ist die Tochter des letzten Ritters von Waldersee. (30)

Der Blutstein

Auf der Burg Arnstein [Kr. Eisleben] lebte einst ein grämlicher alter Herr, der nur dann gute Laune hatte, wenn seine liebliche Tochter Jutta bei ihm weilte. Dieser hatte der Tod schon seit einigen Jahren die geliebte Mutter genommen. Ihren einzigen Bruder aber, den Gespielen ihrer Jugendjahre, hatte der Vater zu einem entfernten Freunde gebracht, damit er bei demselben die Ritterschaft erlerne. So hatte die muntere Jutta keine andere Gesellschaft als ihren launischen, menschenfeindlichen Vater und einen Knappen desselben, den Sohn eines verarmten Ritters aus edlem Geschlechte.

Bald faßte Jutta Liebe zu dem schönen Jünglinge, und auch Egbert, so hieß derselbe, gewann die Jungfrau lieb, wagte aber nicht, seinen Gefühlen Ausdruck zu geben, da er die hochfliegenden Pläne des Alten inbetreff seiner Tochter kannte. Sinnend saß er einst auf einem Steine im Burgzwinger und richtete sein von der

Abendsonne beleuchtetes Antlitz hinab auf die wenigen Häuser von Schnackerode, da stand plötzlich Jutta mit freundlichem Gruße an seiner Seite. Auf ihre Frage, wovon er träume, bekannte er ihr seine Liebe, zugleich aber, wie wenig Hoffnung er habe, sie einst als Hausfrau heimführen zu können, weil er arm und ohne Freunde sei. – Als nun Jutta ihm seine Besorgnis auszureden suchte und ihm feierlich gelobte, nie eines andern Weib werden zu wollen als das seine, da rauschte es in den nahen Zweigen, und vor dem erschrockenen Paare stand mit blinkendem Schwerte in der Rechten Juttas Vater. Ohne dem Jünglinge nur Zeit zur Rechtfertigung zu lassen, stieß er demselben unter Verwünschungen das Schwert in die Brust, so daß Egbert lautlos zusammenbrach. Dann schleppte er die ohnmächtig niedergesunkene Jutta mit sich fort in die Burg, wo dieselbe erst durch sein Toben wieder zum Bewußtsein kam.

Traurig bestatteten die Knechte Egbert zur Erde, und zwar an der Stelle, wo er sein Leben ausgehaucht hatte. Jutta aber flüchtete sich aus dem für sie freudenleer gewordenen Leben in eine Klosterzelle, wo sie ihre Tage mit Gebeten für ihren schuldlos hingemordeten Geliebten und ihren sündigen Vater verbrachte.

Noch jetzt [1880] ist der Blutstein, auf welchem Egbert mit Jutta gesessen und welchen sein Blut bespritzt hatte, vorhanden; und kein Regen hat vermocht, den Blutfleck abzuspülen. Aber sehen kann ihn nur ein Menschenkind, welches in der Walpurgisnacht geboren ist. Einem solchen ist auch die Erlösung des Mörders vorbehalten, dessen Geist sich abmüht, das Blut von dem Steine abzuwaschen. Aber so eifrig er auch wäscht und scheuert, der Blutfleck tritt stets wieder hervor. (31)

Die Erichsburg bei Raguhn

Vor alten Zeiten hauste auf der nun schon längst verschwundenen Erichsburg bei Raguhn ein arger Raubritter, der Schrecken der Umgegend, Erich geheißen. Seine Burg war schwer zu belagern und fast uneinnehmbar. Sie erhob sich am Ufer der Mulde, und an der Stelle, wo sie nicht unmittelbar ans Wasser grenzte, war eine verborgene Schleuse angelegt, durch welche die Burgleute mit dem Wasser des Muldeflusses das Tal ringsum überfluten konnten, so daß der anrückende Feind abgeschnitten wurde oder gar mit Mann und Roß ertrank. Schon lange, aber immer ohne Erfolg, hatte der gerechte und edle Landesfürst dem Stegreifritter nachstellen lassen, um ihm sein unsauberes Handwerk zu legen.

Eines Tages traf es sich, daß der Erichsburger mit seinen Leuten auf Raub ausgezogen war. Da kam der Fürst mit Rittern und Knechten unverhofft vor die Feste, verschüttete die Schleuse, erstieg das Raubnest und zerstörte es.

Inzwischen war dem abwesenden Ritter die Kunde von dem Angriff auf seine Burg hinterbracht worden, und schleunigst eilte er mit seinen Mannen herbei, um die Feinde zu verjagen. Aber er kam zu spät – die Burg war verloren. Wutentbrannt warf er sich mit seiner Schar auf die Gegner, streckte viele von ihnen nieder, doch auch seine Mannen fielen, einer nach dem andern. Zuletzt kämpfte der Erichsburger nur noch allein den Verzweiflungskampf, unterstützt von zwei furchtbaren Doggen, die nicht von seiner Seite wichen. Erschöpft und dem Erliegen nahe, rief er höhnisch in die Reihen der ihn hart Bedrängenden hinein:

»Den Erichsburger Erich, den trifft man nicht,
Den fängt man nicht,
Dem Erichsburger Erich auch kein Gericht
Das Urteil spricht!«

Hoch reckte er sich dann empor, wies mit gebieterischer Gebärde auf den Erdboden, und krachend öffnete sich vor ihm ein gewaltiger Spalt von endloser Tiefe. Da hinein sprang er mit einem gewaltigen Satze, gefolgt von den getreuen Doggen. Ein Hohngelächter ertönte noch, dann schloß sich donnernd der Abgrund. »Er war mit dem Teufel im Bunde!« sprach der Fürst, sprachen die Seinigen, als sie ihren Schrecken überwunden hatten.

»Er war mit dem Teufel im Bunde!« sagen auch die Umwohner, wenn sie die Mär erzählen, und sie fügen hinzu, daß man nächtlich an der Stätte des Kampfes verworrenes Getöse, das Gestöhn sterbender Krieger und das Bellen von Hunden vernehmen könne. (32)

Der Raubritter von der Güntersburg

Nahe am südwestlichen Teile des Harzstädtchens Güntersberge liegen auf einem schroffen, bewaldeten Berge, »Kohlberg« mit Namen, die jetzt zum Teil wieder ausgegrabenen Trümmer der sogenannten Güntersburg. Von ihrer Geschichte ist nichts bekannt, ihre Erbauung mag aber wohl schon ins 11. Jahrhundert zu verlegen sein. Wie von den meisten alten Ritterburgen die Sage viel Schauerliches zu erzählen weiß, so ist dies auch bei der Güntersburg der Fall:

Vor langen, langen Zeiten hauste auf der Güntersburg ein böser Raubritter. Schönes Geld, schöne Ware oder schöne Frauen, alles war ihm willkommene Beute; und bald war die Gegend so verrufen, daß man die unterhalb der Burg entlangführende Landstraße ängstlich mied.

Das hörte ein Zauberer, der tief im Harze in einem von Felsen und düstern Tannenwäldern umschlossenen Tale seine Wohnung hatte. Er war ein Meister in der Schwarzen Kunst und wußte die Naturkräfte sich dienstbar zu machen. Aber nur Gutes zu wirken, übte er seine Macht; böse Menschen strafte er, wo er konnte. So nahm er sich auch vor, den Güntersberger Räuber zu züchtigen, und um ihn auf frischer Tat zu ertappen, verbarg er sich der Burg gegenüber im Walde.

Lange Zeit mußte er vergebens warten. Endlich aber kam ein Handelsmann aus Nordhausen, der nach Quedlinburg zu Markte zog. Er saß auf einem Maultier, und neben ihm her ritt sein Töchterlein, in Mannskleider gesteckt. Noch war die Sonne nicht aufgegangen, und so, dachte er, würden die Räuber ihn nicht gewahren. Aber der Turmwart war wachsam; er stieß ins Horn, und kurz darauf sprengte der Ritter mit mehreren Reisigen den Berg hinab. Im Nu waren die beiden Reisenden eingeholt und alsbald das verkappte Mädchen, das vor Schreck ohnmächtig zu Boden sank, als solches erkannt. Mißhandelt, ausgeplündert und seiner Tochter beraubt, blieb der unglückliche Kaufmann an der Straße liegen, und frohlockend ob der gemachten Beute kehrten die Räuber auf ihre Burg zurück.

Kaum hatten sie die Zugbrücke überschritten, da plötzlich, auf des Zauberers Machtspruch, krachte es durch die weite Burg wie Donnerschläge: Die Erde bebte, und hinab in die Tiefe des Berges sank das steinerne Gebäude, in Schutt und Trümmer zerfallend und alle Insassen, Raubritter und Jungfrau zerschmetternd und mit sich begrabend. (33)

Der Seegraf

Zwischen Morl, Möderau und Beidersee lag vor vielen, vielen Jahren ein tiefer und weiter See. Er erstreckte sich westlich bis in die Gegend der Saale. Die Fuchsberge sind ehemals eine Insel im See gewesen, weiterhin westlich ragte der Schloßberg empor.

Die Sage geht, daß das Schloß eines Raubritters inmitten der weiten Fluren gestanden, den man den Seegraf nannte. Er war ein harter und grausamer Mann, plünderte das Land, mordete die Leute und raubte die Jungfrauen ringsum, so auch einstmals die schöne Tochter eines nachbarlichen Ritters, seiner Lust zu fröhnen. Doch in stürmischer Herbstnacht eroberte der Vater des Mägdeleins mit seinen Mannen die Burg. Bald flammte sie auf, einer lodernden gewaltigen Feuersäule gleich. Aber oben auf dem Turm stand die Jungfrau, stürzte sich in die Glut und fand mit dem Räuber und seinen Spießgesellen den Tod. (34)

Die Zerstörung der Burg auf dem Hausberge

In längst vergangenen Zeiten saß auf dem Hausberge im Junkerholz unweit Eisleben ein Graf Karl, der wegen seiner vielen Verdienste um das Reich zu großem Besitz gelangt war. Aber seine Untertanen drückte er so, daß er sich den Haß aller zuzog. Von Tag zu Tag wurde sein Regiment unerträglicher, bis sich schließlich seine Untertanen gegen ihn empörten. Von überallher zogen die bewaffneten Scharen der Aufständischen heran. Sogar von Quedlinburg, Harzgerode und vielen andern weit entfernten Orten sollen sie gekommen sein, die Burg mit Holz und Stroh in Brand gesteckt und gänzlich zerstört haben. (35)

Adlige und Untertanen

Das schwarze Schloß und der schwarze Graf

In alten Zeiten stand da, wo jetzt die Trümmer der Moritzburg in Ruinen liegen, ein mächtiges Schloß. Es wurde auf einem hohen Felsen erbaut, der schroff in die Saale fiel. Dort hauste ein wilder und schrecklicher Graf, der weder Gott noch Menschen fürchtete. Er führte ein so schändliches Leben, daß keine Jungfrau im Lande vor ihm sicher war, selbst nicht seine eigene Schwester. Und wenn der Sturm über die Heide wehte und die Kronen der Eichen zersplitterte, wollte man ihn zur Seite des Wilden Jägers gesehen haben und mit »hussa« und »hallo« den Zug der Wilden Jagd begleiten. Daher nannte man ihn den »schwarzen Grafen« und seine Burg das »schwarze Schloß«.

Einmal auf einer seiner tollen Jagden in der Heide sah der Graf einen schneeweißen Hirschen, dem er sofort nachstürzte und die Hunde auf ihn hetzte. Je mehr er ihn verfolgte, desto weniger konnte er ihn einholen. Aber der Graf verfolgte ihn unaufhörlich, bis sich das Tier in die Klause eines alten Eremiten flüchtete und dort atemlos vor dem Kruzifix niederfiel. Mit wildem Geheul kam ihm aber die Meute des Grafen nach, und er selbst stach den Hirsch mit roher Lust nieder. Dann brach er ihn auf und weidete ihn aus, um das Herz mitzunehmen. Zu seinem größten Erstaunen aber bemerkte er, wie auf dem roten Herzen ganz deutlich ein weißes Kreuz gezeichnet war: »Geweiht« rief er, »desto besser sollst du mir munden.«

Kaum hatte er aber daheim das Herz verzehrt, als er auf einmal die Sprache der Tiere verstehen konnte. »Flieh, flieh«, krähte der Hahn in einem fort, »dein Schloß sinkt hin!« Und die Ente schnakte: »Trapp, trapp, reit den Burgweg herab!« – Da packte ihn die Angst. Schnell warf er sich auf das mutige Pferd und stürzte davon. Der Koch aber, der das Herz zubereitet und davon gekostet, hatte auch den Mahnruf des Hahnes verstanden und wollte sich an dem Schwanz des Pferdes festhalten und sich so retten. Da zog aber der Graf sein Schwert und hieb den Schwanz ab, daß der arme Koch zurückbleiben mußte. Noch hörte er, wie die Henne rief: »Schau nicht zurück, 's ist dein Glück!« Dann jagte er den Schloßberg herunter, daß die Funken stoben.

Schon fühlte er den Boden unter sich wanken, da brach ein jäher Donner los, und ein mächtiges Unwetter prasselte nieder. Pfeilschnell flog der Renner mit dem Grafen dahin, und erst beim Giebichenstein wagte er sich umzusehen. Da erblickte er eben noch beim Scheine eines Blitzes die zusammenstürzenden Zinnen seines Schlosses, über welchen die schäumenden, sturmgepeitschten Wasserwogen der Saale zusammenschlugen.

Dies schreckliche Strafgericht, aus dem er nur durch die heißen Gebete seiner Schwester erlöst war, hatte den Starrsinn des verstockten Sünders gebrochen. Zerknirscht wandte er sich zu Gott und bereute seine Freveltaten bitter, indem er fortan ein gottseliges Leben zu führen gelobte. Er zog sich ins Kloster zum Neuen Werk zurück und vermachte diesem alle seine Güter. Dort ist er in Reue und Glauben entschlafen, und so lange das Kloster bestanden hat, sind dort für sein Seelenheil alljährlich viele Messen gelesen worden.

Zu Mitternacht aber am Jakobustage, also an dem Tage, da das schwarze Schloß von den Fluten verschlungen ward, kann man die Türme und Zinnen auf dem Grunde noch liegen sehen. Mit dem ersten Glockenschlag erheben sie sich über den Wasserspiegel und versinken mit dem zwölften wieder. (36)

Die Tauffeier zu Kalbe an der Milde

Um die Ruinen der alten Burg zu Kalbe an der Milde, jetzt schlechthin die Burg genannt, erstreckt sich noch jetzt [1879] ein an den Rändern mit Schilf zugewachsener, sehr breiter Graben, der zum Schutze der ganz in der Ebene liegenden Burg zu den Zeiten des Raubrittertums gedient hat und jetzt kaum noch halb so breit wie früher ist, so weit erstreckt sich schon seine Trockenlegung. Die Burg, früher ein Tummelplatz der Raubritter und wegen ihrer

Festigkeit und guten Lage im Bruch und Moor von den Kaufleuten und Reisenden weithin gemieden, ist jetzt verfallen. Nur einzelne Mauern stehen noch und geben Zeugnis von der festen Bauart. Ein Haus, welches jetzt zur Wohnung dient, war früher ein Gefängnis. Noch um 1805 sah man auf dem einzigen Eingangswege die Stümpfe der Balken, die einst die Zugbrücke trugen, und um 1800 konnte man die bunten Glasscheiben in einzelnen noch bewohnbaren, aber verfallenen Gemächern finden, wie sich einzelne alte Leute des Ortes noch ganz wohl erinnerten.

Mit dem Verfall der Burg hatte es folgende Bewandtnis: Von denen von Alvensleben, die noch jetzt auf dem Gute zu Kalbe an der Milde wohnen, hatte der letzte, der den Fall der Burg hervorrief, mit mehreren Rittern der Umgegend in Fehde gelegen. Es wurde ein Vergleich bei der Tauffeier eines der Alvenslebenschen Kinder verabredet. Die Ritter kamen und ritten auf dem engen Wege nach der Burg vor, passierten ganz friedlich die Zugbrücke – und im selben Augenblick ihre im Hinterhalt gelegenen Knappen und Reisigen hinterdrein, überwältigten die Burgmannschaft und ließen sie über die Klinge springen. Dem Herrn hieben sie die Hände ab, der Frau die Daumen. Das Kind, dessen Tauffeier die Veranlassung zu dem Anschlage bot, soll mit der Amme über den breiten Burggraben im Nachen entkommen, die goldene Wiege des Kindes in den Burggraben gefallen sein und noch jetzt des glücklichen Finders harren. – In der Kirche zu Kalbe, unterhalb des Orgelchores, sieht man den Burgherrn und die Burgfrau mit den abgehauenen Gliedern beinahe in Lebensgröße in Stein ausgehauen, die abgehauenen Finger liegen lose im Helm, der vor dem Burgherrn steht.

Seitdem ist die Burg verfallen. Sie soll im Dreißigjährigen Kriege noch von den Franzosen als fester Punkt besetzt gewesen sein und bietet ihre alten Mauern jetzt zu Wohnungen der Gutstagelöhner und als Material zu Neubauten dar, wozu viele der alten Feldsteine verwendet werden. – Die Burg hatte so viel Land innerhalb des Grabens und im Bereiche der Schießwaffen der Besatzung, daß diese ohne Proviant, bloß vom Ertrage dieser Ländereien, sich halten konnte. (37)

Das verwünschte Grafenpaar

Auf einem fast kugelartigen, nach Westen zu nur mit dürftigem Gestrüpp bewachsenen Hügel an der Eine, einem frischen Gebirgsflüßchen, erheben sich die Trümmer der ehemals glänzenden und berühmten Feste Arnstein. Dort lebte vorzeiten Graf Hoyer, ein Raufbold und Krieger sondergleichen, dessen Herz fast noch härter war als das Gestein seiner Burg. Während er das Getümmel der Schlacht aufsuchte oder vorüberziehenden Kaufleuten auflauerte, quälte Ursula, seine Hausfrau, die ebenso gefühllos war wie ihr Herr, die Burgleute und jeden, der ihr in den Weg kam.

Als nun Hoyer nach einem Leben voll grausamer und blutiger Taten gestorben war, fiel keine Träne auf seinen Sarg; vielmehr war jedermann froh, daß der harte Mann endlich gestorben war. Aber schon wenige Tage nach seiner Beisetzung verbreitete sich das Gerücht, der Geist des Ritters sei hoch hinauf in eine Mauerecke der Burg gebannt, und wirklich vernahm man oftmals zur Nachtzeit dort oben dumpfes Stöhnen. Nicht anders erging es schließlich Frau Ursula. Auch ihr Leib wurde nach ihrem Tode unbetrauert und unbeweint der Erde übergeben, ihr Geist dagegen blieb auf der Erde zurück und mußte in die entgegengesetzte Ecke der Burg wandern. Jedem von beiden Gatten ist die Nähe des andern bekannt, allein sie können sich nicht nähern, und nur ihre Seufzer begegnen sich. (38)

Der ewige Faden der grausamen Gräfin

Mit der Verwünschung der Arnsteiner Burgfrau hat es eine besondere Bewandtnis. Die armen Dörfler waren nämlich der Herrschaft zu hartem Frondienst verpflichtet, und dazu gehörte auch, daß aus jeder Familie die Frau oder an ihrer Stelle eine Tochter vom Martinstage bis zum Johannistage auf der Burg für die Herrschaft spinnen mußte. Weil aber Frau Ursula gar so hart gegen die armen Spinnerinnen war, so erschien diesen die Spinnstube auf dem Arnstein wie der Vorhof zur Hölle. Mit welcher Sehnsucht da die geplagten Weiber dem letzten Tage ihres jährlich wiederkehrenden

Frondienstes entgegensahen, läßt sich leicht denken, und kein Geläut im ganzen Jahre wurde von ihnen mit mehr Inbrunst begrüßt als das Einläuten der Fronleichnamsprozession, weil deren Feier das Ende ihres Frondienstes bezeichnete.

Nun war unter den geplagten Spinnerinnen auch eine arme Witwe namens Magdalene. Die hatte nur eine einzige Tochter, ein liebliches, gutes Kind, welches einen so feinen Faden spann, daß man zu sagen pflegte, ihr Gespinst sei aus Sonnenstrahlenaufzug und Mondstrahleneinschlag gewoben. Ihr seidenweiches Gespinst erregte natürlich bald die Aufmerksamkeit der Frau Ursula, und letztere war es daher gar wohl zufrieden, als Else sich erbot, die Stelle ihrer kränkelnden Mutter in der Spinnstube auf dem Arnsteine einzunehmen. Jedoch die Erleichterung kam für die kranke Frau zu spät, denn ihre Lebenskraft nahm sichtlich ab, und mit innerem Bangen sah die gute Tochter das Ende der geliebten Mutter immer näher kommen. Während die anderen Spinnerinnen mit frohem Scherz das Herannahen des Festes begrüßten, an dem auch ihr Frondienst zu Grabe geläutet wurde und ihre freie Zeit begann, konnte sich Else, die schon die Nacht am Krankenbette ihrer Mutter durchgewacht hatte, der Tränen nicht erwehren. Wie ergriff es sie, als sie beim Eintritt in das Häuschen ihrer Mutter auch diese das frohe Lied der Spinnerinnen singen hörte

»Die Fron ist tot, der Dienst ist aus,
Der Leichnam geht zu Grabe;
Die Braut führt in das Vaterhaus
Johann, der Himmelsknabe!«

und auf Bitten der Mutter den Priester herbeirufen mußte, damit er der Sterbenden die Letzte Ölung erteile. Weinend erfüllte sie ihr Verlangen und eilte dann auf den Arnstein, um die gestrenge Frau zu bitten, sie möge ihr den letzten Tag des Dienstes erlassen, damit sie ihrer lieben Mutter in ihrer Todesnot beistehen könne. Aber so flehentlich sie auch bat, die hartherzige Frau ließ sich nicht erweichen. Nach ihrer Meinung war die Erzählung vom Todeskampfe der Mutter nur eine Lüge, die die Tochter ersonnen, um sich einen freien Tag zu machen. Da warf sich Else der Grausamen zu Füßen und beschwor sie, wenn sie jemals hoffe, ein Kind an weicher

Mutterbrust zu halten, so möge sie doch auch ihrem armen Mütterlein den schwachen Trost gönnen, im Arme ihres einzigen Kindes sterben zu dürfen. Da geriet aber Frau Ursula, welche argwöhnte, Else wolle ihre Kinderlosigkeit verspotten, in die höchste Wut und gab Befehl, die Freche in einen tiefen Turm zu werfen, wo sie zeitlebens spinnen sollte. Wirklich wurde das arme Kind in einen feuchten, dumpfen Kerker geworfen ...

Am andern Morgen ritt Frau Ursula durch Wald und Steingeklüft auf die Jagd. Diesmal strauchelte ihr Zelter in einem fort, und wie sie näher zusah, entdeckte sie, daß ihm ein Hufeisen fehlte und daß er an dem unbeschützten Fuße heftig blutete. Weil ihr nun das Tier außerordentlich wert war, so wollte sie es selbst, und zwar mit der feinsten Leinwand, verbinden, die nur zu haben wäre. Da hieß es: »Die feinste Leinwand, wie die Feen sie spinnen, trägt Else.« – »Bringt sie mir schnell zur Stelle!« gebot Frau Ursula, »ich zahle teuren Botenlohn.« Aber als die Boten zum Kerker kamen, war derselbe leer, und über der Türe stand in blutiger Schrift zu lesen: »Gott hat der Flucherin den Fluch zurückgesandt!«

Seitdem ist die Burgfrau in eine Ecke der Burg verwünscht und muß nun dort selbst einen nimmer endenden, ewigen Faden spinnen. Endet oder reißt der Faden, so ist sie erlöst, und vielleicht auch ihr Gatte mit ihr. Das wird aber nicht eher geschehen, als bis ein späterer Besitzer der Burg dieselbe neu erbaut und nicht, wie die früheren Gebieter, zu Frondiensten mißbraucht, sondern dem Volke zu froher Feier freundlich widmet. (39)

Der Name Jagow

In der Wische liegen noch jetzt die Trümmer eines alten Schlosses, Uchtenhagen geheißen, den Herren von Jagow zugehörig. Ein Ritter aus diesem Hause zu Uchtenhagen kam vor vielen hundert Jahren in einem hitzigen Treffen seinem Herrn, dem Markgrafen, zu Hilfe, als der Sieg gerade anfing, sich auf dessen Gegenseite zu neigen, und er entschied durch seine tapfere Hilfe die Schlacht zum Vorteile des Markgrafen. In dem Kampfe verlor der Ritter ein Rad von seinem Streitwagen, indem er nicht zu Rosse, sondern zu

Merseburg um 1650

Wagen gefochten hatte. Er hatte sich dadurch nicht abhalten lassen, an dem Kampfe ferner teilzunehmen.

Zum Lohne für seine Tapferkeit und Hilfe befahl ihm nun der Markgraf, daß der Ritter für alle Zeiten den Namen »Jag to« (Jag zu!) führen solle, woraus nachher der Name Jagow entstanden ist. Von dieser Begebenheit her führen die Jagows auch ein Rad in ihrem Wappen, zum Andenken des von dem Ritter verlorenen Rades. (40)

Der Rabe im Wappen derer von Trotha

Beim Dome zu Merseburg wird beständig ein lebendiger Rabe gehalten. Einen solchen Raben hielt zu seinem Vergnügen Thilo von Trotha, Bischof von Merseburg. Der Rabe stahl nach Rabenart und schleppte auch einen kostbaren Goldring des Bischofs mit edlem Stein in sein nahes Nest auf dem Schloßturm.

Der Bischof, ein jähzorniger Herr, hatte seinen Kammerknecht im Verdacht des Diebstahls, ließ diesen, da er leugnete, foltern, und da er, durch die Folter gezwungen, endlich gestand, hinrichten. Der arme alte Diener hob flehend seine Arme gen Himmel und rief Gott an, seine Unschuld zu offenbaren.

Bald nach Vollziehung des grausamen Urteils warf ein Wind das

Rabennest vom Turme. Da fand sich neben vielen glänzenden Kleinodien und auch Tand des Bischofs Ring. Darauf erfaßte den Bischof tiefe Reue. Er änderte sein Wappen und setzte einen Raben mit dem Ring im Schnabel in das Schild und auf den Helm, auf letzteren daneben noch zwei zum Himmel erhobene Arme und Hände. Dann machte er eine Stiftung, daß fort und fort ein lebender Rabe solle gehalten werden, ihn und seine Nachfolger an die Unglückstat zu erinnern. – Und überall wurde das neue Wappen angebracht, selbst auf des Bischofs ehernem prächtigem Grabmal – und ein Rabe wird noch immer [1858] gehalten. (41)

Die Ringe der Familie von Alvensleben

Die Gattin eines Busso von Alvensleben auf der Burg Alvensleben hatte für den treuen Beistand, den sie einer Wöchnerin aus dem Geschlecht der Alven oder Erdgeister geleistet hatte, von dieser einen wunderbaren goldenen Ring erhalten mit der Bestimmung, daß derselbe nie zerteilt werden dürfe. Denn nur so lange, als er ungeteilt im Besitze der Familie von Alvensleben bleiben würde, hatte die Überbringerin gesagt, würde es auch dieser glücklich und wohl ergehen.

Busso von Alvensleben hatte drei Söhne, von denen der erste schwarze, der zweite weiße und der dritte rote Haare hatte. Diese drei Söhne sind die Stifter der schwarzen, weißen und roten Linie des Geschlechts derer von Alvensleben geworden. Da nun bei dem Herrn Busso, wie man sich denken kann, der Wunsch lebendig war, jeden von seinen drei Söhnen des am Ringe haftenden Glücks teilhaftig zu machen, so teilte er diesen gleichwohl in drei Teile, und zwar in der Weise, daß er ihn vertikal durchschnitt. So behielt jeder Teil die Gestalt des Ringes bei, und Busso glaubte fest, daß er so nicht gegen das Gebot der Alven gefehlt habe. – So bekam denn jeder Sohn von seinem Vater einen Ring mit der strengen Weisung, daß er den seinigen als das kostbarste Kleinod hüten und verwahren sollte.

Die rote Linie hatte lange Zeit schon ihren Ring gehütet und sich immer eines großen Glücks zu erfreuen gehabt. Da geschah es auf einem großen Fest auf der Burg Kalbe, daß ein Herr von Alvensleben aus der roten Linie, welcher sich vor den vielen Gästen an der Tafelrunde damit brüstete, daß er auch ohne den Ring glücklich sein könne, diesen in seinem Übermut durch das Fenster in die Milde hinabwarf. – Seit dieser Zeit wich das Glück von den Gliedern der roten Linie. Die Burg Kalbe wurde zerstört, und schließlich starb die rote Linie gänzlich aus.

Der Ritter der weißen Linie vergoldete mit seinem Ring einen Abendmahlskelch, um nur gar nicht des ihm verheißenen Glücks verlustig zu gehen. Aber das war auch wohl nicht recht gehandelt. Denn auch die Glieder dieser Linie sollen von der Zeit an von mancherlei Unglücksfällen heimgesucht worden sein. Der mit dem Ring vergoldete Kelch wird noch heute [1901] von Nachkommen der weißen Linie auf Schloß Erxleben I aufbewahrt.

Die schwarze Linie, welche auf Schloß Erxleben II gesessen ist, bewahrt dort noch heute ihren Ring. Mag dieser auch schon etwas verbogen sein, so ist doch das Glück dieser Linie im großen und ganzen hold geblieben, und sie ist in ihren Gliedern weit verzweigt und verbreitet. (42)

Die beiden Frauen zu Aulosen

Vor vielen hundert Jahren lebte auf seinem Schlosse zu Aulosen [Kr. Stendal] in der Wische ein Herr von Jagow. Er hatte eine Frau und viele Kinder. Aber weil er sehr fromm und gottesfürchtig war, so ließ er alles im Stich und zog mit den deutschen Heeren in den Türkenkrieg, um den »Erbfeind des christlichen Glaubens« besiegen zu helfen.

Dort ging es ihm indes sehr schlecht; er wurde gefangen und als Sklave verkauft. Er kam als Gärtner zu einem vornehmen türkischen Herrn. Die Tochter dieses Türken kam oft in den Garten, in welchem er arbeitete, und sah ihn und hatte ihr Gefallen an ihm, weil er ein sehr schöner und schmucker Herr war. Sie fühlte auch bald Mitleiden mit seinem Unglück, und endlich hatte sie ihn in ihrem Herzen so lieb gewonnen, daß sie nicht mehr von ihm lassen konnte. Der Ritter merkte das alles wohl, und obgleich er seine

Gemahlin mit seinem ganzen Herzen liebte, so war er doch auch der Türkentochter gut, weil er nur durch ihre Hilfe hoffen konnte, seine Freiheit zu erlangen und seine Hausfrau, seine lieben Kinder und seine Heimat im Leben wiederzusehen. Deswegen ließ er sich mit ihr ein, und er versprach, sie neben seiner Gemahlin zu heiraten, wenn sie ihn befreien und zu dem christlichen Glauben übertreten wolle. Dazu war sie gern bereit.

Sie entfloh glücklich mit ihm aus seiner Sklaverei. In Deutschland wurde sie eine Christin und dann durch die Dispensation des Papstes seine Hausfrau.

Es war gerade am Grünen Donnerstag des Mittags, als der Ritter mit seiner gewesenen Türkin auf seinem Schlosse zu Aulosen ankam. Seine deutsche Hausfrau und seine Kinder saßen am Mittagstisch und aßen Erbsen und Stockfisch. Sie freuten sich sehr, wie sie ihren Herrn und Vater wiedersahen, den sie tot geglaubt hatten, und die erste Frau nahm die mitgebrachte zweite mit Freuden neben sich auf. Beide Frauen wurden die besten, verträglichsten Freundinnen, und blieben dies bis an ihr seliges Ende.

Das Bildnis der Türkin wird noch unter den Jagowschen Familiengemälden gezeigt. Sie ist danach ganz ausnehmend schön gewesen. Sie ist, wie man sagt, zu Großen Garz begraben. In dem Kirchengewölbe daselbst zeigt man noch ihren einbalsamierten Körper. Auch zeigt man dort zwei Leichensteine, auf welchen zwei weibliche Figuren ausgehauen sind, welches die beiden Frauen dieses Ritters sein sollen . . . (43)

Die neun Kinder des Grafen Bruno

Auf dem Schlosse zu Querfurt wohnte vor langen Jahren einmal ein Graf Bruno; der war ein großer Heidenbekehrer und machte viele Reisen zu denselben. Nun hatte er auch eine Frau, die schalt einmal eine Bettlerin aus, daß sie so viele Kinder gebäre und doch nicht wisse, wovon sie ernähren. Da ward sie von derselben verwünscht.

Und als sie nun das nächste Mal in die Wochen kam, gebar sie neun Knaben auf einmal. Der Graf Bruno war aber eben wieder zu

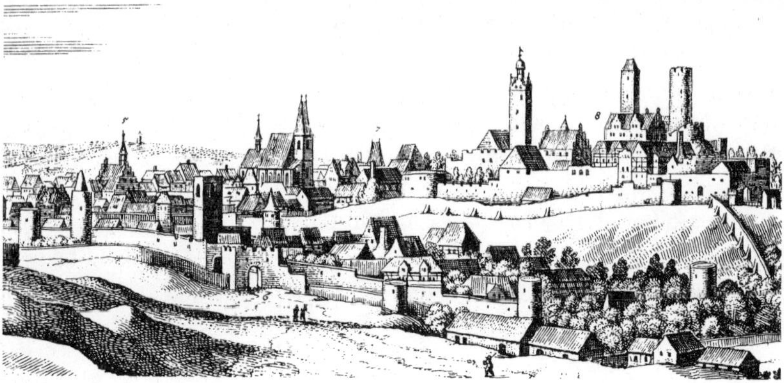

Querfurt um 1650

einer Reise zu den Heiden aufgebrochen, und als er auf die Wiese vor dem Tore kam, wurde sein Esel störrisch und wollte nicht weiter; und soviel er sich auch abmühte, er konnte ihn nicht von der Stelle bringen. Da sah er das als ein göttliches Zeichen an, daß er die Reise nicht unternehmen solle, und kehrte um.

Indes hatte die Gräfin, welche fürchtete, ihr Mann möge Arges von ihr denken, wenn er erführe, sie habe neun Kinder auf einmal geboren, der Wehmutter befohlen, acht derselben in einen Kessel zu tun und sie zu ertränken. Als diese nun mit dem Kessel zu dem Born am Schloß kam, der noch der »Brunosborn« heißt, begegnete ihr Graf Bruno, der eben aufs Schloß zurückkehren wollte; und da eins der Knäblein schrie, fragte er sie, was sie im Kessel habe. – Da konnte sie's denn nicht verschweigen und erzählte ihm alles, was sich zugetragen. – Da gebot er ihr zu schweigen über das, was er tun würde, und hieß sie seiner Frau sagen, sie habe die Kinder ertränkt. Er aber nahm die Kinder und tat sie bei verschiedenen Leuten in einer Gasse, die noch die »Brunosgasse« heißt, unter und ließ sie dort erziehen.

Als sie nun erwachsen waren, ließ er sie eines Tages alle acht wie den neunten anziehen und fragte die Gräfin, was eine solche Mutter wohl verdiene, die ihre eigenen Kinder ersäufe; er habe einen solchen Fall und wisse keine Strafe dafür. – Da sagte sie, eine solche müsse auf glühenden Schuhen stehen. Und kaum hatte sie das ausgesprochen, so ließ er ihre neun Kinder, die er bis dahin verborgen, hervortreten und sagte ihr, sie solle aus diesen ihr eignes Kind aussuchen. Das konnte sie aber nicht; und nun ließ er das Urteil, welches sie selbst gesprochen, an ihr vollziehen. – Zum Andenken aber, daß der Esel ihn von seiner Reise abgehalten, ließ er auf der Wiese, die noch die »Eselswiese« heißt, eine Kapelle erbauen, in der alljährlich in der Osterwoche, wo sich das Ganze zugetragen, großer Ablaß erteilt und zugleich ein Markt abgehalten wurde.

Das letztere findet noch alljährlich statt, und den Kessel nebst den eisernen Schuhen, auf welchen die Gräfin ihre Strafe erduldet hat, bewahrt man noch im Schloß. (44)

Das eingemauerte Kind auf dem Mansfelder Schlosse

Wer die Mauer des Schlosses Mansfeld genauer ansieht, wird in derselben inmitten kleinerer Steine einen ziemlich großen grauen Sandstein bemerken. Von ihm geht folgende Sage:

Beim Bau des alten Schlosses mußten Terrassen angelegt werden, um Raum für den Burggarten zu gewinnen. Als dieselben wiederholt eingestürzt waren, fragte der Besitzer eine alte, weit und breit bekannte Wahrsagerin um Rat. – Diese erklärte, wenn die Mauern Bestand haben sollten, müßte ein unschuldiges Kind lebendig in dieselben eingemauert werden.

Dem Schloßherrn mißfiel anfangs dieser Ausspruch. Da er aber seinen Lieblingswunsch, einen Garten auf dem Schlosse zu haben, nicht aufgeben mochte, so entschloß er sich zuletzt doch zu der grausamen Tat. Ein Knäblein wurde aufgebracht und hinter jenem großen Steine lebendig eingemauert. Die Mauer blieb nun stehen, aber jede Nacht störte das Gewimmer des eingemauerten Kindes den Schlaf des Schloßherrn.

Andere erzählen, das arme Kind sei lebendig eingemauert worden, um das Schloß vor jeder Eroberung zu sichern. (45)

Die Tidianshöhle

Ein armer Schäfer fand in der Nähe des Falkensteins eine Höhle, deren Boden mit Goldsand bedeckt war. Er füllte seine Tasche mit diesem Sande an und zeigte ihn am nächsten Tage einem Goldschmied. Der gab ihm viel Geld für den Sand und sagte ihm, er solle ihm nur mehr davon bringen. – Der Schäfer zählte das Geld nach, das er bekommen hatte, und fand, daß er, wenn er dreimal soviel hätte, genug hätte, um seine Braut, deren reiche Eltern ihm als armem Manne das Jawort verweigerten, heimzuführen.

Er machte sich also gleich wieder nach der Höhle auf; aber diesmal war kein Goldsand da. Täglich sah er wieder nach. Endlich, in einer Neumondnacht, entdeckte er Goldsand und holte welchen, und so auch in der nächsten Neumondnacht. Nun beschloß er, es genug sein zu lassen. Denn das Gold hatte ihn zum reichen Manne gemacht, und seine Schwiegereltern weigerten sich nicht mehr. So machte er denn Hochzeit.

Zur selben Zeit hatte sich der Graf von Falkenstein verlobt. Als er für seine Braut Schmuck kaufen wollte, sah er bei dem Goldschmied das feine Gold und fragte, was das für welches wäre. – »Tidiansgold«, entgegnete der Meister. – Da wunderte sich der Graf und sagte: »Das weiß ich ja noch gar nicht, daß auf meinem Berge Gold zu finden ist.« – Der Meister erzählte nun von dem Schäfer, und der Graf ritt alsbald zu diesem, der ihm über alles Auskunft gab und ihm auf sein Drängen auch versprach, ihn in der nächsten Neumondsnacht in die Tidianshöhle zu führen.

Der Graf ritt heim, unterwegs aber kam ihm der Gedanke, daß der Schäfer sich alles allein holen und für ihn nichts übrig lassen würde. Deshalb stach er ihm die Augen aus, nachdem er sich die Höhle hatte zeigen lassen. Nun ging er in der nächsten Neumondnacht allein in die Höhle. Aber da war kein Goldsand, sondern nur Morast, und eine furchtbare Stimme rief: »Kehre nicht wieder, du Frevler!« – Verstört suchte der Ritter seine Burg auf. Da erwartete ihn schon ein Bote mit der Nachricht, daß seine Braut soeben gestorben sei. Da gab auch der Ritter seinen Geist auf. Seitdem ist das Gold der Tidianshöhle verschwunden. (46)

Der Grabstein des Kirchhofschänders

Die alte Kirche zu Ilberstedt [Kr. Bernburg] ist im Jahre 1878 abgebrochen worden. Laut einer Inschrift über dem Portale war mit ihrer Erbauung der Anfang gemacht im Jahre 1563 den 22. März.

Zu dieser Zeit lebte im Dorfe ein Ritter – man weiß nicht mehr, welchen Namens –, ein trotziger und gewalttätiger Mann. Der hatte schon jahrelang einen Streit mit einem adligen Grenznachbar in einem Nachbardorfe wegen eines Ackerstreifens. Niemand von den beiden hatte nachgeben wollen, und so war mit der Zeit Haß und Zwietracht zwischen ihnen entstanden.

Als man nun mit dem Bau der Kirche begonnen, die Grundmauern bereits gezogen hatte und das Portal aufstellte, trafen sich zufällig beide Gegner an dieser Stelle. Da übermannte den Ilberstedter Junker der Zorn. Er forderte den andern auf, sofort seine Sache mit ihm auszufechten, und drang, da dieser zögerte, mit gezücktem Schwerte auf ihn ein. Nun mußte dieser, um sein Leben zu verteidigen, ebenfalls den Degen ziehen, und er traf den Angreifer mit einem wuchtigen Stoße, so daß dieser vor dem Portale entseelt zur Erde stürzte.

Der Tote wurde darauf an der Stelle, wo er gefallen war, begraben, und sein Grabstein wurde der Trittstein vor der Kirchentür. So ward ihm die Strafe, daß ihm, der den Kirchhof durch seine Freveltat eintweiht hatte, sein Grab immer und immer wieder von frommen Leuten mit Füßen getreten wurde, wenn sie zum Gotteshause ein- und ausgingen. (47)

Der Scheintod Sophias von der Asseburg

Die Herren von der Asseburg stammen von dem Reichstruchseß Gunzelin von Wolfenbüttel ab. Heinrich von Asseburg, welcher 1576 geboren wurde und 1611 starb, war Domherr von Magdeburg und vermählte sich mit Sophia von Hahn. Seine Gemahlin wurde in einem Gewölbe der Domkirche scheintot begraben. Als der diebische Küster ihr in der Nacht einen Ring vom Finger ziehen wollte, erwachte sie von der Berührung und richtete sich auf. Erschreckt lief der Küster davon und ließ die Laterne stehen. Sie ergriff dieselbe und ging in das Haus ihres Mannes auf dem Breiten Wege zurück, an welchem sich das asseburgische Wappen befindet.

Die Bewohner des Hauses riefen sich einander zu, daß die Edelfrau als Geist zurückgekehrt sei. Da sprach jemand: »Sie ist so gewiß nicht wieder unter uns erschienen, als unser alter Schimmel nicht oben vom Giebel des Hauses herunterschaut!« – Aber der Schimmel war aus dem Stalle gegangen, die Treppe hinaufgestiegen und schaute im selbigen Augenblicke zur Bodenluke heraus auf den Breiten Weg herunter. – So ist er noch jetzt [1879] oben auf dem Hause Breiter Weg Nr. 19 dargestellt.

Sophia von der Asseburg bekam nachher noch mehrere Kinder. In der Domkirche zu Magdeburg aber befindet sich das Grabmal Heinrichs von der Asseburg, auf welchem er und sie sowie seine Töchter abgebildet sind. Solches ist nach der damals üblichen Weise mit den Stammbäumen beider Ehegenossen geziert. (48)

Ritter Pickelhäring in Schraplau

An der Südseite der Kirche zu Schraplau [Kr. Merseburg] steht ein steinernes Bild, welches einen Ritter darstellt, dem die rechte Hand fehlt. Das ist Pickelhäring, einstmaliger Besitzer des Schlosses Schafstädt, dessen Gebeine hier neben denen vieler Grafen von Mansfeld ruhen, welche das Schloß Schraplau besessen haben. Pickelhäring war ein guter Freund des Grafen von Pappenheim, welcher im Dreißigjährigen Kriege deutscher Feldzeugmeister gewesen war und sich jetzt auf seinem Schlosse in Schraplau aufhielt.

Als nun dem Pappenheim von Gott ein Söhnchen geschenkt worden war, wurde auch der Ritter Pickelhäring von Schafstädt nebst anderen Tapferen zum Taufgelage eingeladen. Herrlich ließen sich die fröhlichen Zecher den köstlichen Wein des Gastgebers munden, der auch sehr bald die Gemüter heiter stimmte, wozu besonders allerlei Pfänderspiele viel beitrugen. Nun sollte bei einem solchen Spiel Pickelhäring dem Pappenheim einen Kuß geben. Bereitwillig ließ sich Pappenheim von Pickelhärings Armen umschlingen, um dessen Bruderkuß zu empfangen.

Doch Pickelhäring, seiner Sinne nicht mehr mächtig, vergaß sich und biß seinen Freund in die Nase. Darüber aufgebracht, gab dieser dem Ritter eine gewaltige Ohrfeige. Zwar verhüteten nun die anderen Gäste weiteren Streit, Pickelhäring aber ließ wutentbrannt sein Roß vorführen und verließ das Schloß mit dem Schwure: »Pappenheim, diese Ohrfeige sühnt nur dein Blut!« – Er hielt auch seinen Schwur, denn kurze Zeit darauf erschoß er ihn auf meuchelmörderische Weise bei dem Gute Etzdorf.

Doch stellte er sich selbst dem Gerichte, welches folgendes Urteil fällte: »Pickelhäring soll entweder das Land verlassen oder sich die rechte Hand abhauen lassen.« – Er entschied sich für das letztere und ließ sich die Hand abhauen, mit welcher er seinen Freund erschossen hatte.

Als er später seinen Tod nahen fühlte, befahl er, man solle seinen Leichnam neben den des Pappenheim legen und über der Gruft einen Stein errichten, auf welchem er mit fehlender rechter Hand dargestellt wäre. Das Bild wurde angefertigt und ist noch [1880] gut erhalten zu sehen. (49)

Das Langeneichstedter Zinshuhn

Das Dorf Langeneichstedt südlich von Schraplau mußte früher an den Pfarrer zu Schraplau täglich ein Huhn abliefern. Über die Entstehung dieses Zinses erzählt die Sage folgendes:

Ein Ritter, der die Burg bei Schraplau bewohnte und dessen Bild noch jetzt an der Schraplauer Kirche zu sehen ist, namens Pickelhäring, kam in Fehde mit Hans von Seeburg wegen eines Forstes. Schon hatte man viel Blut wegen der Sache vergossen, aber der Streit war dadurch zu keinem Ende gekommen. Da machte sich der Burgpfaffe Pickelhärings ans Werk. Anstatt seines Herrn, dem die Kunst des Lesens und Schreibens fremd war, suchte er in alten Urkunden nach und fand auch in denselben den Beweis, daß der Forst zu dem Besitze seines Herrn gehörte. Nun wurde der Streit in Frieden auf dem Wege des Rechts beigelegt.

Bald darauf führte Pickelhäring seinen um ihn wohlverdienten Burgpfaffen auf den Turm seiner Burg und ließ ihn eine Umschau halten auf die umliegenden Ortschaften. Auf die Frage, wie weit er sehen könne, antwortete jener: »Bis nach Eichstedt.« – »Das ist das letzte meiner Dörfer«, sagte der Ritter, »und zum Danke dafür, daß du mir den Besitz des Forstes verschafft hast, soll dir dieses Dorf täglich ein Huhn liefern.« – Seit der Zeit hat das Dorf Eichstedt diesen Zins an ihn und später an alle ihm folgenden Pfarrer von Schraplau entrichten müssen. Diese Lieferungen haben bestanden bis zum Jahre 1848, wo sie in Geld verwandelt worden sind. (50)

Der Graf von Molmeck

In dem Städtchen Hettstedt steht nahe der Wipper auf dem westlichen Ufer des Flusses unweit des ehemaligen Molmecktores ein altersgrauer, viereckiger, etwa drei Stockwerke hoher Turm, der Molmeckturm, in welchem eine Treppe emporführt auf die mit Strauchwerk bewachsene Plattform. An einer Seite des [Turmes] erblickt man [1880] das steinerne Bild eines Mannes in Gestalt einer Ausgußrinne, welches bei alt und jung »der Molmeck« heißt. Der Turm selbst aber ist der einzige Überrest einer alten Burg, von der folgende Geschichte erzählt wird:

Vor langen Jahren herrschte über Hettstedt und die umliegende Gegend ein mächtiger Graf, namens Molmeck, der die Stadt erweiterte und in dem von ihm gegründeten Stadtteil sich eine Burg erbaute, von der eben nur der erwähnte Turm noch übrig ist. Auch ein Dorf zwischen Hettstedt und Greifenhagen legte er an und nannte es nach seinem Namen Molmeck. Voller Güte gegen seine Untertanen, half er den Armen, wo er nur konnte, namentlich als Hettstedt einmal von einer Hungersnot heimgesucht wurde.

Aber seine Güte ward mit Undank gelohnt, denn die Hettstedter setzten ihn in seiner eigenen Burg gefangen. Eines Tages machte er einen Fluchtversuch durchs Fenster des Turmes, blieb jedoch im Sprunge mit seinen Kleidern an einem in der Mauer angebrachten Haken hängen. Die Bürger, weit entfernt, mit ihm Mitleid zu empfinden, ließen ihn dort oben hängen und gaben ihn so dem Hungertode preis. – Zum beschämenden Andenken daran ließen die Enkel der Unmenschen den Grafen, wie er eben aus dem Fenster springt, in Stein hauen und das Gebilde in die Wand des Turmes einmauern. (51)

Der Brand von Brachwitz

Das edle Geschlecht der Herren von Zimmern saß schon seit dem fünfzehnten Jahrhundert auf dem Dorfe Brachwitz an der Saale unterhalb Halle. Einer des Geschlechtes, Valentin von Zimmern, hatte den Rittersitz aus Liebe zu seinem jüngeren Sohn in einen Oberhof und Unterhof geteilt. Dieser jüngere Sohn Hermann erhielt also den Unterhof.

Aber es sollte ein Schaden für das ganze Dorf werden. Denn einstmals wollte er einen Keller auf seinem Gutshofe ausbrennen. Doch das Feuer griff um sich, entzündete die Holzbauten und Strohdächer des Hofes, und bald stand der ganze Hof in Flammen, ohne daß einer Hilfe bringen konnte, dann der Oberhof, zuletzt das ganze Dorf. Das Pfarrhaus brannte nieder, in ihm alle Akten, und selbst die Kirche wurde nicht verschont.

Hermann von Zimmern mußte aber als Schadenersatz zwei Hufen an den Oberhof abtreten. Und da er nun arm geworden, auch sonst liederlich gewirtschaftet, auch keine Kinder hatte, hat er bald darauf den Unterhof verkauft, ist in die Ferne gegangen und verschollen. So hatte die Liebe des Vaters zu diesem mißratenen Sohn ihm und dem ganzen Dorfe nur das größte Unglück gebracht. (52)

Räuber und Wegelagerer

Straßenraub auf der Heerstraße

Am 12. Januar 1624 kam der Fürstenwitwe von Braunschweig und Wolfenbüttel Apotheken- und Kammerwagen von Leipzig mit drei Fässern und allerlei Gut beladen und mit vier Pferden bespannt in Halle an. Am nächsten Morgen fuhr man in der Frühe die alte Magdeburger oder Halberstädter Heerstraße hinauf, und als man hinter Möderau ins Nauendorfer Feld kam, wo die Merbitzer Mark sich von der Neutzischen scheidet, wurden die Reisenden von neun Räubern angefallen und der Würze, der Seide und der übrigen köstlichen Waren beraubt. Aber ein Kutscher spannte schleunigst ein Pferd aus, folgte dann den Räubern nach und rief zu Nauendorf, Merbitz, Löbejün und in allen Dörfern um Hilfe.

Man verfolgte die Banditen und traf sie endlich zu Tornau (bei Dessau) an. Nun setzte man ihnen mit Gewalt zu, also, daß man sieben fesseln konnte; zwei aber entwichen. Die Gebundenen wurden auf den Giebichenstein geführt und dort in den Kerker geworfen. Freitags nach Lätare wurden sechs Räuber von den sieben auf dem Röderberge zu Giebichenstein mit dem Schwert hingerichtet und aufs Rad gelegt, darunter auch Christian Schlauke, der Sohn von Andres Schlauke in Dössel. Nur sein Leib wurde begraben, der Kopf aber wurde aufs Rad genagelt, zur Warnung aller Vorübergehenden. – Der siebente ist des Landes verwiesen, weil er nur einen Tag bei den Räubern gewesen war, in den Raub nicht eingewilligt hatte und auch den Fuhrmann nicht hatte erschießen lassen wollen. (53)

Schön-Suschen und die Räuber

Vor geraumer Zeit wurde die Stadt Zerbst von einer Räuberbande stark belästigt. Die Räuber hatten ihr Lager draußen vor dem Heidetore innerhalb der Ringmauer des Galgens aufgeschlagen und machten von dort aus weite Streifzüge. Sie hatten auch viele Kundschaft in der Umgegend; in der Stadt war ihr Angeber ein Schumacher, der viel im Gasthof »Zum weißen Bären« auf der Heide verkehrte.

Eines Abends waren viele Gäste im Bären zusammen, und das Gespräch drehte sich, wie schon häufig, um das Raubgesindel. Man erzählte die neuesten Schandtaten der verwegenen Gesellen. Dabei wurde endlich auch die Frage aufgeworfen, ob wohl jemand den Mut habe, sich sofort nach dem Galgen aufzumachen und nach den Räubern zu forschen. Niemand verspürte Lust, sein Leben so leichtsinnig aufs Spiel zu setzen. Schließlich meinte der Wirt, seine Magd, das schöne Suschen, sei eine mutige Dirne und würde wohl bereit sein, den Gang anzutreten, wenn man ihr eine anständige Belohnung in klingender Münze dafür zukommen ließe, damit sie dann ihren Schatz, den Christöffel, heiraten könne. Sogleich wurde nun eine ansehnliche Summe zusammengesteuert und Schön-Suschen herbeigeholt, die auch, unter der Bedingung, daß das Heidetor für den Fall einer Verfolgung offengehalten würde, alsbald den gefährlichen Weg unternahm.

Vorsichtigen Schrittes näherte sie sich dem Galgen, wo sie am Eingange einen Schimmel, auf dessen Rücken ein voller Mantelsack befestigt war, angebunden vorfand. Dann trat sie leise durch die unverschlossene Pforte in den Galgenraum ein und sah hier eine Anzahl Räuber in tiefem Schlafe liegen. Nun hatte Schön-Suschen genug gesehen. Länger zu verweilen, bedeutete eine große Gefahr. Geschwind band sie den Schimmel los, schwang sich in den Sattel und jagte schnurstracks nach Hause. Die Räuber wachten durch das entstandene Geräusch auf und machten sich schleunigst an die Verfolgung, aber sie konnten die kühne Magd doch nicht mehr einholen.

Mit Jubel wurde Schön-Suschen empfangen, als sie mit ihrer Beute am Bären anlangte. Sie erhielt die ausgesetzte Summe und fand obendrein im Mantelsack des Schimmels noch eine beträchtliche Menge Geldes und Wertsachen vor. Während sie ihre Erlebnisse erzählte, war auch der alte schurkische Schuster zugegen und hörte alles mit an. Bereits am folgenden Tage erfuhren die Räuber durch ihn, wo ihr schöner Schimmel sich befand.

Als am nächsten Sonntagmorgen Schön-Suschen allein in der Wirtschaft war, trat plötzlich ein Fremder, ein stattlicher Mann, ein und begehrte einen Trunk vom besten. Der Magd wurde unheimlich zumute; sie ahnte, wer der Unbekannte war. Unter dem Vorwande, das Getränk erst aus dem Keller holen zu müssen, eilte sie hinaus, und statt in den Keller zu gehen, versteckte sie sich dicht neben der Kellertür. Wenige Augenblicke später erschien der unheimliche Gast und schritt die Kellertreppe hinab. Wie der Wind sprang Suschen herbei, schlug die Kellertür zu, drehte den Schlüssel herum, und der Räuber saß sicher in der Falle. Nun rief sie laut um Hilfe und ließ die Stadtwächter herbeiholen, die dem Gefangenen Ketten anlegten und ihn in den Kerker abführten.

Es wurde ihm der Prozeß gemacht, wobei sich herausstellte, daß er in der Tat einer der Räuber war. Unter den Qualen der Folter gab er schließlich seine Spießgesellen wie auch den verräterischen Schuster an. Alle wurden gefangengesetzt, rechtlich verurteilt und erlitten am Galgen, wo sie so oft ihre Beute geteilt hatten, ihre Strafe, den Tod durch den Strang. – Schön-Suschen aber erntete in reichem Maße Anerkennung für ihren Mut und ihre Entschlossenheit und konnte fröhliche Hochzeit mit ihrem Christöffel feiern. (54)

Der Räuber Danneil

Im Huy beim Kloster Huysburg [Kr. Halberstadt] hat sich vor langen Jahren ein grausamer Räuber namens Danneil aufgehalten. Der hat sich dort mit seinem Bruder eine Höhle gebaut, und da er selbst ein Schmied, sein Bruder aber ein Steinhauer gewesen, so ist ihnen das Werk auch rasch vonstatten gegangen. Als es nun fertig gewesen ist, hat Danneil zum Dank seinen Bruder erschlagen, damit er ihn nicht verraten könne; und nun raubte er sicher von hier aus in der ganzen Umgegend.

Zu dem Ende hat er namentlich weithin durchs Holz bis nach der Landstraße hin Bindfäden gezogen, an welchen in seiner Höhle Glocken befestigt waren. Stieß nun einer an dieselben, so stürzte er rasch zu Pferde hervor und plünderte ihn und brachte den Raub in seine sichere Höhle. Damit man aber seine Spur nicht finden könne, hatte er dem Pferde die Hufe verkehrt aufgeschlagen, und so leiteten die Spuren, wenn er oben in seiner Höhle gewesen, hinab, und wenn er ausgegangen war, wiesen sie hinauf.

Namentlich aber stellte er den Mädchen nach. Die schleppte er mit in seine Höhle; und wenn sie dann Kinder gebaren, hängte er diese in den Bäumen auf, daß es ein gräßlicher Anblick war. So hat er auch einmal eine gefangen, die ist volle sieben Jahre bei ihm gewesen und hat ihm müssen die Wirtschaft führen. Aber zuletzt hat sie es nicht mehr mitansehen können, wie er so eins ihrer Kinder nach dem andern aufgehängt [hat], und da ist sie ihm endlich entflohen. Nach Tische nämlich pflegte Danneil immer seinen Kopf in ihren Schoß zu legen. Da mußte sie ihn lausen, worüber er gewöhnlich einschlief.

Da hat sie sich denn eines Tages die Tasche voll Erbsen gesteckt, und als er schlief, seinen Kopf sanft auf den Boden gelegt und ist davongeeilt nach Huysburg, welches kaum eine halbe Stunde von der Höhle entfernt ist, und hat während ihrer Flucht den ganzen Weg entlang die Erbsen verstreut. Als sie nun schon eine Weile fort ist, da erwacht Danneil und sieht sie eben auf dem Berge ins Kloster gehen. Da wirft er wütend sein Messer hinter ihr her und hätte sie auch getroffen, wenn sie nicht gerade in dem Augenblick in die Klosterpforte getreten wäre. So aber fuhr das Messer in die Tür, und da hat man die Spur desselben noch lange Jahre sehen können.

Mit Hilfe der auf den Weg gestreuten Erbsen hat man nun Danneils Höhle gefunden, und da hat er sich denn in derselben eingeschlossen. Er hatte sie aber so gut verwahrt und sich auch mit Lebensmitteln versehen, daß man ihm lange nichts hat anhaben können. Da hat man denn heißes Wasser durch ein Loch, das man von oben hineingehauen, hinuntergegossen. Aber das hat Danneil abgezapft. Endlich aber hat man aus heißem Wasser und Erde einen Dreckbrei bereitet und den hineingeschüttet, und so ist der Räuber endlich zu Tode gebracht worden. (55)

Die Räuber in der Schulenburg

Bei Stappenbeck [Kr. Salzwedel] liegt dicht an dem kleinen Flüßchen Jeetze ein Berg, der heißt die »alte Schulenburg«. In dem sollen vor alter Zeit die Schulenburgs mit noch anderen ihrer Genossen eine Höhle gehabt haben, von wo aus sie die von Salzwedel nach Gardelegen und Magdeburg Reisenden überfielen, und noch jetzt sollen Spuren dieser »Rööwerkuhle«, wie das Landvolk die Höhle nennt, vorhanden sein. Wie aber die Räuber dort ausgekundschaftet und zum größten Teil ausgerottet wurden, erzählt man folgendermaßen:

Die [Räuber] hatten nämlich einmal ein Mädchen geraubt, das ihnen in der Höhle die Wirtschaft führen mußte; und damit sie ihnen nicht entliefe, hatten sie dieselbe mit einem Strick an einen Blinden gebunden, der ihr nun auf allen Wegen folgte. So ging sie denn auch einmal hinab zur Jeetze, um Wasser zu holen, und der Blinde mit ihr. Zuvor hatte sie sich aber ein Messer zu verschaffen gewußt; und als sie den Eimer gefüllt hat, schneidet sie den Strick entzwei, bindet den Eimer an und heißt nun den Blinden umkehren. Der merkt auch nichts, indem er, den schweren Eimer nachschleppend, meint, das Mädchen folge ihm. – Die aber macht sich eilends auf und davon.

Als nun der Blinde zur Höhle kommt und die Räuber der Flucht des Mädchens inne werden, setzen sie sich auf ihre Pferde, und einer derselben holt sie ein, als sie eben über den Stappenbeckschen Schlagbaum fortgeht. Da haut er noch mit seinem Säbel nach ihr und schlägt ihr den ganzen Haarknust ab, kann sie aber, da der Baum herabgelassen war, nun nicht weiter verfolgen.

Da ist denn das Mädchen hingegangen, hat alles angegeben, und da hat man denn die Räuber in seine Gewalt bekommen und die Höhle zerstört. (56)

Der Räuber Balsternack und das Mädchen

Zwischen Annarode [Kr. Eisleben] und Pölsfeld [Kr. Sangerhausen] liegt an der sogenannten »Kloppgasse« im Walde eine Stelle, welche »Balsternacksgrube« heißt, weil dort einmal ein Räuber namens Balsternack gehaust hat. Dieser pflegte seinen Räuberhut auf den Weg zu legen, nachdem er ihn durch einen Draht mit einer Glocke in seiner Höhle in Verbindung gesetzt hatte. Wenn dann ein Wanderer kam, den Hut liegen sah und neugierig aufhob, so ertönte in der Räuberhöhle die Glocke. Alsbald eilte Balsternack hinaus, überfiel und beraubte den nichtsahnenden Wanderer.

Nun kam auch einmal ein Mädchen aus Emseloh des Weges, die sah den Hut, hob ihn auf, und sofort erschien der Räuber, den die Glocke benachrichtigt hatte. Wie der aber sah, daß es ein junges hübsches Mädchen war, beschloß er, sie mit sich in seine Höhle zu nehmen. So geschah es, und weil sie ihm keinen Anlaß zur Unzufriedenheit gab, behandelte er sie gut. – Als aber ein Jahr vergangen war, da erwachte in dem Mädchen gar mächtig die Sehnsucht nach der Heimat und den Eltern, und darum bat sie den Räuber, er möge sie doch einmal auf einige Zeit nach Hause lassen; sie würde auch gewißlich wiederkommen. – Erst wollte er ihr das durchaus nicht erlauben. Weil aber das Mädchen unaufhörlich weinte, gab er endlich ihren flehenden Bitten nach, ließ sie jedoch zuvor einen furchtbaren Eid schwören, daß sie keinem Menschen sagen wollte, wo und bei wem sie gewesen wäre, sowie, daß sie wiederkommen würde. Das Mädchen schwur und durfte sich nun auf den Weg machen.

Glücklich gelangte sie nach Emseloh, wo sie von den Ihrigen mit Staunen und Freude empfangen wurde. Vergebens versuchte ihr Vater das Geheimnis, wo sie die lange Zeit gewesen wäre, ihr zu entlocken. – Immer versicherte sie unter Tränen, ein Schwur verbiete ihr, das zu sagen. Bald war der von dem Räuber bewilligte Urlaub um, und das Mädchen erklärte, sie müsse wieder fort. – Von neuem drang da ihr Vater in sie. – Weil sie aber auf ihren Schwur sich berief und beharrlich schwieg, so ging ihr Vater zum Pastor, um diesen um Rat zu fragen. – Als dieser von der Sache in Kenntnis gesetzt war, begab er sich zu dem Mädchen und sagte zu ihr: »Ich habe erfahren, wie es mit dir steht; und wenn du gelobt hast, keinem Menschen etwas zu sagen, so mußt du das halten. Aber ein Ofen ist kein Mensch. Was hindert dich, diesem Ofen da«, – damit wies er auf den in der Stube befindlichen Ofen – »dein Geheimnis zu beichten, um deine Seele zu erleichtern?«

Das schien dem Mädchen nach einiger Überlegung zulässig zu sein. Sie erzählte dem Ofen alles, was ihr begegnet war; und so erfuhren ihr Vater und der Pastor, die in der Nähe lauschten, alles ganz genau. – Sofort boten sie Leute auf, um den Räuber abzufangen. Balsternack fiel auch richtig in ihre Hände und fand bald seinen wohlverdienten Lohn. (57)

Die überlisteten Räuber vom Schimmerwald

Weit verrufen war der Schimmerwald zwischen Harzburg und Ilsenburg wegen der Räuber, die früher in ihm hausten. Eine alte Frau, die auf Clausthal am Zellbache wohnte (und deren Tochter als hochbejahrte Frau in jener Stadt um 1850 nach der Erzählung einer alten Lerbacherin noch am Leben sein sollte), wurde einmal im Schimmelwalde von der Nacht überfallen und suchte im Ekkernkruge ein Obdach. Da schlief sie auf dem Fußboden in der Stube. In der Nacht aber kamen viele Räuber, die führten einen dicken Mann gefangen daher, zerteilten das Fleisch und machten Wurst davon. Ehe sie das aber taten, leuchteten sie über die alte Frau hin und kitzelten sie sogar an den Fußsohlen, um zu sehen, ob sie auch wohl fest schliefe. Hätte sie sich dabei nur im geringsten bewegt, so wäre auch sie ermordet worden. Allein sie überstand alle Proben und sah doch genau, was vorging.

Am andern Morgen sagten die Räuber, sie hätten in der Nacht ein Schwein geschlachtet, ob sie denn nichts gehört hätte. – »Gar nichts«, sagte die Alte, sie habe in ihrem Leben noch nicht so gut geschlafen als diesmal; und dabei sah sie die Räuber sehr freundlich an. Da setzten die Räuber ihr Wurstsuppe hin. Die Alte vom Zellbache aß die Wurstsuppe und lobte sie. Hätte sie nur den geringsten Ekel gezeigt, so hätte sie sterben müssen. Danach brachten ihr die Räuber eine frische Wurst. Die schlug sie in ein

Tuch und sagte, die wolle sie ihren Kindern mitnehmen, und bedankte sich viele, viele Male dafür. So ließen sie denn die Räuber ihres Weges gehen.

Als sie aber eine Strecke weit im Walde fortgegangen war, traten zwei Männer zu ihr, die sie nicht kannte, und fragten, wo sie denn übernachtet hätte. Weil sie nun sagte: »Auf dem Eckernkruge«, so fingen sie an, die Bewohner desselben durchzuhecheln. Sie sagten, daß von denen nicht viel Gutes geredet werde. – Allein die Alte sagte: Allen könne man's nicht recht machen, und die Lästerzungen lauerten selbst den Besten auf. Sie sei nicht leicht zu mildtätigeren Menschen gekommen als zu denen auf dem Eckernkruge. Zum Beweise wies sie noch die Wurst vor, welche ihr dort geschenkt war. – Hätte sie das nicht getan, so hätte sie doch noch sterben müssen, denn die Männer gehörten zu der Räuberbande.

Sie gingen jetzt von ihr fort, aber nach einer Weile traten wieder zwei Männer zu ihr, die machten wieder die Leute auf dem Eckernkruge schlecht und sagten geradeheraus, sie hätten gehört, es seien Räuber. – Da wies die Frau von neuem ihre Wurst vor und sagte, solche guten Leute gäbe es nach ihrer Meinung auf Gottes Erdboden nicht zum zweiten Male. – Hätte sie das nicht gesagt, so hätte sie immer noch sterben müssen, denn auch diese Männer waren Räuber.

Sobald die Alte nun glücklich aus dem Schimmerwald heraus war, lief sie so schnell als möglich nach der nächsten Ortschaft. Da verkündigte sie der Obrigkeit, was sie gesehen hatte, und sogleich wurden die Räuber gefangengenommen. Als sie nun an Händen und Füßen gebunden auf einem Saale dalagen, wurde das Mütterchen zu ihnen geführt und sagte aus, daß sie alle diese Männer auf dem Eckernkruge zur Nachtzeit habe ein- und ausgehen sehen, wie sie den dicken Mann geschlachtet hätten.

Die Räuber aber schäumten vor Wut, als das Mütterchen, dem sie so schwer das Leben gelassen hatten und von dem sie nun doch überlistet waren, gesund und munter zwischen ihnen umherging. (58)

Die betenden Straßenräuber

Vor vielen Jahren lebte in einem Dorfe unweit Stendal ein Prediger, der sehr geizig war. Der war eines Tages in Stendal gewesen und hatte dort viel Geld eingenommen, was drei Soldaten gesehen hatten. Als der Prediger daher mit seinem Gelde die Stadt verließ und seinem Dorfe zuging, folgten ihm die drei Soldaten, welche lose Galgenvögel waren, und trachteten ihm sein Geld abzunehmen. Offene Gewalt wollten sie nicht gern gebrauchen; deshalb wandten sie folgende List an: Als der Pfarrer mitten im Felde war, traten sie zu ihm und sprachen ihn demütig um eine Reiterzehrung an. – Ihnen erwiderte der Geistliche mit heuchlerischen Worten, daß er kein Geld bei sich habe und es ihm daher sehr leid tue, daß er ihnen nichts geben könne. – Da sprach einer der Galgenvögel ebenso heuchlerisch: »So lasset uns, lieber Herr, miteinander beten, daß uns Gott etwas bescheren wolle; und was er uns dann zuwenden wird, das wollen wir ehrlich miteinander teilen.« – Dieser Vorschlag gefiel natürlich seinen Gesellen, und der Prediger konnte sich ihm nicht widersetzen.

Was geschah? Sie knieten alle vier nieder und beteten lange miteinander. Dann standen sie auf, und die drei Soldaten fragten einer den andern, ob ihnen Gott etwas beschert habe. Als nun die Soldaten alle drei nein gesagt hatten, wandten sie sich an den Pfarrherrn und sprachen, dann müsse er doch sicher etwas bekommen haben. – Der erschrockene Prediger schwor, er sei noch so arm als vorher. Allein das half ihm nichts. Die Räuber meinten, er selbst kenne sein Glück noch nicht, und wendeten ihm die Taschen um und suchten seinen Kober [Korb] durch. Da fanden sie denn viele Taler. Die nahmen sie heraus und teilten sie ehrlich in vier Teile, gaben dem Prediger davon einen und nahmen ein jeglicher auch einen und gingen also ihre Straße fröhlich zurück. (59)

Die Sankt-Georgen-Kapelle vor Gardelegen

In uralten Zeiten hielt sich unweit der Stadt Gardelegen vor dem Salzwedeler Tore ein Räuber auf, der beiden, den Einheimischen wie den Fremden, viel Verdruß angetan, in den daran grenzenden Wäldern aber eine Höhle gehabt, darin er sich versteckt und seinen Raub zusammengebracht. Er trieb sein Handwerk lange, bis sich zuletzt die beiden Dörfer Sassendorf und Neseritz mit der Stadt Gardelegen zusammentaten, um sich seiner zu bemächtigen. Vermittelst der dahin führenden Pferdespuren fanden sie die Höhle. Sie besetzten ihn darin und ließen ihm die Wahl, sich zu ergeben oder zu verhungern. – Der Räuber bequemte sich zu dem ersteren, hat sich aber dabei ausbedungen, daß man ihn nicht auf eine schmähliche Weise zu Tode bringen möchte, wogegen er versprach, daß er von seiner bösen Lebensart abstehen, auch dem heiligen Georg zu Ehren eine Kirche bauen wollte, um dadurch seiner Missetaten halber einige Büßung abzustatten.

Er wurde darauf am Leben gelassen, und er baute, um sein Versprechen zu lösen, die Sankt-Georgen-Kapelle vor dem Salzwedeler Tore, die noch jetzt [1839] dort steht. (60)

Städtische Belange

Die Erbauung von Halle und die Rechte der Halloren

In alter Zeit standen dort, wo nun die Stadt Halle erbaut ist, nur sechsundneunzig Hütten aus Stroh und Holz, und in diesen wohnten die ältesten Halloren und sotten ihr Salz. Sie waren adligen Geschlechtes, und aus jener Zeit stammt noch das adlige Wappen, welches beim Pfingstbier vor dem Zuge der Halloren hergetragen wird.

Als sie nun eines Mittags vor ihren Hütten saßen, kam der Bischof vorbei, welchem das ganze Land gehörte und welcher zu Giebichenstein seinen Sitz hatte. Den baten sie um Erlaubnis, an dieser Stelle eine Stadt zu bauen. – Der Bischof lachte und fragte sie, ob sie einen guten Käufer für ihre Lumpen gefunden hätten, daß sie davon Städte bauen wollten. Denn sie sahen sehr ärmlich aus. – Sie aber antworteten:

»Han wir hüte Water un Holt,
So han wir morne Silber un Gold.«

»Nun, so baut in Gottes Namen mit Wasser und Holz«, rief der Bischof, »und es leucht' euch Sonne, Mond und Sterne!« – Und zum Andenken an jenen Ausspruch stehen noch jetzt im Wappen der Stadt Halle Sonne, Mond und Sterne.

Ein Jahr darauf kam der Bischof wieder des Weges, und nun sah er die schöne Stadt Halle an der Stelle jener Hütten stehen. Und die Halloren eilten ihm entgegen und dankten ihm fußfällig, daß er ihnen erlaubt hatte, die Stadt auf seinem Grunde zu bauen. Und weil das Gedränge zu groß wurde, setzte man den Bischof auf einen Esel, den ersten Esel, der nach Halle kam, und vor ihm her streute man, um den Bischof zu ehren, lauter Rosen. – Zum Andenken daran ist noch heut' das Wahrzeichen von Halle ein Esel, der auf Rosen geht.

Der Rote Turm in Halle um 1750

Die Halloren lebten nun in allem Glück, und unterdes kam die Zeit, daß Kaiser Karl der Große seine gefährlichen Kriege begann. Da zogen zwölf Halloren in sein Heer; die waren größer als alles andere Volk und wurden »Riesen« genannt. Die Schwerter, welche diese zwölf in den Kriegen an der Seite führten, werden noch jetzt aufbewahrt und beim Pfingstbier von zwölf Männern getragen; sie sind vier und eine halbe Elle lang.

Weil nun die Halloren im Heere Karls des Großen [768–814[sich durch Tapferkeit sehr ausgezeichnet hatten, verlieh er ihnen, als Frieden geschlossen war, größere Rechte als seinem übrigen Volke und schenkte ihnen zum Andenken auch das Pferd, welches er selbst im Kriege geritten, und die Fahne, die sie geführt hatten. Und er bestimmte, daß jeder seiner Nachfolger, wenn sie ihm den Huldigungseid leisteten, ihnen ein Roß, das er selbst geritten, mit königlichem Sattelzeug und eine Fahne schenken sollte, weil sie besser seien als die übrigen Untertanen. – Und so ist es auch bis jetzt geblieben.

Die Fahnen werden alle in der Moritzkirche aufbewahrt, und es sind ihrer zweiunddreißig; denn auf Karl den Großen sind bisher [1846] dreißig Kaiser und Könige gefolgt. Von Friedrich Wilhelm III. aber haben die Halloren zwei Pferde und zwei Fahnen erhalten, weil sie ihm zweimal Treue geschworen haben, einmal nach der Thronbesteigung und das andere Mal nach der Besiegung der Franzosen. Das Pferd behält man stets nur bis zum ersten Pfingstbier nach der Thronbesteigung, bei welchem es der älteste Hallor reitet. Dann wird es verkauft, und der Erlös kommt in die Brüderschaftskasse.

Unter den Rechten, welche die Halloren von Karl dem Großen empfingen, war das größte, daß sie selbst Gericht halten und über Tod und Leben entscheiden durften. Zum Zeichen dafür stellte er den Roland in ihre Stadt, der noch jetzt auf dem Markte zu Halle steht. Auch erlaubte er der Brüderschaft, daß sie drei Flinten führen und mit diesen in seinen Forsten so viel Wild jagen durfte, als ihr gefiel.

Der Bischof in Giebichenstein aber gelobte in seiner Freude, als er die Stadt sah, ihr alljährlich zweiundachtzig Tonnen Bier und zwölf Pfund Knobbenmehl und zu jeder Knobbe einen Hering zu schenken. Dies empfingen die Halloren auch vom Amte in Giebichenstein regelmäßig, bis es in neuerer Zeit in eine Geldsteuer verwandelt wurde. (61)

Die Brücke in Halle und die Saalaffen

Nun war die alte Holzbrücke, die vor dem Borntor über die Saale nach der Heide führte, schon sehr schlecht geworden, und man befürchtete, daß sie eines Tages einmal, wenn ein recht schwerer Salzwagen darüberfahren würde, zusammenstürzen möchte. Daher wurde beschlossen, eine neue steinerne dort hinzubauen, und die Maurer und Steinhauer machten sich hurtig an die Arbeit. Als sie jedoch in der Mitte der Saale den Grund zu den großen Pfeilern legen wollten, da passierte es ihnen, daß in der Nacht immer alles, was sie am Tage dazugebaut hatten, zerstört wurde. Zuerst glaubte man, die Konstruktionen seien nicht fest genug, und legte infolgedessen immer stärkere an, die dem Strom trotzen sollten. Es half aber nichts. Des Morgens war alles wieder zerstört.

Verwundert darüber, wie das zuging, blieben sie denn endlich einmal eine Nacht auf, um den Grund der Zerstörungen zu erforschen. Es war gerade Vollmond, und die Strahlen fielen licht und klar in die Saale, daß sie alles sehen konnten. Da bemerkten sie denn, wie plötzlich zwei große Saalmänner angeschwommen kamen, welche die mächtigen Steine wie Kiesel durcheinanderwarfen und alles demolierten.

Am andern Morgen hielten sie Rat, was da zu tun sei und wie diesen Unholden beizukommen wäre. Als sie nicht einig werden konnten, gingen sie zum Priester in die Niklauskapelle, der gerade den Morgen die Messe las, und trugen ihm die Geschichte vor. Nach kurzem Überlegen erzählte er ihnen das Wunder von der Geißel des heiligen Nikolaus und befahl ihnen, einige geweihte Stückchen aus derselben mit einzumauern, dann würde alles unberührt stehen bleiben.

Wie ihnen gesagt war, taten sie denn auch, und am andern Morgen fand man nicht nur alles unversehrt, sondern, als man genauer zusah, auch die Unholde auf dem Grunde der Saale tot liegen. Vor Schreck hatten sie mit den Händen Mund und Nase aufgerissen und waren in Steine verwandelt. So stehen sie noch in der Residenz auf dem Hof, und das Volk nennt sie wegen ihrer Fratzen, die sie schneiden, die Saalaffen. (62)

Die acht bösen Männer

Vor vielen Jahren ging ein Hallor zu Halle in die Kirche. Da sah er, wie ein kleiner blauer Dunst immer vor ihm herschwebte und endlich in ein Kellerloch neben der Kirche schlüpfte. Er beschloß nach der Predigt nachzusehen, was dies gewesen sei, und verstopfte das Loch mit seinem Taschentuch. – Als die Kirche aus war, ging er hin, zog das Tuch heraus und wollte in den Keller sehen. Doch kaum war das Loch wieder offen, so fuhr der blaue Dunst heraus und dem Halloren gerade ins Gesicht. Da sank er um und war tot.

Und nun brach eine furchtbare Pest in Halle aus, an der alle Menschen starben bis auf acht Halloren. Diese begruben die übrigen und wurden die »acht bösen Männer« genannt. Und seit der Zeit werden die meisten Leichen in Halle von acht Halloren zu Grabe getragen und nur wenige auf dem Leichenwagen gefahren. (63)

Der Kaiserbesuch in Osterburg

Hochmut kommt vor dem Fall. Als der Kaiser Lothar, der zweite dieses Namens, einstmals in der Altmark war und mehrere Städte besuchte, da wollte auch die Stadt Osterburg einer solchen Ehre teilhaftig werden, um nicht gegen die anderen Städte zurückzustehen. Sie ließ daher den Kaiser um einen Besuch bitten. Dem genügte dieser Herr, und er kam mit großem Gefolge und vielen Menschen in die Stadt.

Aber das kam den guten Leuten teuer zu stehen. Denn bei den Festlichkeiten, die sie zur Ehre des Kaisers anstellten, gerieten die Bürger mit den kaiserlichen Bedienten in einen Streit, der so arg wurde, daß die meisten Einwohner von Osterburg erschlagen und die Stadt selbst mit der darin befindlichen Burg zertrümmert wurde. (64)

Das Rathaus in Wernigerode um 1880

Der Ursprung der Stadt Wernigerode und des Rathauses

Zwei Schwestern, so wird erzählt, erbauten Wernigerode, zuerst das Westerntor und die Westernstraße. Über dem Westerntore erbauten sie auch den Turm. Darin wohnten sie, denn sie hatten eine große Furcht, daß der Feind käme, der damals noch mit Flitzbogen schoß und dem Turme nichts anhaben konnte. Sie schauten aber von ihrem Turme weit ins Land, und was sie bedurften, ward an einer Winde, woran ein Kasten war, heraufgezogen, denn sie hatten unten eine Frau stehen, die für sie einkaufen mußte. Damals waren die Preise ganz gering, für vier Groschen kaufte man einen Scheffel Roggen, und der Arbeitslohn betrug nur zwei Pfennige. Beide Schwestern sind auf dem Westerntorturme gestorben und dort verfault; das Seil aber, das mitten im Turme herunterhing, war noch lange zu sehen.

Nachher war ein Kuhhirt auf dem Felde und rodete mit seinem Stock eine ganze Braupfanne voll Geld heraus. Der erbaute das Rathaus. Er soll auch oben im Rathause mit Hund und Horn abgebildet sein. (65)

Die Stiftung des Doms zu Stendal

Der Dom zu Stendal gehört zu den schönsten alten Kirchen in der Mark Brandenburg, die reich an herrlichen Baudenkmälern der Vergangenheit ist. Er soll gestiftet sein von dem Grafen Heinrich von Gardelegen oder, wie andere wollen, von dem Grafen Heinrich von Osterburg.

Der Stifter, sei es nun einer von diesen beiden Grafen, welcher es wolle, war von seiner frühen Jugend an ein gar arger Sünder gewesen, weshalb ihn zuletzt der Erzbischof von Magdeburg in den Bann getan hatte. Über solches spottete der Graf aber, und er ging in seinem gottlosen Frevelmute so weit, daß er höhnend sagte, er wolle doch einmal sehen, ob es wahr sei, was die Leute sagten, daß selbst die Hunde nichts annähmen von einem, der im Bann sich befinde. – Er ließ also seine Hunde alle zusammenkommen und warf ihnen Brot vor. Allein keiner von den Hunden wollte auch nur ein einziges Stücklein aufnehmen.

Da ging der Graf in sich. Er erkannte seine vielen und großen Sünden und stiftete, um sie zu büßen, den Dom zu Stendal. Dies war im Jahre 1188. Darauf tat ihn der Erzbischof aus dem Bann. (66).

Der Bau des Merseburger Doms

Als der Merseburger Dom gebaut wurde, fiel allemal über Nacht wieder ein, was bei Tage gebaut war, so daß man zuletzt meinte, das sei der Teufel, der den Bau der Kirche nicht leiden wolle.

Allein man untersuchte doch alles erst noch einmal genau, und siehe da, man fand unten im Fundament zwei ungeheure Schildkröten. Diese nahm man heraus, und der Bau wurde nun glücklich vollendet. Die Schalen dieser Tiere hing man zum ewigen Andenken im Dome auf, und da hängen sie noch. (67)

Die Teufelskrallen am Merseburger Dom

An den Säulen des Kreuzganges finden sich zahlreiche Rillen, die der Volksmund als »Teufelskrallen« bezeichnet. – Als der Baumeister nämlich den Auftrag zur Errichtung des Kreuzganges erhalten hatte, wollten ihm seine Pläne und Risse nicht gelingen, und das Ganze erschien ihm immer noch nicht schön und gut genug. Aus Wut und Zorn zerriß er daher seine Pläne und rief aus: »Mag der Teufel den Kreuzgang bauen, ich bring es nicht!« – Kaum waren diese Worte aus seinem Munde gekommen, da antwortete ihm eine Stimme: »Was gibst du mir, wenn ich den Kreuzgang baue?« – Erschrocken wandte sich der Meister um und sah den Teufel vor sich stehen. Dieser sprach weiter: »Du hast mich gerufen. Versprichst du mir deine Seele, so will ich dir den Kreuzgang bauen, wie er nirgends schöner ist.« – Da bedachte sich der Baumeister einige Zeit, dann lächelte er und sprach: »Ich bin's einverstanden. Aber der Kreuzgang muß in jeder Hinsicht vollkommen sein, sonst gilt unser Vertrag nicht!«

Nun fing der Teufel an zu bauen, und unter seinen Händen entstand ein Kreuzgang, wie es selten einen gibt. Als das Dach aufgesetzt war, ging er zu dem Baumeister und sprach: »Der Kreuzgang steht, wie ich dir versprochen habe, und nun bist du mein!« – Doch der Baumeister antwortete: »Ist er auch vollkommen, wie ich es als Bedingung gestellt habe?« Und als der Teufel das bejahte, sprach der Baumeister: »Erst muß ich das Werk beschauen.« – In der Nacht aber schickte er heimlich zu einem Priester und bat ihn, er möge den Bau mit geheiligtem Wasser besprengen und weihen, was der Priester am andern Morgen früh auch tat.

Als nun am andern Tag der Teufel mit dem Baumeister den Kreuzgang betrat, konnte es der Satan kaum aushalten. Denn den Duft des heiligen Wassers kann der Teufel kaum vertragen, und es kitzelt ihn in der Nase. Doch der Baumeister nötigte ihn hinein. Und als sie in der Kapelle am Westflügel standen, sprach der Baumeister: »Wo ist denn der Altar mit dem Bild des gekreuzigten Heilandes? Die Kapelle ist nur mit dem Altar vollkommen!« – Da merkte der Teufel, daß er gefoppt worden war, denn ein Bild des Heilandes konnte er nicht schaffen. Er fuhr vor Wut in den Hof hinaus bis an den Ostflügel und stürzte auf die Säulen zu, um sie fortzureißen und den Kreuzgang zum Einsturz zu bringen und damit den Baumeister zu erschlagen, wenn er schon nicht so seine Seele bekam. Aber seine Kraft versagte an den geweihten Steinen, und nur wo seine Krallen in den Stein griffen, blieben die heute noch sichtbaren Spuren zurück.

Zur Erinnerung daran ließ der Baumeister noch sein Bild an der südöstlichsten Kreuzgangsecke anbringen, wie er voll Spott dem Teufel, und auch allen neugierigen Beschauern, den nackten Hintern zeigt. (68)

Das eingemauerte Kind

Als Magdeburg noch von Festungswällen umgeben war, führte um die Altstadt herum eine Mauer. Wo es nach der Neustadt geht, war ein Tor, das sogenannte »Krökentor«. An diesem Tor waren ein paar steinerne Füße zu sehen. Damit hat es folgende Bewandtnis:

Vor tausend Jahren war Magdeburg unbefestigt. Da nun oft die heidnischen Wenden kamen und Überfälle machten, beschloß man, eine Mauer um die Stadt zu ziehen. Nach dem alten Aberglauben, daß ein Bauwerk ewig hält, wenn man ein lebendes Wesen mit einmauert, beschloß man, Umfrage zu halten, ob eine Frau bereit wäre, ihr Kind herzugeben, damit es mit eingemauert würde. Die Belohnung sollte dreihundert Goldgulden sein. Lange suchte der Rat vergeblich. Endlich aber fand sich doch, verblendet durch das Gold, eine Frau, die ihr Kind opferte. Sie erhielt das Geld, und das Kind wurde eingemauert.

Später bereute die Frau ihre Tat und bat, das Kind wieder zu befreien. Aber da war es zu spät. Voll Verzweiflung ging die

Mutter auf den Kirchhof und brachte sich selbst auf entsetzliche Weise um.

Der Rat der Stadt aber ließ zur Erinnerung zwei steinerne Füße an dem Tor anbringen. (69)

Das eiserne Gitter im Magdeburger Dom

In der Vorhalle des Doms [zu Magdeburg] zwischen den Türmen liegt die »Liebfrauen-« oder »Ernestikapelle«, die nach dem Hauptschiff hin durch ein kunstreiches Gitter abgeschlossen wird, an dem besonders die eigentümliche Verflechtung der Stäbe auffällig ist [1894]. Dieses Gitter hat zu folgender Domsage Veranlassung gegeben:

Der Erzbischof Ernst bestimmte diese Kapelle zu seiner künftigen Grabkapelle, ließ auch noch zu seinen Lebzeiten ein prächtiges Grabdenkmal arbeiten und hier aufstellen und wollte sie nun auch durch ein besonders künstliches Gitter von der eigentlichen Kirche abtrennen. Die Arbeit wurde einem geschickten Schlossermeister in Magdeburg übertragen, und dieser ging sogleich ans Werk, da ihm der Erzbischof nur eine kurze Frist gesetzt hatte. Weil er aber ein Meisterstück liefern wollte, wie es ihm keiner nachtun könne, so fing er es bald so, bald so an, und der Tag der Ablieferung kam immer näher, ohne daß die Arbeit fortgeschritten wäre. Darüber geriet er in große Angst und Bekümmernis und wollte schier verzweifeln.

Da trat eines Tages der Teufel zu ihm in Gestalt eines Schlossergesellen und versprach ihm, das Gitter in sieben Stunden herzustellen. Doch müsse der Meister selbst sieben Schrauben anfertigen und sie an die richtige Stelle setzen, sonst sei seine Seele dem Teufel verfallen. Der Meister ging darauf ein, und zur festgesetzten Stunde fand er das Gitter fertig, und zwar so kunstvoll, daß er eingestehen mußte, er hätte es so trefflich nicht zustande bringen können. Jetzt machte er sich selbst daran, die sieben Schrauben herzustellen, und schon nach einer Stunde waren sie fertig und nach seiner Meinung richtig eingeschraubt. Nun wurde das Gitter in der Kirche aufgestellt, und der Erzbischof selbst, die Domherren und gar viele aus dem Volke kamen, das seltene Kunstwerk zu schauen, in dessen hohle Stäbe man sogar vermittelst einer kleinen Pumpe Öl treiben konnte zur Verhütung des Rostes.

Da trat jener Schlossergeselle hervor, der das Gitter gebaut hatte, betrachtete es und zeigte den Anwesenden und dem erbleichenden Meister, daß auf einer Stelle eine Schraube fehle, die das Ganze zusammenhalten müsse. Dann griff er in das Gitterwerk, rüttelte es, und zum Schrecken aller fiel es zusammen. Mit Leichtigkeit aber richtete er es wieder auf und rief mit höhnischem Lachen: »Laßt nur die Schraube hier einfügen, und niemand wird das Gitter auseinanderbringen!« Dabei packte er den zitternden Meister beim Genick und fuhr mit ihm unter teuflischem Hohngelächter durch die Decke.

Der Erzbischof ließ nun die Schraube einfügen, und niemand konnte bisher das Gitter auseinandernehmen. Das Loch aber, durch das der Teufel mit dem Schlosser fuhr, ist noch heute zu sehen und durch eine Falltür verdeckt. (70)

Der Turm von Sankt Marien in Dessau

Am großen Markte zu Dessau hinter den sogenannten Buden, einer Häuserreihe mit Säulengang, erhebt sich die ehrwürdige Schloß- und Stadtkirche zu Sankt Marien, im neugotischen Stil erbaut. Wie durch ein Wunder blieb sie bei der ungeheuren Feuersbrunst im Jahre 1467, als ganz Dessau dem wütenden Elemente anheimfiel, allein von allen Gebäuden der Stadt unversehrt. Im Jahre 1550 stürzte der Turm ein, kurz nachdem ihn Fürst Joachim erneuert und erhöht hatte, wurde aber wenige Jahre später von Grund auf neu erbaut. Auf den alten Sankt-Marien-Turm bezieht sich folgende Sage:

Alljährlich im Herbst kam aus weiter Ferne ein grauer Mönch gewandert und machte am Turme halt. Er betrachtete ihn prüfend von allen Seiten mit ernster Miene, schaute hinauf bis zur Spitze und wieder hinab bis zum Fuße und schien mit seinen Blicken die Erde durchbohren zu wollen, um den Füllmund [Fundament] zu sehen. Nachdem er sodann in der Kirche sein Gebet verrichtet hatte, zog er wieder von dannen. Mit niemand sprach er ein Wort, und niemand wußte, woher er kam und wohin er ging.

Nun geschah es, daß im Fürstenhause ein Trauerfall sich ereignete. Eine junge Prinzessin starb plötzlich, und für ihre Leiche sollte in der Fürstengruft, welche sich im Turme der Marienkirche befand, die Ruhestätte bereitet werden. Bei dieser Gelegenheit entdeckte man in der Mauer des Turmes eine bis dahin unbekannte Pforte. Sie führte in ein kleines, dunkles Gewölbe mit kahlen, moderfeuchten Wänden. Daran schloß sich eine Nische, und in dieser lag ein Totengerippe, in dessen Schädel, mitten durch die Stirn getrieben, ein eiserner, stark verrosteter Nagel steckte. Oberhalb an der Wand war eine Schrift mit seltsamen Zeichen angebracht, die niemand zu deuten vermochte. Auch sonst war es unmöglich, über den schauerlichen Fund Aufklärung zu erhalten. Die Gebeine wurden der Erde übergeben, und bald redete man nicht mehr davon, sondern von dem fürstlichen Leichenbegängnis, das inzwischen mit großer Pracht stattgefunden hatte.

Und wieder war zur Herbstzeit der graue Mönch am Turme der Kirche, tat wie sonst, ging um ihn herum und betrachtete ihn von oben bis unten. Betroffen schaute er am Fuße des Turmes auf die Stelle, wo das unterirdische Gewölbe sich befinden mußte, schüttelte den Kopf und seufzte aus tiefster Brust. Lange lag er danach in der Kirche in heißem Gebete, zog dann still davon und ward nie wieder gesehen. – Anderntags aber brach unter entsetzlichem Getöse der Turm zusammen. (71)

Der Einsturz des Jakobikirchturms in Köthen

Die Sankt-Jakobs-Kirche steht inmitten der Stadt Köthen auf dem Marktplatze. Ihrer Bauweise nach entstammt sie verschiedenen Zeiträumen; wahrscheinlich ist ihre Entstehung in die Jahre 1400 bis 1520 zu setzen. Der einstige, sehr hohe Turm, von dem man sagte, daß seine Spitze von der Küste der Nordsee aus sichtbar gewesen wäre, stürzte im Jahre 1599 ein, wobei des Türmers Frau und Kind mit knapper Not dem Tode entgingen.

Zur Stunde des Einsturzes des Kirchturms, so wird berichtet, befand sich die Frau des Turmwarts nichtsahnend in der Turmstube mit ihrem Säugling, der in der Wiege lag und schlummerte. Da hörte sie mit einem Male ein eigentümliches Geräusch. Mörtel bröckelte von den Wänden ab, und der Turm schwankte bedenklich hin und her. In Vorahnung eines nahenden Unheils – die Baufälligkeit des Turms war lange vorher schon festgestellt – nahm sie schnell die Wiege samt dem Kinde und flüchtete damit nach dem Boden der Kirche. Als sie eben dort angelangt war, brach der Turm unter entsetzlichem Getöse zusammen. Tief erschüttert sank die Frau aufs Knie nieder und dankte Gott für die wunderbare Errettung aus der drohenden Lebensgefahr.

Lange mußte der Kirchenbau eines hohen Turmes entbehren, bis vor etwa dreißig Jahren [um 1895] statt des einen zwei schlanke, oben durch eine Brücke verbundene Türme erstanden, die weithin zu sehen sind, eine Zierde des stattlichen Gotteshauses und des ganzen Stadtbildes. (72)

Streit um Moritzburg und Moritzkirche

Vor alten Zeiten lebten in Halle ein Bischof und seine Schwester, die fürstlichen Standes und beide baulustig waren. Der Bischof baute die Moritzkirche, drängte aber seine Arbeiter so zu übermäßiger Arbeit, daß sie auch nicht einen Augenblick feiern durften, und trug, um sich ihnen immer bemerklich zu machen, einen Gurt mit klingenden Schellen. Dieser fortwährenden Plackereien wurden die Arbeitsleute überdrüssig, und sie verließen den Bau, der dadurch bedeutend verzögert wurde.

Seine Schwester baute die Moritzburg, welche die Schweden im Dreißigjährigen Krieg zerstört hatten, und war menschlich und mild gegen ihre Arbeitsleute, daher auch alle, die von dem Bruder fortgingen, zu ihr kamen, was ihren Bau sehr förderte, so daß sie mit ihrem Burgbau weit früher fertig wurde als ihr harter Bruder mit der Kirche.

Das verdroß diesen, und er warf deshalb einen so argen Haß auf seine gute Schwester, daß er an ihr Rache zu nehmen beschloß. Um diese auszüben, stellte er sich gegen sie freundlich und sprach mit frommem Schein von Versöhnung, wozu er ihr, wenn sie unter das Schloßtor käme, die Hand bieten wolle. – Die Schwester, gutmütig und arglos, folgt seiner Einladung. Der Bruder empfängt sie mit einer Umarmung, und während derselben – stößt er ihr einen Dolch in die Brust.

Zum Andenken an diese abscheuliche Schandtat ist das Bild des Mädchens mit dem Dolch in der Brust über dem Tor der Moritzburg aufgestellt, und in der Moritzkirche findet man des Bischofs Bild mit dem Schellenbehänge. (73)

Die Wette um das Tor zu Gardelegen

In der Stadt Gardelegen war in früheren Zeiten am Ende der Burgstraße nach der »Isernschnibbe« hin ein Stadttor. Dasselbe war für die Herren von Alvensleben, welche die Gerichtsbarkeit über die Burgstraße hatten, und mußte Tag und Nacht für sie offengehalten werden. Darüber entstand mancher Streit zwischen denen von Alvensleben und dem Magistrat der Stadt.

Endlich wurde jedoch allem Hader auf einmal ein Ende gemacht. Denn als eines Tages der Magistrat und der älteste Herr von Alvensleben bei einem frommen Mahle in der Stadt beisammensaßen, da wetteten sie miteinander, daß das Tor auf ewige Zeiten solle verschlossen bleiben, wenn der Magistrat es während der Zeit könne zumauern lassen, als der Herr von Alvensleben zu Rosse um die Stadt jage.

Der Magistrat nahm darauf die flinksten Maurerleute zur Hand, und der Herr von Alvensleben bestieg sein bestes Roß, das er im Stalle hatte. Der Magistrat gewann aber die Wette, denn der Herr von Alvensleben stürzte mit dem Pferde, als er ganz nahe am Ziele war. (74)

Der Marktplatz in Magdeburg um 1840

Die silbernen Läuse

Vor vielen Jahren lebte in Magdeburg ein reicher Gewandschneider (Tuchhändler) mit Namen Klön, der am Alten Markt ein schönes Haus mit einem großen Geschäft besaß. Sein Weib war ihm an der Pest gestorben; doch besaß er zwei Söhne, die sein ganzer Stolz und seine ganze Hoffnung waren. Einst warf ihn ein schweres Leiden aufs Krankenlager, und da er merkte, daß bald sein letztes Stündlein schlagen würde, ließ er einen treuen Freund, den Bürgermeister Sültz, zu sich rufen, und bat ihn, für seine Kinder nach seinem Tode sorgen zu wollen. – Das versprach ihm dieser gern, und als dann kurz darauf der alte Klön das Zeitliche segnete, nahm er sich der Knaben an. Er verwaltete ihr Vermögen gewissenhaft, erzog sie sorgfältig, ließ sie etwas Tüchtiges lernen und schickte sie sogar, als sie erwachsen waren, auf Reisen, damit sie sich weiterbilden möchten.

Nach ihrer Rückkehr legte er ihnen Rechenschaft ab über ihr Vermögen, und sie übernahmen selbst das Geschäft ihres Vaters.

Alsobald aber fingen die »Junker Klön« an, ihres Vaters Gut mit anderen liederlichen Gesellen zu vergeuden, und ihr früherer Vormund hielt es für seine Pflicht, sie zur Ordnung und Sparsamkeit zu ermahnen. Da er ihnen nun wegen ihres liederlichen Lebenswandels Vorhaltungen machte, verlachten und verspotteten sie den Alten und meinten, ihr Vater habe ihnen große Reichtümer hinterlassen, von denen sie noch lange lustig leben könnten. – Da wurde der alte Bürgermeister zornig und rief ihnen zu: »Nun, wenn ihr denn so verstockt seid gegen alle Warnungen, so lauft in euer Verderben. Das aber sage ich euch, wenn ihr es noch lange so treibt, werdet ihr bald dahin kommen, daß euch die Läuse fressen.«

Von nun an trieben es die beiden Klöne noch toller, ließen sich auch einen Rock machen und ihn überall mit silbernen Läusen besetzen und gingen damit dem Bürgermeister zum Hohn vor seinem Hause hin und her. – Nach einigen Jahren hatten sie wirklich ihres Vaters Hab und Gut durchgebracht; und das väterliche Haus geriet in die Hände ihrer Schuldner. Schnell sanken sie jetzt von Stufe zu Stufe und starben endlich im Armenhaus von Sankt Jakobi, wo sie, wie man erzählt, in Wahrheit fast vom Ungeziefer aufgefressen wurden. (75)

Der Ring der Frau Bucher

Vor langer Zeit lebte in der Stadt Eisleben eine reiche Handelsfamilie mit Namen Bucher. Eine ganze Straße, die nach ihr benannte Buchergasse in Eisleben, war ihr Eigentum, und aus vielen der ergiebigen Erz- und Silbergruben der Grafschaft Mansfeld flossen ihr immer neue Reichtümer zu. Wie es aber immer zu geschehen pflegt, allzu großer Reichtum und allzu großes Glück macht die Menschen übermütig, und so war es auch mit dieser Familie. Weil alle ihre Unternehmungen glückten, so glaubten die Bucher zuletzt, ihr Glück könnte gar nicht vergehen. Die hochmütigste von ihnen allen aber war die Gemahlin des Handelsherrn.

Da geschah es, daß Herr Bucher an den Ufern des Süßen Sees ein großes Gastmahl gab, zu welchem Grafen und andere hohe Herren geladen waren. Er entwickelte dabei solchen Glanz und solche

Pracht, daß selbst die hohen, an dergleichen gewöhnten Gäste erstaunt waren und laut den Reichtum des Herrn Bucher priesen. Nur einer von den Gästen, ein alter, grauer, ehrwürdiger Priester, wollte nicht miteinstimmen in diese Lobreden. Er schüttelte bedenklich das Haupt und sprach: »Nicht also, meine Herren! Rühmet nicht den Reichtum unseres Gastgebers, rühmet vielmehr die Gnade Gottes, der ihm so viel irdische Güter zuteil werden ließ, und bedenkt, daß nicht Geld und Gut glücklich macht; denn auch großer Reichtum kann in kurzer Zeit vergehen.«

Kaum hatte der Alte dies gesprochen, so brach die Gemahlin des Handelsherrn in ein höhnisches Gelächter aus und redete die Gäste also an: »Meine lieben Gäste, wie töricht hat doch der Priester gesprochen! Wie kann wohl unser Reichtum vergehen, der so unermeßlich ist wie der Sand am Meere! So gewiß als dieser Ring, den ich ins Wasser werfe, niemals wieder in meine Hände gelangt, so gewiß wird auch unser Glück und Gut bestehen!« Mit diesen Worten nahm sie ihren Ring vom Finger und warf ihn lachend in die Fluten.

Lange Zeit nach diesem Vorfalle, als derselbe fast schon in Vergessenheit geraten war, brachte eines Tages ein Fischer einen großen, prächtigen Fisch in den Palast der Familie Bucher zum Verkauf. Als die Köchin den Fisch zerteilt, sah sie etwas Glänzendes hervorleuchten. Sie untersuchte den Fisch weiter und fand einen Ring in demselben, welchen sie als den ihrer Herrin erkannte. Erstaunt hierüber, ging sie sofort zu ihr, zeigte ihr den Ring und erzählte, wo sie denselben gefunden hatte. Sobald Frau Bucher den Ring erblickte, den sie nie wiederzusehen geglaubt hatte, erfaßte sie jäher Schreck, und zitternd an allen Gliedern sank sie zu Boden, ahnend, daß der Priester wohl wahr gesprochen haben möge.

Seit dieser Zeit begann der Reichtum der Familie Bucher zu sinken. Ein Unglück nach dem andern traf sie, eine Feuersbrunst vernichtete fast ihre ganze Habe, und in kurzer Zeit war von all ihrem Reichtum auch nicht ein Heller mehr übrig. Vollkommen verarmt, hatten die Bucher bald nicht einmal einen Ort mehr, wo sie schlafen konnten. Sie mußten sich ihr Brot vor den Türen der Leute erbetteln und gingen schließlich schmählich unter. (76)

Zu »katholischer Zeit«

Der Schäfer am Dom zu Magdeburg

Nach der großen Ungarnschlacht im Jahre 955 ließ Otto der Große an Stelle der kleinen Kirche des Moritzklosters, wo seine Gemahlin Editha ruhte, eine neue, die erste Domkirche, herstellen, wozu er einen großen Teil der den Ungarn abgenommenen Kriegsbeute und später von Italien aus kostbaren Marmor, Gold und Edelsteine spendete.

Da entstand im Jahre 1207 zur Zeit des Erzbischofs Albrecht II. [1205-1232] eine furchtbare Feuersbrunst, durch welche nicht nur ein großer Teil der Stadt, sondern auch die Domkirche vernichtet wurde. Doch schon ein Jahr darauf begann der Erzbischof mit dem Wiederbau des Doms, zu dem ihm anfangs von vielen Seiten reichliche Unterstützungen zuflossen. Da aber der Neubau viel größer und prächtiger werden sollte und daher ungeheure Kosten verursachte, so flossen die Spenden immer spärlicher und der Erzbischof hatte Not, das Werk zu fördern. Da soll ihm ein frommer Schäfer geholfen haben, worüber die Sage Nachstehendes berichtet:

Der Schäfer des Klosters Berge – er soll Coppehle geheißen und aus Gräfendorf bei Jüterbog gestammt haben – weidete einstmals seine Herde auf dem Anger vor Magdeburg. Wie es nun Mittag war und die Sonne heiß schien, setzte er sich, um zu ruhen, auf einen Stein, der daselbst war. Sein Knecht aber saß neben ihm, und seine Hunde lagen ihm zu Füßen. Da kam eine Maus aus ihrem Loch, und als die Hunde ihrer gewahr wurden, machten sie Jagd auf sie. Die Maus aber verschwand schnell unter dem Stein. Jetzt umliefen die Hunde bellend den Stein, fingen an zu scharren und zu wühlen, warfen die Erde auf und brachten dabei einige Münzen zutage.

Der Schäfer hob sie verwundert auf, betrachtete sie und fand, daß es Goldmünzen seien. Da stieg in ihm die Vermutung auf, daß unter dem Stein ein Schatz verborgen sein könne, und er wälzte mit dem Knecht den Stein fort. Nun fingen beide an zu graben und fanden endlich zu ihrem großen Erstaunen einen mächtigen Kessel, der mit Goldstücken gefüllt war. Ratlos standen sie da; denn sie wußten nicht, was sie mit dem Schatz beginnen sollten.

Als es Abend wurde, trieben sie die Herde nach dem Kloster zurück und erzählten den Mönchen von dem Fund. – Von denen erfuhr es der Abt. Er kam zum Schäfer und suchte ihn zu bewegen, den Schatz oder doch einen Teil desselben dem Erzbischof zum Bau des Doms zu überbringen. Der fromme Schäfer folgte der Mahnung des Abtes und legte den ganzen Schatz zum Dombau in die Hände des Erzbischofs. Gern nahm dieser das Geld an und setzte mit neuem Eifer das gute Werk fort. Der Schäfer aber mußte von nun an in seinem Palast wohnen und stieg später zu hoher geistlicher Würde auf.

Zur Erinnerung an seine Freigebigkeit ließ der Erzbischof das steinerne Bild des Schäfers wie auch das seines Knechtes mit den Hunden über der sogenannten »Paradiespforte«, dem nördlichen Eingang des Doms, anbringen. An einem Stern aber, der am nördlichen Turm eingemeißelt wurde, ist zu erkennen, wie weit der Bau mit dem Gold des Schäfers gefördert wurde. (77)

Der Bannfluch

Als Gero Erzbischof von Magdeburg war [1012–1023], geriet er (1016) mit dem Markgrafen von Sachsen, Bernhard, in einen Streit. Der Markgraf überfiel zur Nachtzeit die Stadt Magdeburg und nahm einen adligen Dienstmann des Erzbischofs gefangen. Dem Gefangenen ließ er die Augen ausstechen, so erbittert war er auf die Erzbischöflichen. Zur Strafe für diese Grausamkeit, die der Markgraf an einem Unschuldigen verübt hatte, sprach der Erzbischof Gero den Bannfluch über ihn aus. Markgraf Bernhard trieb zwar zuerst seinen Spott damit und lachte der Strafe. Aber als er hartnäckig gegen Buße und Reue jede Vermittlung von sich wies, wurde er nicht allein von seinen Vasallen gemieden, sondern selbst die Hunde wollten weder Brot noch Fleisch von ihm annehmen.

Da merkte er, daß die Strafe von Gott gekommen sei und kam am Silvestertage barfuß und mit entblößtem Haupte zum Erzbischof nach Magdeburg und bat fußfällig um Lossprechung von dem Bannfluch. Da aber Gero dies nicht ohne Einwilligung des Königs tun wollte, so gingen beide nach Pöhlde, wo sich jener damals aufhielt. Hier warf sich Bernhard gleichfalls als Büßender dem König zu Füßen und bat um Befreiung von der Kirchenstrafe. Jetzt erst gewährte sie der König, und der Erzbischof sprach ihn gegen Zahlung einer bedeutenden Summe als Schadenersatz für die damalige Plünderung des Erzstifts vom Banne los. (78)

Das Tanzwunder zu Kolbeck

Im Dorfe Kolbeck bei Magdeburg tanzten [im Jahre] 1011 etliche Hausleute am Christtage abends auf dem Kirchhofe, wollten sich auch hiervon nicht abwehren lassen. Da sagte endlich der erzürnte Priester: »Ei, so tanzt ein ganzes Jahr!« Und es geschah: in ewigem Schwunge tanzten sie ein ganzes Jahr lang, daß die Erde unter ihnen wich und sie in einer Gruft, die ihnen bis unter die Arme ging, sich herumdrehten. Einer wollte einst einen Freund aufhalten, aber im reißenden Drehen behielt er den Arm des Tanzenden in der Hand, der sich dennoch wieder im tollen Schwunge weiterdrehte. Es fiel auf sie weder Regen noch Tau noch Schnee.

Endlich endigte sich nach einem Jahre, durch vielfaches Bitten hin und wieder in den Kirchen, dies Tanzen. Aber einige waren sofort des Todes, andere behielten die kurze Zeit ihres Lebens über ein stetes Zittern. (79).

Der geigende Pfarrer

Unweit Tangermünde liegen dicht beieinander zwei Dörfer, Ost- und Westheeren [1839]. Beide haben nur einen Pfarrer und auch nur eine Kirche, die mitten zwischen ihnen liegt. Zu einer Zeit war der Pfarrer an dieser Kirche ein gar leichtsinniger Mann, der lieber auf dem Tanzboden als am Altare war. – Eines Tages, am heiligen

Das Rathaus in Tangermünde um 1880

Pfingstfeste, als die Bauern aus beiden Dörfern zum Tanzen versammelt waren, nahm er sogar selbst die Geige in den Arm und spielte den Bauern zum Tanze auf. Für solchen Frevel traf ihn aber der Zorn des Himmels. Denn es entstand urplötzlich ein schweres Gewitter, und es kam ein langer, scharfer Blitz, der erschlug zwanzig Bauern und mit ihnen den Pfarrer, dem die Geige im Arme zerschmettert wurde. Dies geschah Anno 1203.

Eine andere Sage berichtet diese Geschichte aus dem Dorfe Ossemer bei Stendal. Das Gewitter soll danach vierundzwanzig Bauern getötet, dem Pfarrer aber nur die rechte Hand, mit welcher er den Fidelbogen geführt, abgeschlagen haben. (80).

Das Verlöbnis des Abtes

Zu der Zeit, als es den katholischen Priestern noch nicht verboten war, eine Frau zu nehmen, warb Abt Konrad, ein geborener Graf von Falkenstein, um die Gräfin Mathilde von Arnstein. Da er ein stattlicher und kluger Herr war und die junge Gräfin ihn lieb hatte, so hatten deren Eltern nichts gegen ein Ehebündnis einzuwenden, und die Verlobung wurde mit Glanz auf Burg Arnstein gefeiert.

Als der Festjubel am größten war, stahl sich das junge Paar beiseite in den Garten, um ungestört von andern seiner Liebe sich zu versichern. Da stand plötzlich, wie aus dem Boden gewachsen, vor ihnen ein Kardinallegat des Papstes da, welcher mit kaltem, glattem Lächeln um Entschuldigung bat, wenn er die Liebenden störe, aber sich damit rechtfertigte, daß er im Auftrage des Papstes komme. Seine Heiligkeit habe nämlich befohlen, daß hinfort kein Priester mehr freien solle, und wer etwa schon Frau und Kinder habe, der solle sie fortan meiden und nur Christi Dienst sich widmen. Wage einer, ungehorsam zu sein, so werde ihn unnachsichtlich der apostolische Bannfluch treffen.

Kaum hatte der Unglücksbote seine Botschaft ausgerichtet, so war er auch schon wieder verschwunden. Als nun aber Abt Konrad laut erklärte, er werde von seiner Braut nicht lassen, möge er nun mit ihr den Himmel oder die Hölle haben, da zuckte ein Blitzstrahl hernieder und erschlug sie beide. – Aus dem Grabe, welches ihre Leiber aufnahm, wuchs bald darauf eine Doppellinde, die »Mönchslinde« genannt, aus deren grünem Laube zur Johanniszeit eine weiße Taube sich erhebt, während um die Blüten des Baumes ein Schmetterling seine Kreise zieht. (81)

Mönchische Bosheit

In der Nähe des Klosters Kaldenborn [Kr. Sangerhausen] hatte ein adliges Fräulein ein Liebesverhältnis mit einem jungen Ritter angeknüpft. Ihre Eltern jedoch waren damit nicht einverstanden und taten sie in das Kloster Kaldenborn. Weil sie nun aber durchaus keine Lust hatte, eine Himmelsbraut zu werden, so versuchte sie wiederholt, aus dem Kloster zu entkommen, aber nie gelang es ihr. Da suchte sie einen Mönch, welcher eine heftige Zuneigung zu ihr gefaßt hatte, zu bewegen, daß er ihr zur Flucht aus dem Kloster verhelfe. – Wohl erklärte dieser sich bereit dazu, aber nur unter der Bedingung, daß sie ihm einen Kuß gebe.

Natürlich wies diese den Frechen zurück. Aber weil die Sehnsucht nach Freiheit zuletzt übermächtig in ihr wurde, so gab sie endlich nach langem Sträuben nach. Jedoch der Mönch verschaffte ihr nun die Freiheit nicht. Vielmehr beschuldigte er aus Ärger darüber, daß es ihm für alle Zeit versagt war, das Fräulein zu besitzen, die Unglückliche, sie habe geheimen Umgang mit ihrem Geliebten, und bekräftigte seine Aussage gar noch mit einem Eide.

Da wurde die Betrogene, aller Beteuerungen ihrer Unschuld ungeachtet, dazu verurteilt, lebendig eingemauert zu werden. Und als sie unter Begleitung der Nonnen abgeführt wurde, ging der heimtückische Mönch dem Zuge voran und sang ihr den Totengesang. Aber auch ihr Geliebter wurde als Verführer einer Himmelsbraut mit Ketten belastet und in das Klostergefängnis gelegt. (82)

Die eingemauerten Liebenden

In Holzzelle bei Hornburg unweit Eisleben lebte einst ein reiches Fräulein, welches von einem armen, aber wackeren Jüngling glühend geliebt wurde und seine Liebe ebenso heiß erwiderte. Aber die Väter der jungen Leute waren ausgesprochene Feinde, die nie in eine Verbindung ihrer Kinder gewilligt haben würden. Als dem Vater des Fräuleins endlich etwas von dem Verhältnis seiner Tochter hinterbracht wurde, war er grausam genug, ihr Lebensglück seinem Hasse zu opfern, denn er ließ sie in das Kloster zu Holzzelle als Nonne aufnehmen. Der junge Mann war außer sich über das Schicksal seiner Geliebten und wurde in seiner Verzweiflung Mönch in dem nahegelegenen Kloster der Zisterzienser in Sittichenbach. Bald aber bereute er seinen voreiligen Schritt und versuchte nun, um jeden Preis eine Zusammenkunft mit seiner Geliebten zu bewerkstelligen. Wirklich gelang es beiden, an einem Festtage unbemerkt aus dem Kloster zu entschlüpfen und auf einer vorher bestimmten Waldwiese süße Stunden miteinander zu genießen. Seitdem wiederholten sie jene Zusammenkünfte und benutzten meist die Feste der Heiligen dazu, weil sie an diesen im Kloster nicht so leicht vermißt wurden.

Zuletzt aber wurden sie doch verraten, ertappt und zur Strafe lebendig eingemauert. Liebessehnsucht und Sorge um einander zehrte schnell ihr Leben auf, und fast zu gleicher Zeit raffte der Tod sie hin. Die Seelen der Abgeschiedenen wurden in Irrlichter verwandelt, welche unablässig versuchten, sich miteinander zu vereinigen. Aber vergebens, denn die erzürnten Heiligen konnten die Entweihung ihrer Festtage nicht vergessen.

Oft sieht man in warmen August- und Septembernächten die beiden Irrlichter in dem schaurig-dunkeln Waldgrunde flimmern, wo die Lebenden sich zu sprechen pflegten. Klagen und Seufzer erschallen; immer streben die Lichter einander zu, und immer müssen sie sich meiden. (83)

Das Wunderblut von Wartenburg

Anfang des Jahres 1429 wurde dem Erzbischof von Magdeburg berichtet, daß in der Kirche des Dorfes Wartenburg das Sakrament des Abendmahles, während es einem Bauern gereicht wurde, auf wundersame Weise umgebildet worden sei. Die Hostie habe von Blut getrieft. Der Pfarrer Tonemann schrieb einen Brief über das Wunder. Die Nachricht davon verbreitete sich bald in der ganzen Gegend und darüber hinaus. Viel Volk eilte nach Wartenburg wie zu einer Wallfahrt.

Der Erzbischof ordnete eine Untersuchung an und entsandte zwei gelehrte Kirchenbeamte, in denen bald nach der Besichtigung der Hostie und dem Lesen des Tonemannschen Berichtes der Verdacht des Betrugs aufstieg. Der Pfarrer überließ den erzbischöflichen Abgesandten die Hostie nicht zur Mitnahme nach Magdeburg ohne die Erlaubnis des Kurfürsten, der sich aber zur Zeit auf Reisen in Sachsen befand. So blieb der Verdacht, daß die Hostie absichtlich mit Blut befleckt worden sei, zunächst unbewiesen und ungeklärt.

Der Sommer verging, da mußte Pfarrer Tonemann vor dem erzbischöflichen Gericht erscheinen, weil er ein anderes Vergehen begangen hatte. Dort wurde er auch wegen der Hostie einem strengen Verhör unterzogen. Man wollte nicht glauben, daß einem kleinen Landpfarrer das Wunder in seiner Dorfkirche zu Wartenburg widerfahren sei. In die Enge getrieben, gestand er endlich, daß er sich in den Finger geschnitten habe und die Hostie dadurch befleckt worden sei. Er habe den Glauben der Menschen an das »Wunderblut von Wartenburg« nicht gehindert, weil er sich Einnahmen von den Wallfahrern, die Ostern das Sakrament in seiner kleinen Kirche einnehmen würden, für das Dorf versprach. Damit war der Betrug erwiesen. Tonemann wurde festgenommen, da er kein freies Geleit hatte, und in Calbe in den Turm gesperrt.

Als die Magdeburger Bürger in einer Fehde mit dem Erzbischof den Turm zerstörten, wurde der inzwischen schwach und elend gewordene Pfarrer befreit. Nach seiner Genesung begab er sich zum Konzil nach Basel. Dort traf er seine Richter wieder. Sie verziehen ihm und übergaben ihm sogar eine Pfarrstelle bei Straßburg. (84)

Der Gott im Kasten

In der Gegend von Harzgerode und Günthersberge liegt ein uraltes Dorf, heißt Waterleben (Wasserleben). Darinnen wohnten zu des löblichen Bischofs Friedrich von Halberstadt Zeiten zwei fromme Schwestern. Von denen hatte die eine ihr notdürftiges, ja gutes Auskommen; der andern aber ging alles krebsgängig, obschon sie es am Fleiß nicht mangeln ließ. Sie betrübte sich deshalb nicht wenig und beneidete ihre Schwester, ließ sie das auch mit Worten fühlen. – Da sprach die glücklichere Schwester: »Was neidest du mich? Ich habe unseren Herrgott im Kasten, der segnet all das Meine und gibt mir das Glück im Schlaf.«

Diese Worte nahm sich die arme Schwester zu Herzen, und als sie Ostern zum Nachtmahl ging, behielt sie die heilige Hostie im Mund und tat sie dann heimlich daheim in ein Tüchlein gewickelt in ihren Kasten. Als sie nun nach ein paar Tagen nachsehen wollte, ob der Herrgott im Kasten ihr etwas Rechtschaffenes zuwege gebracht, so sah sie, daß die Hostie Blut schwitzte – wie jene, die das Weib zu Zehdenick in der Mark vorm Bierfaß vergraben –, und war das ganze Tuch, darin sie die Hostie gewickelt hatte, von Blut durchnäßt. Erschrocken rief die Frau ihren Mann herbei.

Dieser zeigte es dem Pfarrer an und der Pfarrer dem Bischof zu Halberstadt, und da kam die ganze Klerisei der Umgegend, der Bischof an der Spitze, in Prozession, erhoben die Hostie und trugen sie unter Gesängen und mit brennenden Kerzen bis nach Hauslar (andere nennen Heudeber) und wollten sie gen Halberstadt führen. Aber von dem Altar, auf den die Hostie dort gesetzt ward, konnte sie nicht wieder fortgenommen werden und mußte allda bleiben, blutete aber fort und fort. Da kamen so viele andächtige Waller, daß von ihren Gaben gar bald ein Kloster gestiftet werden konnte. Ob der armen Frau, die gern auch den Gott im Kasten haben wollte, das heilige Blut in etwas zugute gekommen ist, davon meldet die Sage nichts, doch ist, daß es geschehen, wohl zu hoffen. (85)

Die reiche Glocke

Die größte der vier Glocken des Doms zu Magdeburg, Susanna genannt, wiegt 266 Zentner und ist nach der zu Erfurt die größte in Deutschland. Sie stammt aus dem Kloster Neuwerk bei Halle, das unter dem Erzbischof und Kardinal Albrecht abgebrochen wurde. Dieser Glocke schrieb man die wunderbare Kraft zu, daß sie den Teufel vertreiben, Seelen aus dem Fegefeuer erlösen, Gewitter verteilen und noch viele andere Wunder tun könne. Daher wurden dem Kloster viele Geschenke gemacht, und die Glocke soll mehr eingebracht haben als ein großes Rittergut.

Nach dem Abbruch des Klosters hat die Glocke längere Zeit im Dom zu Halle gehangen und sollte dann, als die Lehre Luthers hier Eingang gefunden hatte, auf Veranlassung des Erzbischofs Albrecht nach Mainz gebracht werden. Das Domkapitel zu Magdeburg aber, das damals mit diesem Kirchenfürsten in Feindschaft lebte, holte sie eilends nach Magdeburg und hängte sie im Dome auf. Da sie später öfter Sprünge erhielt, mußte sie mehrere Male umgegossen werden. Doch ist seit jener Zeit ihre Wunderkraft verloren gegangen.

Bei einem solchen Umguß soll der König Friedrich I. eine Hand voll Dukaten in die Glockenmasse geworfen haben. (86).

Die sieben Steine bei Preußlitz

Am östlichen Ausgange des Dorfes Preußlitz [Kr. Bernburg], nahe bei dem Friedhofe, stehen in einer Gruppe nebeneinander sieben Steine (Kieslinge) von ungleicher Größe. Säulenförmig in fast doppelter Manneslänge aufgerichtet, überragte früher der größte weit die andern alle, aber um das Jahr 1875 brach die obere, größere Hälfte von ihm ab, so daß er jetzt der kleinste von den sieben Steinen ist. Über ihren Ursprung und ihre Bedeutung wird nachstehende Sage erzählt:

Es war einmal an einem schönen Frühlingssonntag. Die Kirchenglocken zu Preußlitz luden zum Gottesdienst ein, und andächtige Kirchgänger schritten von allen Seiten dem Gotteshause zu. Da erschien ein greiser Mönch im Dorfe, der, ein Abtrünniger, wegen Gotteslästerung aus seinem Kloster verstoßen war. Erbittert und von Rachgier erfüllt, war er seitdem ganz mit der Kirche zerfallen. Allenthalben ließ er freche Spottreden über die heilige Lehre und die Geistlichkeit fallen und versuchte bei jeder Gelegenheit, den Gottesdienst zu stören. So auch hier. Er zog eine Geige hervor, und während im Kirchlein bereits Orgelklang ertönte, stimmte er draußen lustige Lieder an, wie sie das Volk auf der Gasse singt. In die ernsten Töne eines Chorals mischten sich die schrillen Klänge seiner Fiedel und lenkten die Gedanken der frommen Gemeinde ab von ernster Sammlung.

Eben kamen noch als Nachzügler auf dem Kirchgang sechs junge Leute an, drei Burschen und drei Mädchen – Weltkinder, welche mehr die Gewohnheit als ein innerer Drang hierher führte, und die schon ihre Pläne machten, wie sie den Nachmittag vergnügt verleben wollten. Die blieben verwundert stehen, als sie den sonderbaren Spielmann erblickten. Es war auch ein zu komisches

Bild: der alte Mann mit dem Satyrgesicht, wie er gewandt den Bogen handhabte, wie er mit den Augen zwinkerte und den Kopf nach dem Takte der Musik bewegte! Alle sechs brachen in Lachen aus über den lustigen Fiedler. Der aber dachte: »Hab ich euch lachen gemacht, so mach ich euch auch noch zu springen.« Zugleich wechselte er die Weise und begann einen feurigen Tanz aufzuspielen. Den Zuhörern zuckt es in den Beinen: »Schnell ein Tänzchen! Ehe der Pfarrer beginnt, sind wir in der Kirche!« ruft einer, umfaßt sein Mädchen, die anderen folgen nach, und im Nu wiegen und schwingen sich die drei Paare im Tanze zur teuflischen Freude des Geigers. Und sie tanzen weiter, als drinnen in der Kirche Orgelspiel und Gemeindegesang verstummt; sie tanzen weiter, als später der Pfarrer mit der Predigt beginnt. »Nur noch ein Weilchen!« denken sie – und es währt nur eine kurze Weile.

Da, plötzlich stehen alle regungslos, Tänzer und Spielmann! Dieser kann den Arm, jene [können] die Füße nicht mehr heben. Die Geige ist verstummt, das Geräusch des Tanzes verhallt. Alles ist still, totenstill! Das warme Leben flieht von den Gestalten, Eiseskälte dringt ihnen durch Mark und Bein, und sieben Steine stehen fortan dort anstatt der Tänzer und des Spielmanns!

Zur Erklärung der Sieben-Steine-Gruppe hat man noch eine andere Sage. Diese macht sie zu einem Denkmal, aufgerichtet zum Gedächtnis an eine aus Eltern und fünf Kindern bestehende vornehme Familie des Dorfes, die zur Zeit des Dreißigjährigen Krieges auf Befehl eines schwedischen Obersten unter entsetzlichen Martern umgebracht worden sein soll. (87)

Tetzels Ablaßkasten in Flechtingen

Der berüchtigte Ablaßkrämer Tetzel kam zu seiner Zeit in das Dorf Flechtingen im Kreis Salzwedel und bot seine Ware aus, verkaufte auch viel. Als das der Edelmann des Dorfes, Barward von Schenk geheißen, erfuhr, begab sich dieser auch zu ihm und verlangte einen Ablaßbrief für eine schwere Sünde, die er aber noch nicht begangen habe. Er erhielt ihn, mußte ihn aber sehr teuer bezahlen.

Wie darauf der Ablaßkrämer guten Muts und mit vielem Gelde beladen, welches er in der ganzen Umgebung reichlich eingenommen, wieder abzog, da jagte Barward von Schenk auf einem andern Wege ihm zuvor und trat ihm plötzlich in der Flechtinger Forst entgegen. Hier forderte er ihm seinen Ablaßkasten ab mit dem Sündengelde darin. – Der Mönch erschrak zwar sehr und suchte dem Edelmann begreiflich zu machen, welch eine große, schwere Sünde er begehe, wenn er ihn und somit die heilige Kirche beraube. – Allein der Herr von Schenk erinnerte ihn daran, wie er ja eben für eine recht schwere Sünde von ihm einen Ablaßbrief erhalten, und der Dominikaner mußte, allen Sträubens ungeachtet, seinen Kasten mit allem Gelde hergeben.

Von diesem Gelde ließ der Edelmann, da das Dorf bis dahin keine eigene Kirche hatte, die Kirche in Flechtingen bauen, die daselbst noch gegenwärtig steht. (88)

Der Mönch in den Schallöchern der Domtürme zu Stendal

Der Kurfürst Joachim I., welcher sich gern in Stendal aufhielt und daselbst auch starb, war bekanntlich ein Gegner der Reformation. Erst unter seinem Sohn Joachim II. drang das Licht des Evangeliums auch in den brandenburgischen Landen besonders mit Hilfe seines berühmten Bischofs Matthias von Jagow siegreich durch. Kam Joachim I. nach Stendal, so stieg er in der Domherrnkurie ab. Hinter derselben befand sich ein großer Garten und in demselben eine kleine Kapelle. Das Hochamt mußte hier ein Pater aus dem Franziskanerkloster am Mönchskirchhof halten und vor einem Pulte stehend predigen.

Wollte der Kurfürst allein beten, dann mußte der Pater auf den Turm steigen und darauf achten, ob auch alle Christen auf der Straße stillständen und sich bekreuzigten, wenn die Betglocke anschlug. Dies tat der Mönch gern, und wenn er mit seinen scharfen Augen jemanden erblickte, den er kannte und der nicht nach katholischer Weise betete, so verriet er diesen dem Kurfürsten, und dieser bestrafte denselben dann hart als Ketzer. Hierdurch wurde,

Der Dom in Stendal um 1880

wie sich denken läßt, der Franziskanermönch bei dem Volke, welches lieber die evangelische Predigt des Lorenz Kuchenbäcker hörte, sehr verhaßt, und alle, welche er verraten hatte, wünschten ihm, daß er nach seinem Tode keine Ruhe finden möge.

Wie das Volk erzählt, ist dieser Wunsch auch in Erfüllung gegangen; denn man will den Pater noch jetzt, so oft die Betglocke vom Domturm herab ertönt, aus den Schallöchern herauslugen sehen.

Das Volk erzählt auch, daß es in der Sakristei des Domes spukt. Um Mitternacht soll zuweilen an den Fenstern derselben ein Knochengerippe in Priesterrock und Halskrause hinauf- und hinabklettern. Wessen Predigers unruhiger Geist dies ist, weiß man nicht. (89)

Die Reformation und ihre Folgen

Die lustigen Mönche zu Hettstedt

Lustige Kumpane waren diese Mönche zu Hettstedt. Als einst Doktor Martin Luther sein Vaterland Mansfeld besuchte, fragte er den Burgemeister Sieburg: »Welches Ordens nennen sich Eure Mönche?« – Sieburg antwortete: »Lieber Herr Doktor, sie nennen sich ›Unserer lieben Frauen Brüder‹, und hiermit wären wir herzlich zufrieden, wenn sie nicht auch unserer lieben Frauen Männer sein wollten.« Über welche Antwort Doktor Martin herzlich gelacht hat.

Und sie haben sich denn auch in der Tat gern zu hübschen, jungen Frauensleuten gehalten, wie einst einer dieser geistlichen Brüder, namens Franziskus, eine schmucke Dirne in ein Bund Stroh eingepackt ins Kloster soll haben einpaschen [einschmuggeln] wollen, die aber, als das Stroh aufgegangen, im Klosterhof auf die Erde gefallen ist. – Da haben die anderen gerufen: »Seht doch! Bruder Franziskus läßt das Korn fallen, ehe er es gedroschen hat!«

Um lustiger Gesellschaft halber hatten die kurzweiligen Mönche zu Hettstedt denn auch eine fromme »Schäfer-Brüderschaft« gestiftet, wo am Tage Laurentii viele Schäfer aus der Umgegend mit Weib und Kind nach dem Kloster zogen und wo bis in die sinkende Nacht sie mit den Mönchen bankettiert haben und fröhlich und guter Dinge gewesen sind. (90)

Die Sage von der Luthereiche

Wer die erste Luthereiche gepflanzt hat, ist nicht mehr festzustellen, Luther ist es jedenfalls nicht gewesen. Aber die erste Eiche war bis 1813 stark herangewachsen, als sie von der französischen Besatzung Wittenbergs rücksichtslos gefällt wurde. Von 1817 an fanden

Martin Luther um 1520

verschiedene Versuche statt, eine neue Luthereiche zu pflanzen, aber die Bäume gingen alle wieder ein. Erst die am 25. Juni 1830 zur dreihundertjährigen Gedächtnisfeier der augsburgischen Konfession gepflanzte Eiche hat Wurzeln geschlagen. Um die erste Luthereiche geht es in der folgenden Sage:

Ein Wittenberger Student liebte ein braves Mädchen, das eine Waise war und im Hause der Großmutter lebte. Seine Liebe wurde von dem Mädchen herzlich erwidert, aber die Großmutter wollte nichts von einer Verbindung der beiden wissen, da der Student zu den Anhängern Luthers gehörte, während sie fest am Papste und an der alten katholischen Lehre hing. Als nun Luther am 10. Dezember 1520 vor dem Elstertore die Bannandrohungsbulle verbrannte

– wo heute die Luthereiche steht – und jener Student sich dabei im besonderen Maße betätigte, da kannte der Zorn der Alten keine Grenzen mehr.

In echt weiblicher Neugier konnte sie es sich aber doch nicht versagen, die Stelle anzusehen, wo jener Frevel geschehen war. So wanderte sie denn am Abend jenes Tages am Arm der Enkelin, ihren Krückstock in der Hand, hinaus vors Elstertor. War es nun Zufall oder geheime Verabredung – sie trafen dort jenen Studenten, und das Mädchen bat diesen, doch den Hergang der Sache zu erzählen. Die erbitterte Alte aber ließ ihn nicht zu Worte kommen und goß die volle Schale ihres Zorns über Luther, seine Anhänger und über den Studenten im besonderen aus. Und indem sie ihren aus einem jungen Eichenstamm geschnitzten Krückstock in die Erde stieß, schloß sie ihre Strafpredigt mit den Worten: »Eher wird dieser alte Stock wieder grünen, als daß dieser Frevel des Augustinermönches ungestraft bleibt, und erst dann«, so setzte sie mit einem bösen Blick auf den Studenten hinzu, »wird meine Lore mit Euch Hochzeit machen!«

In den nächsten Tagen bemerkte man, wie der Student die Eichenforsten der Rothemark und der Propstei durchsuchte. Er fand dort auch eine junge Eiche, die er mit den Wurzeln aushob, dem Krückstock der Großmutter durch Beschneiden täuschend ähnlich machte und in verschwiegener Nacht an dessen Stelle pflanzte. Den Krückstock aber verbrannte er.

Als der Frühling ins Land kam, trieb der Stamm wirklich Blätter. Die Alte wurde durch dieses vermeintliche Wunder an ihrem Stab so ergriffen, daß sie ihren Segen zum Bund des jungen Paares gab. In demselben Sommer noch hat Doktor Martin Luther selbst den jungen Doktor mit seiner Lore getraut. (91)

Die Lutherbuche bei Stolberg

Als Doktor Martin Luther auf dringende Einladung des Grafen Botho von Stolberg am Donnerstag nach Ostern des Jahres 1525 zu Stolberg am Harz weilte, ging er am Nachmittag mit seinem Wirt, dem gräflichen Rentmeister Wilhelm Reiffenstein, auf den Berg,

Die Schloßkirche in Wittenberg zu Anfang des 16. Jahrhunderts

den man Tiergarten nennt. Unter einer breitästigen Buche hielten beide Männer allda kurze Rast.

Lange Zeit schauten sie auf den Tumult und die engen Straßen der Stadt. Da nahm Luther plötzlich den Arm des Freundes und rief: »Schau an, Schwager! Euer Stolberg, gleicht es nicht völlig einem Vogel? Das Schloß ist der Kopf, die Ritterstraße und die Neustadt sind die beiden Flügel, der Markt ist der Rumpf und die Niedergasse der Schwanz.« – »Ihr habt recht«, meinte der Rentmeister. »Was aber ist dann die Kirche, die sich so schön über den Markt erhebt?« – »Die Kirche?« erwiderte Luther. »Siehe nur recht hin, Schwager, wo sie liegt! Sie ist das Herzstück, das Herz Eures Vögleins, ohne das es nicht leben und nicht fliegen könnte.«

Die Buche, unter welcher der Reformator solches sprach, heißt die Lutherbuche bis auf den heutigen Tag. (92)

Ein Blutzeuge des Evangeliums

Magister Georg Winckler, aus Bischofswerda gebürtig, war zuerst Kardinal Albrechts Kapellan oder Hofprediger und wurde von demselben 1523 zum Prediger an dem neu errichteten Stift angestellt. Die gewaltige Kraft und das Feuer der Überzeugung in seinen Predigten zogen immer mehr Zuhörer in die Domkirche [zu Halle]. Doch konnte er sich nicht der Wahrheit der reinen evangelischen Lehre verschließen.

1524 fing er an, das Evangelium lauter und rein öffentlich zu predigen und das Abendmahl unter beiderlei Gestalt auszuteilen: Daher er großen Zulauf, aber auch nicht wenig Haß und Verfolgung bekam. Auch hatte er die Messe abgestellt und bei der Taufe »ungeweihtes« Wasser (ohne Chrysam) verwendet. Winckler war auch Luther darin gefolgt, daß er sich verheiratet hatte, und zwar mit einem nicht mehr ganz jungen, adligen Fräulein, wohl gegen den Willen der katholischen Brüder dieser Dame. Besonders widersetzte sich ihm im Stifte ein Kanonikus, Conrad Hoffmann, der es dahin zu bringen wußte, daß Winckler 1527 nach Aschaffenburg, wo sich der Kardinal damals aufhielt, vorgefordert wurde, sein Unternehmen zu verantworten.

Er reiste auch dahin, war auch anfangs vom Kardinal ganz gnädig aufgenommen, der den bedeutenden Mann immer noch liebte und ehrte, und so entließ er ihn auch wieder ohne jede Bestrafung. Allein die Mainzer Domherren wußten ihn aufzuhalten und befahlen ihm, noch einige Zeit zu warten und seinen Bedienten vorauszuschicken. Das mußte er sich gefallen lassen, doch ahnte er nichts Gutes, denn beim Abschied sprach er zu seinem Diener: »Zeuch hin, ich muß hierbleiben und vielleicht einen Christen machen.«

Als er nun endlich seine Entlassung erhielt und sich zur Rückreise fertig machte, behielt man ihm sein Pferd zurück und gab ihm das des Hofnarren, Pastor genannt, nebst einem unbekannten Reiter als Begleiter. Dieser wollte nicht zugeben, daß er des Nachts bei einem Prediger auf dem Dorfe bleiben noch auch seinen Weg auf der ordentlichen Heerstraße nehmen durfte. Er war aber kaum zwei Meilen von Aschaffenburg fort, als er im dicken Walde im

Spessart von einigen bewaffneten, maskierten Reitern meuchlerischerweise angefallen, verwundet und erstochen wurde.

Diese frevelhafte Bluttat versetzte den Kardinal zwar in die höchste Erregung, aber den Mörder erkundete er doch nicht, wie denn bis heutigen Tages die Sache nicht aufgeklärt ist. Einige sagen, die Tat wäre von den Brüdern seiner Frau, die der katholischen Religion weiter angehörten, geschehen. Dies wurde wohl nur zur Verteidigung des Kanonikus Hoffmann vorgebracht, denn dieser soll sich unter den verkappten Reitern befunden und mit eigener Hand den Mord begangen haben.

Die Strafe für die ruchlose Tat blieb nicht aus. Der Satan drehte dem Mörder auf dem Abtritt mit eigner Hand den Hals um. (93)

Die Lutherfalle

Jedem Besucher der herrlichen Ruine des Klosters Walkenried wird auch die sogenannte »Lutherfalle« gezeigt, eine sehr enge Zelle, zu welcher man vom Kreuzgang aus auf einer Steintreppe gelangt. Den Boden der Zelle bildet eine Falltür, und diese war ehemals so eingerichtet, daß jeder, der darauftrat, in eine darunter befindliche Grube stürzte.

Nun erzählt die Sage: Nachdem das Kloster Walkenried schon von den aufrührerischen Bauern zerstört war, kam Luther auch einmal nach Walkenried, um das selbst als Ruine noch herrliche Kloster sich anzusehen. Da beabsichtigte man, ihn auch in jene Zelle treten zu lassen und ihn auf diese Weise umzubringen. Doch noch im letzten Augenblick sprang ein schwarzes Hündchen, das niemand kannte, vor ihm her, betrat die Falltür und stürzte hinab. Da kehrte Luther um und pries die Gnade Gottes, die ihn aus den Fallstricken böser Menschen errettet hatte. (94)

Kaiser Karl V. am Grabe Luthers

Oft entstanden aus der Phantasie und dem Wunsch, daß es so gewesen sein müßte, Sagen um geschichtliche Ereignisse, so auch bei der folgenden: Bald nach dem Tode Luthers, der am 22. Februar 1546 in der Schloßkirche beigesetzt wurde, zogen sich die Wetter des Schmalkaldischen Krieges über Wittenberg zusammen. Da die Stadt 1547 aber an Kaiser Karl V. nach kurzen Verhandlungen übergeben wurde, so blieb sie und mit ihr die Schloßkirche vor Zerstörungen bewahrt.

Darauf ritt Kaiser Karl V. in die Stadt ein und besuchte auch Luthers Grab in der Schloßkirche. Dort soll der streng katholische Herzog Alba den Herrscher aufgefordert haben, »den Ketzer auszugraben und verbrennen zu lassen«, worauf er die bekannte Antwort empfangen habe: »Mit den Lebenden führe ich Krieg, nicht aber mit den Toten«. Diese Legende nahm der Maler F. A. Teich zum Anlaß, ein großes Gemälde anzufertigen, das heute noch in der Lutherhalle hängt.

Tatsache jedoch ist, daß sich Herzog Alba damals nicht im Gefolge des Kaisers befand und auch niemals in Wittenberg war. (95)

Das Lutherbild in der Stadtkirche zu Wittenberg

In der Wittenberger Stadtkirche befindet sich als größte Sehenswürdigkeit das von dem berühmten Maler Lucas Cranach dem Älteren gemalte vierteilige Altarbild. Das untere Querbild stellt die Predigt dar. Man sieht darauf Doktor Martin Luther auf der Kanzel, wie er die Linke auf die Bibel legt, während er mit der rechten Hand die versammelte Gemeinde, unter der man auch Luthers Frau und sein Söhnchen Hänschen erkennt, auf den gekreuzigten Erlöser hinweist. Wenn man die Gestalt Luthers genauer betrachtet, so bemerkt man daran die Spur von Degenstichen. Es wird darüber erzählt:

Als Kaiser Karl V. am Mittwoch vor Pfingsten des Jahres 1547 in Wittenberg einritt, das sich ihm ergeben hatte, da wollte er auch das

Innere der Stadtkirche sehen, aber konnte es nicht, denn der Küster, der den Schlüssel verwahrte, hatte sich aus Furcht versteckt. Der Kaiser konnte die Kirche also nur außen umreiten. Als er an ihr ein Kruzifix angebracht sah, entblößte er vor diesem sein Haupt. Er äußerte zu seinen Begleitern seine Verwunderung darüber, daß solches Zeichen auch an einer ketzerischen Kirche zu finden sei.

Erst als er schon fortgeritten war, gelang es, den Küster aufzufinden. Zwei spanische Offiziere aus des Kaisers Gefolge, die hernach das Gotteshaus betraten, beschauten aufmerksam das kunstreiche Altarbild des Meisters Cranach. Als sie nun auf ihre Frage vernahmen, daß der Prediger auf der Kanzel Martin Luther sei, da zog der eine voll Zorn seinen Degen und rief: »Isthaec bestia adhuc mortua saevit!« (zu deutsch: Diese Bestie wütet auch im Tode noch!) und durchstach damit den Hals über der linken Schulter und den Leib des Reformators. Wiewohl man den Schaden sorgsam ausgebessert hat, so sind doch die Spuren davon zu sehen. (96).

Des Pfarrers Strafe

In Nauendorf [Saalkreis] war seit 1611 Caspar Corverus Pfarrer. Er stand aber im Verdacht, es mit seiner Magd Gertraud zu halten. Als er daher am 19. nach Trinitatis 1620 nach Merbitz kam, das eine Filiale war, um Gottesdienst zu halten, hatte die Gemeinde die Kirchentür verschlossen.

Nun verhörte man auf dem Amte Giebichenstein seine Magd. Diese gab alles zu, und der Pfarrer ward suspendiert. Er aber beklagte und beteuerte drei Jahre lang seine Unschuld und suchte allerorten um anderweitige Anstellung [nach], bis ihm aufgegeben wurde, sich durch einen Reinigungseid zu rechtfertigen.

Dies wollte er auch. Plötzlich aber wurde er, der frisch und gesund zuvor gewesen, krank und starb binnen zwei Stunden am 7. Oktober und ward zu Halle begraben. (97)

Gott läßt sich nicht spotten

In einem Dorfe bei Osterburg saßen an einem Sonntage mehrere Bauern im Kruge und tranken und spielten Karten. Einer von ihnen, der erst vor kurzem durch eine Heirat Hofwirt im Dorfe geworden war, ein wüster Gesell, tobte und fluchte fürchterlich, weil er ein paar Dreier verloren hatte. Darüber kam ein fremder Reisender in die Krugstube, der verkündete den Anwesenden, daß ein Gewitter im Anzuge sei und daß man schon den Donner von ferne hören könne; und er bat sie, mit dem Spielen Einhalt zu tun und lieber nach Bibel und Gesangbuch zu greifen.

Der neue Hofwirt aber schalt und rief: »Was schert uns das Gewitter! Wir müssen weiterspielen, bis ich mein Geld wiederhabe.« Die anderen wollten sich damit auch nicht lumpen lassen, und sie spielten fort. Unterdes war das Gewitter näher gekommen; und es donnerte und blitzte draußen erschrecklich und wurde auch in der Stube so dunkel, daß man ohne Licht kaum noch sehen konnte. Die anderen Bauern hätten gern aufgehört, aber sie schämten sich vor dem einen, der ihrer Furcht und Angst spottete.

Endlich kam voller Schrecken über das Unwetter die Wirtin in die Stube gelaufen. Die entsetzte sich, als sie die Karten sah. Sie riß diese vom Tische weg und rief den Bauern zu: »Schämt ihr euch denn nicht, ihr Leute? Es ist sündlich und gottlos, bei solchem Wetter zu spielen!« Die Bauern nahmen nun das Gesangbuch zur Hand und ließen vom Spielen und Trinken ab, waren auch durch kein Verspotten des neuen Hofwirts zu etwas anderem zu bewegen.

Darüber wurde dieser erbost, und er verhöhnte sie: »Ihr furchtsamen Seelen! Der Teufel wird euch nicht gleich holen, und das bißchen Poltern am Himmel wird euch auch nicht schaden.« In seinem Übermut ging er immer weiter, bis er zuletzt ausrief: »Der liebe Gott will uns nur Wasser vom Himmel schicken; ich will ihm einmal in Bier Bescheid tun!« Damit nahm er seinen Krug Bier und ging zum Schrecken aller Anwesenden hinaus vor die Tür.

Auf einmal kam ein furchtbarer Blitz, als wenn die ganze Erde in Feuer stünde, und mit dem Blitze kam ein Donnerschlag, daß das Haus von unten bis oben erzitterte. Zu gleicher Zeit aber hörte man draußen ein ängstliches Schreien. Da liefen alle aus der Krugstube, und vor der Tür fanden sie den gottlosen Frevler knietief in die Erde geschlagen. Er war totenbleich im Gesicht und konnte sich nicht rühren. Sein Krug war zerschmettert, und nur den Henkel hielt er noch in der Hand. Man führte ihn in die Stube zurück. Dort brachen ihm die Augen. Er konnte nur noch eben die Worte herausstammeln: »Gott läßt sich nicht spotten!« Dann sank er zusammen und war tot. (98)

Der bestrafte Gotteslästerer

Im Städtchen Hoym saßen einst, vor mehr als dreihundert Jahren, in einer Herberge eine Anzahl trinklustiger Männer an einem Tische beisammen. Man redete von den Händeln der Welt und von den Gemeindesachen des Städtchens, von Obrigkeit und Kirche, vom Bürgermeister und vom Pfarrer. Wie jetzt, so gab es auch damals Leute genug, die von Religion nichts wissen wollten. Besonders einer aus der Tischrunde, ein Hoymer Bürger namens Hans Katvogt, zeigte sich als Feind aller christlichen Ordnung und Frömmigkeit. Heftig schmähte er den Pfarrer und die ganze Geistlichkeit, ereiferte sich, da es an Widerspruch nicht fehlte, immer mehr und verstieg sich schließlich zu offenbaren Gotteslästerungen. Zuletzt erhob er sich, schlug mit der Faust auf den Tisch und rief mit dröhnender Stimme: »Ich bin Katvogt, der Pfaff' ist ein Hundsvogt! Tue ich ihm Unrecht, so stürze Gott meine Seele!«

Dann verließ er die Stube und trat auf die Straße. Hier wurde ihm plötzlich schwarz vor Augen, so daß er stöhnend zur Erde niedersank. Es drängte und würgte in ihm, als wollte es ihm die Brust zersprengen, dann ein furchtbares Röcheln: Ein Blutstrom stürzte aus seinem Munde, und damit hauchte er seine Seele aus. (99)

Martin Luther als Zuchtmeister

Vor ungefähr sechzig Jahren [um 1820] glaubte der Lehrer der Lutherschule in Eisleben, das Unterrichten aus Luthers kleinem Katechismus sei nicht mehr zeitgemäß, und es würde lohnender sein, nach einem andern Buche zu lehren. Er reichte beim Magistrate einen Antrag ein, und man beschloß den Katechismus von Parisius einzuführen.

Als die nächste Religionsstunde herbeikam und die Kinder nach genossenem Frühstück in die Schulklasse, wozu damals noch Luthers Geburtszimmer benutzt wurde, zurückstürmten, machte ein dicker Bube plötzlich kehrt und erklärte, er werde nicht in die Klasse hineingehen. Der Lehrer applizierte ihm eine derbe Ohrfeige; aber auch jetzt noch heulte der Junge: »Ich gehe nicht, ich habe da was gesehen!« Keine Gewalt im Himmel und auf Erden hätte etwas über den störrischen Buben vermocht; daher ließ ihn der Lehrer laufen, ging in die Klasse, schlug den Parisius auf und begann seinen Unterricht mit den schönsten Hoffnungen. Aber plötzlich gibt ihm eine unsichtbare Hand eine Ohrfeige, welche an Nachdrücklichkeit der von ihm selbst ausgeteilten keineswegs nachsteht. Der Parisius wird ihm aus der Hand gerissen und in eine Ecke geschleudert. Sprachlos steht der gute Lehrer da; kaum kann er eine Ohnmacht bewältigen und muß die Kinder nach Haus entlassen.

Als er dann auf den Flur hinaustritt, sieht er oben auf der Treppe Dr. Martin Luther in leibhaftiger Gestalt, wie er ihn ernst anblickt und mahnend den Zeigefinger erhebt. Dicht hinter dem gestrengen Gatten steht Käthchen von Bora in mittelalterlicher Tracht und lächelt gar schelmisch. Verwirrt eilt der Lehrer nach Hause.

Bald darauf ging beim Magistrate ein zweiter Antrag ein: Man bat, den lutherischen Katechismus wieder einzuführen. Die Väter der Stadt sahen sich bedeutsam an. Indes, der Antrag wurde genehmigt, und Dr. Martin Luther brauchte nicht wieder als Zuchtmeister aufzutreten. (100)

Immer wieder Kriege

Der Warner vor der Schlacht

Im Jahre 1550 durchzog der Herzog Georg von Mecklenburg mit einem Heere brandschatzend und plündernd das Gebiet des Erzstiftes Magdeburg, um seine Kassen zu füllen und die Habgier seiner beutelustigen Söldner zu befriedigen. Mit Jammern und Wehklagen flüchteten viele Landleute in die Stadt Magdeburg und flehten den Rat, dessen Untertanen sie waren, um Hilfe an. Als auch die Bürger von Neuhaldensleben aus Furcht vor dem Heere des Herzogs, das sich bei dem Kloster Hillersleben an der Ohre befand, die Magdeburger um Beistand baten, rückte am 21. September eine Schar von dreitausend Mann bewaffneter Bürger, Landsknechte, Reiter und Bauern von Magdeburg aus dem Feinde entgegen, um ihn aus dem Erzstift zu vertreiben.

Es soll nun, wie Augenzeugen einem alten Chronisten berichtet haben, vor dem Dorfe Barleben, eine Meile von Magdeburg, dem Kriegsvolk ein alter Mann begegnet sein von hoher Gestalt, mit eisgrauem Haar, aber von so holdseligem und jugendlichem Angesicht, daß es zu verwundern gewesen sei. Dieser Mann, der seiner Kleidung nach ein Bauersmann zu sein schien, fragte die Magdeburger, wohin sie mit dem Kriegsvolk und der Kriegsrüstung zu ziehen gedächten. – Da er nun ihr Vorhaben erfuhr, hat er sie mit aufgehobenen Händen herzlichst verwarnt und gebeten, wieder umzukehren und zu dieser Zeit ihren Vorsatz nicht auszuführen. Denn der nächste Tag sei der Tag des heiligen Mauritius, an dem gerade vor zweihundert Jahren die Magdeburger ebenfalls an der Ohre geschlagen worden wären, wie denn jeder, der es nicht wisse, auf der Tafel in der Sankt-Johannis-Kirche lesen könne. Wofern sie aber weiterzögen, um den Feind anzugreifen und also sich nicht warnen ließen, werde es ihnen gewißlich auch diesmal nicht glücklich ergehen. – Etliche bedachten ernsthaft seine Rede; viele jedoch spotteten seiner hochmütig.

Wie er aber geweissagt hatte, so geschah es auch: Die Magdeburger erlitten eine völlige Niederlage. Sie ließen über tausend Tote auf dem Kampfplatz, und dreihundert Gefangene nebst dem gesamten Feldgeschütz und elf Bürgerfähnlein fielen in die Hände der Feinde.

Jetzt gedachte man der wunderbaren Warnung und hielt Nachforschungen nach dem seltsamen Alten. Aber man fand niemand, der denselben zuvor oder hernach gesehen hätte, und keiner hat ergründen können, ob er ein Mensch oder ein Engel gewesen. – Von denen aber, die seine Warnung höhnisch verachtet und verlacht hatten, soll keiner in der Schlacht unerschlagen oder ungefangen geblieben sein. (101)

Die »Magdeburger Bluttaufe«

Bei der furchtbaren Niederlage, welche die Magdeburger durch den Herzog von Mecklenburg an der Ohre erlitten, soll sich noch folgende merkwürdige Begebenheit zugetragen haben:

Die Magdeburger hatten nämlich, da sie dem Feinde entgegenzogen, die Ohre durchschritten. Sie hatten dazu eine seichte Stelle des Flusses, der zu der Zeit gerade sehr tief war, suchen müssen, um ohne viel Beschwerlichkeit an das andere Ufer zu gelangen. Diese Furt hatten sie sich durch ein Zeichen kenntlich gemacht, damit dieselbe bei der Rückkehr schnell und sicher zu finden sei.

Als sie nun aber vom Feinde geschlagen waren und in wilder Flucht zurückdrängten, war das Zeichen weggenommen und an eine Stelle gesteckt, wo der Fluß gerade am tiefsten war. Die fliehenden Magdeburger glaubten, das Merkmal befände sich noch an dem seichten Übergang, stürzten, geängstigt durch die Verfolger, in die Tiefe, und viele mußten jämmerlich ertrinken.

Niemals hat man erfahren können, auf welche Weise das Zeichen von seinem alten Platz weggekommen war. Aber die Stelle, wo solches geschehen ist, heißt noch immer die »Magdeburger Bluttaufe«. (102)

Das blutige Brot der Belagerer

Im Jahre 1551 wurde die Stadt Magdeburg von dem Kurfürsten Moritz von Sachsen, dem Kurfürsten Joachim von Brandenburg, dessen Vetter, dem Markgrafen Albrecht von Brandenburg, dem Grafen Hans Georg von Mansfeld und mehreren anderen Herren hart belagert. In dem Lager der Belagernden wurde aber ein gar wüstes und gottloses Leben geführt, wofür denn auch die Strafe nicht ausblieb.

Unter anderem fiel am 30. Juli des gedachten Jahres ein Scharmützel vor, welches fast drei Stunden dauerte, in welchem von den Magdeburgern nur zweiundzwanzig Menschen, darunter nur sieben Reiter, von den Belagerern aber über fünfzig Menschen und an die hundert Pferde beschädigt und viele zu Gefangenen gemacht wurden.

Diese Gefangenen nun erzählten von einem seltsamen Wunder: Es wäre kürzlich geschehen, daß etliche im Lager Brot angeschnitten hätten, woraus Blut hervorgekommen. Darüber wären die Knechte heftig erschrocken. Danach wäre auch eine Krankheit unter sie gekommen, darin ihrer viele wahnsinnig geworden. (103)

Die Zerstörung der Krone am Magdeburger Domturm

Das Fehlen der Kreuzblume am südlichen Domturm [zu Magdeburg] hat zu mancherlei Mutmaßungen Veranlassung gegeben. Am wahrscheinlichsten ist, daß die Krone, wenn überhaupt eine solche vorhanden war, von einem Unwetter zerschlagen wurde und herabstürzte ... Obwohl die Krone schon vor dem Dreißigjährigen Kriege nicht mehr vorhanden war, so verlautet doch eine Sage, die die Zerstörung des Turmschmucks in diese Zeit verlegt und darüber folgendes berichtet:

Während der Belagerung von Magdeburg im Jahre 1631 hatte der Magdeburger Oberst von Boye mit vieler Mühe einige Geschütze auf die Galerien des südlichen Domturms schaffen lassen, mit denen die Laufgräben der Feinde und deren Batterien beschossen wurden. Diese »gezogenen Röhren« bediente man mit so großem Geschick, daß sie den Feinden ungeheuren Schaden zufügten und ihre Batterien vor Sudenburg bald zum Schweigen brachten.

Als Pappenheim davon hörte, begab er sich selbst nach jener Stelle, um zu sehen, was sich tun ließe. Da wurde er zu Tilly gerufen, der eben über einen Kroaten, der entlaufen und wieder eingefangen war, Gericht hielt und ihn zum Tode verurteilte. Pappenheim erzählte dem General, was sich zugetragen hatte, und der Kroate, der mit gebundenen Händen in der Nähe stand und des Todes gewärtig war, hörte den Inhalt ihres Gesprächs. – Da stürzte er vor den beiden Befehlshabern auf die Knie und flehte um sein Leben. Er wollte dann mit drei Schüssen die Krone vom Domturm herunterschießen. – Tilly versicherte ihn seines Lebens, wenn er das könne, und befahl ihm, sofort das Geschütz zu richten.

Der Kroate wurde nun auf einen Hügel vor der Sudenburg geführt, auf dem die am meisten bedrohte Batterie stand, zielte und traf wirklich mit dem ersten Schuß die Krone des südlichen Domturmes. Er zerstörte sie mit dem zweiten und dritten Schuß vollständig, so daß sie zerborsten herabstürzte, und von Stund an verstummten die feindlichen Geschütze.

So hatte sich der Kroate durch seine Kunst das Leben gerettet, und noch bis auf den heutigen Tag [1894] heißt jener Hügel, von wo aus er die Meisterschüsse getan hatte, der »Kroatenberg«. (104)

Die verschollenen Bauern von Molmeck

Nicht weit von Hettstedt, nach Greifenhagen zu, liegt das Dörfchen Molmeck. Dasselbe ist erst geraume Zeit nach dem Dreißigjährigen Kriege erbaut worden, nachdem das alte Dorf dieses Namens, welches weiter westlich lag, in jenem landverwüstenden Kriege zerstört worden. Heutzutage [1880] erinnern nur wenige Spuren noch an das zerstörte Dorf. Auf seinem ehemaligen, mehrere Morgen großen und mit einer etwa drei Fuß hohen Mauer umfriedeten Gottesacker . . . hebt noch heute der Pflug die jahrhundertealten Schädel der ehemaligen Bewohner heraus. Aber auch die Glocke von Molmeck ist noch erhalten. Man fand sie in einer Quelle westlich vom heutigen Molmeck und brachte sie nach Hettstedt, wo sie auf dem Turme der Marktkirche hängt und als Vesperglocke dient.

Von diesem Dorfe erzählt man, daß seine Bewohner auf rätselhafte Weise verschwunden sind. Als der gefürchtete Wallenstein den Grafen von Mansfeld verfolgte, näherte sich das kaiserliche Heer auch der Gegend von Hettstedt. Die Berge bei Molmeck waren damals noch ringsum mit Wald bedeckt, und auch Schluchten und Höhlen gab es noch, wo heute urbar gemachtes Land sich befindet. Als nun die Scharen Wallensteins anrückten, flüchteten sich die Bewohner Molmecks in eine Höhle bei Greifenhagen, weil sie für ihr Leben fürchteten. Die Kaiserlichen verwüsteten die Gegend ringsum und zerstörten das verlassene Dorf.

Die Geflüchteten aber kehrten niemals aus dem selbstgewählten Versteck zurück; sie waren und blieben verschollen. Nur eine enge Spalte zeigt heutzutage den Eingang zu der geheimnisvollen Höhle an, aber auch sie wird bald verschüttet sein, da ringsum der Pflug das Land bestreicht. (105)

Die Flucht vor dem Reiter

Im Dreißigjährigen Krieg, besonders in den Jahren nach der Schlacht bei Lützen, hatte unsere Heimat viel unter allerlei Kriegsnöten zu leiden. Nicht nur, daß den Bewohnern der Dörfer Vieh und Ernte geraubt und Stall und Haus niedergebrannt wurden; auch ihr Leben war nie vor dem rauhen Kriegsvolk sicher. Manchmal zeigte sich wochenlang kein Soldat. Dann atmete der Bauersmann auf und ging seiner Arbeit nach.

Damals hütete einmal eine Bauerntochter aus Zembschen [Kr. Weißenfels] auf einem Brachfelde in der Nähe des Dorfes die Schafe ihres Vaters. Als sie am Abend mit den Tieren auf dem Heimweg war, hörte sie hinter sich den Hufschlag eines Pferdes. Wie erschrak aber das Mädel, als sie auf einem Schimmel einen Wallensteinschen Reiter erblickte, der schnell näher und näher kam. Sie ahnte wohl, daß der Soldat nichts Gutes im Sinn hatte, aber was tun? Der Weg führte hier an den Rippachwiesen entlang, die in der Mitte mit dichtem Gebüsch bestanden und sehr sumpfig waren.

Ein schmaler Weg führte hinüber in das Buschwerk. Schnell entschlossen ließ das Mädchen die Schafe im Stich und eilte dem Gebüsch zu. Der Reiter war darüber ärgerlich, denn er sah seine Beute davonlaufen; und um das Mädel trotzdem noch fangen zu können, jagte er fluchend auf seinem Schimmel den Abhang hinunter und quer über die Wiese. Doch gerade an dieser Stelle war eine Quelle und die Wiese voll Morast. Das Pferd sank in den Sumpf ein; der Soldat wurde aus dem Sattel geschleudert, und Schimmel und Reiter versanken trotz aller Gegenwehr immer mehr in dem Sumpf, bis sie von dem Moor verschlungen wurden. Das Mädchen war gerettet, und die Dorfbewohner nannten seit jener Zeit die Quelle den »Schimmelborn«.

Heute fließt er schon lange nicht mehr. Wenn man früher das Wasser dieser Quelle aufrührte, so quoll schlammigweiße Erde empor. Da erzählte man, das seien die weißen Haare des Schimmels. (106)

Das Weinhaus »Der Rosenbaum«

Der Rosenbaum« in der Ritterstraße [zu Halle] war in früheren Jahrhunderten ein berühmtes Weinhaus, das manchen Streit, Mord, Totschlag und andere unheimliche Taten gesehen hat. So finden wir in alten Chroniken, daß in dem Keller des Rosenbaumes eine Frau erschlagen wurde und daß ihr Mörder niemals bekannt wurde, oder daß sich eines Pfannenschmieds Frau erhängte und nach dem Tode keine Ruhe fand.

Aber in ganz schlechte Erinnerung kam er durch eine wüste, blutige Schlägerei im Dreißigjährigen Kriege, am 13. September 1639, durch die ganz Halle gefährdet werden konnte. Es waren nämlich im Rosenbaum einige kaiserliche Kürassiere des Heydauschen Regiments eingekehrt und waren alsbald mit Halloren in Streit geraten und übermannt worden. Auf ihrem Heimwege begegneten ihnen drei Halloren, denen sie ohne Ursache Maulschellen gaben und die sie beschossen. Die Halloren flüchteten auf die Halle zu ihren Koten [Salzhütten] und kamen alsbald mit Gewehren wieder, so daß sich ein Kampf entspann, in dem neun Soldaten und drei Halloren totblieben. Nun verschanzten sich die Halloren in dem Tal und in den naheliegenden Gassen mit Salzkörben und anderen Dingen, riefen auch die Bauern aus den benachbarten Dörfern zu Hilfe, die aber unterwegs durch starken Platzregen abgehalten wurden.

Da die Halloren keine Munition hatten, flüchteten einige über die Schifferbrücke nach Passendorf. Hier schickte ihnen der Oberst Heydau eine Kompanie Reiter nach. Es kam zum Kampfe, in welchem vierzehn Halloren, aber auch zehn Musketiere und sechs Kroaten fielen. – Der Oberst wurde nun so erbittert, daß er etliche halbe Kartaunen vor die Halle rücken und die Salzkote in Grund schießen lassen wollte. Der Rat aber verbat sich dieses und brachte einen Vergleich zwischen den Soldaten und Halloren zustande. – Die Heydauschen Kürassiere sind darauf am 20. September abgezogen. (107)

Der Untreuborn

Wenn man vom Ramberg (»Viktorshöhe«) den Fußweg nach dem Tanzplatz einschlägt, kommt man ganz nahe am Dörfchen Friedrichsbrunn vorüber, einer Kolonie Friedrichs des Großen. Im Volksmunde hieß der Ort noch lange »Untreuborn« nach dem Quell, an dem er entstanden ist.

Wie anderswo, so hatten sich in den schrecklichen Zeiten des Dreißigjährigen Krieges auch die Bewohner dieser Harzgegend zu bewaffneten Banden zusammengeschlossen, um sich ihrer Haut zu wehren und dem Feinde durch fortwährende kleine Überfälle den Aufenthalt im Harze zu verleiden. Eine starke Schar dieser Harzschützen hatte ihren gewöhnlichen Lagerplatz und Schlupfwinkel an dem damals in fast undurchdringlichem Dickicht gelegenen Quell des Ramberges.

Alle Anstrengungen des Feindes, sie zu vernichten oder von da zu vertreiben, waren vergebens. Da nahm er seine Zuflucht zu elendem Verrat. Ein verworfener Gesell, der sich zu den Harzschützen hielt, wurde durch Geld verführt, in jenen Brunnen das Gift zu schütten, das man ihm mitgab, und am andern Morgen lagen die wackeren Harzschützen, sämtlich durch Gift und Verrat meuchlings gemordet, entseelt um den Quell herum. Seitdem heißt er der »Untreuborn«. (108)

Gustav Adolf und der Hallore

Als Gustav Adolf, der König von Schweden, am 17. September 1631 von Halle über Querfurt nach Erfurt mit seiner Armee aufbrach, begegnete noch unweit von Halle ein nach der Stadt gehender Hallore dem König. Jener aß aus seinem Hute sehr eifrig von Weintrauben, so daß der König ihn fragte, was er in seinem Hute hätte. – Da antwortete der Hallore: »Weimern«. – Der König aber verstand solches Wort nicht, ließ sich den Hut reichen, und wie er die schönen Weintrauben in diesem gefunden, aß er im Fortreiten von ihnen. Der Hallore lief aber neben dem Pferde des Königs her und rief: »Meinen Hut! Meinen Hut!« Da nahm der König seinen samtenen vom Haupte und gab diesen dem Halloren, der ihn mit in die Stadt brachte.

Es war aber der Hut von rotem Sammet und mit einer goldenen Schnur umwunden, und er ist lange Zeit zum Gedächtnis in der Brüderlade der Halloren aufbewahrt worden, bis er zu Anfang des 18. Jahrhunderts durch untreue Hände weggekommen ist. (109)

Der Reiter ohne Kopf

Am 6. November 1632 fand die denkwürdige Schlacht bei Lützen zwischen den Schweden und den Kaiserlichen statt. Zwar gewannen die Schweden, doch ließ ihr König Gustav Adolf auf dem Schlachtfeld sein Leben.

In dem blutigen Reitergefecht, das sich während der Schlacht nach der Ankunft Pappenheims entspann, führte ein kaiserlicher Reiter einen derart gewaltigen Hieb gegen seinen schwedischen

Gegner, daß er diesem mit einem Streich den Kopf abschlug. Das wildgewordene Pferd raste mit dem Reiter ohne Kopf auf seinem Rücken der Stadt zu, galoppierte durch das Stadttor hindurch und durch die öden Straßen der Stadt zum andern Tor hinaus und nach Röcken weiter. Voll Entsetzen sahen die wenigen unglücklichen Bewohner, welche in der an verschiedenen Stellen brennenden Stadt zurückgeblieben waren, dem in rasendem Galopp Dahinsausenden nach.

Der schreckliche Anblick kam den Leuten nicht wieder aus dem Sinn, und wenn späterhin von der großen Kriegsnot erzählt wurde, vergaß man auch den Reiter ohne Kopf nicht. (110)

Der verräterische Hahnenschrei

Im Unterforste Grillenberg bei Sangerhausen liegt die wüste Dorfstätte Brumbach, an welche noch die Forstorte Brumbachsgemeinde, Brumbachswiesen und Wüste Kirche erinnern. Dieses Dorf ist in dem Dreißigjährigen Kriege zerstört worden. Eines Nachts zogen nämlich die Schweden durch den nahen, dichten Wald und hatten sich vollständig darin verirrt. Da krähte in dem Dorfe Brumbach ein Hahn. Seinem Schrei gingen die Schweden nach, fanden das Dorf und zerstörten es.

Die Geschichte von diesem verräterischen Hahnenschrei soll im Turmkopfe der Grillenberger Kirche niedergelegt sein. (111)

Der Brand Lettins

Zu Anfang des Jahres 1636 im Dreißigjährigen Kriege hatten die Schweden unter ihrem General Banér Halle verlassen und sich links der Saale zurückgezogen, die Brücken verbrannt und sich im Heidegebiet gelagert. Sie hatten feste Lager in den Dörfern Passendorf, Nietleben und Lettin bezogen, auch einige Schanzen in der Heide, von denen eine noch steht, errichtet. Halle aber hatten die Kursachsen eingenommen. Wegen der Hochflut der Saale richtete man aber acht Wochen lang nichts Sonderliches aus, man plünderte und brannte die Umgegenden aus, lieferte auch einige blutige Scharmützel.

Endlich hatte aber der kursächsische General von Baudissin eine Furt über die Saale bei Trotha erspäht. Er setzte also in der Nacht des 25. Februar ganz heimlich über den Fluß und wandte sich nach Lettin, wo im Dorfe ein finnländisches und ein livländisches Reiterregiment unter den Obersten Pfuhl und Niemann im Quartier lagen. Er überrumpelte die Schlaftrunkenen um fünf Uhr morgens, also in tiefer Winternacht, steckte das ganze Dorf in Brand, machte alles, was entfliehen wollte, nieder und nahm endlich den feindlichen Oberst Pfuhl selbst gefangen. Nur wenige retteten sich durch den Hohlweg, der heute noch die »Hohle« heißt, nach Schiepzig hinüber.

In der Hohle ist es heute noch nicht geheuer. Und zu Mitternacht soll man das Wehklagen von Sterbenden und das Klirren von Waffen vernehmen, bis es ferner und ferner verschwindet. (112)

Berthas Grab und der tote Reiter

Als während des Dreißigjährigen Krieges das schwedische Heer von Kemberg aus durch die Dübener Heide zog, brachte eine Bauernmaid ihre sterbenskranke Mutter vor den herannahenden Schweden in eine verfallene Waldhütte in Sicherheit. Tage darauf fiel sie bei der Suche nach Wasser aber einem schwedischen Reiter in die Hände, der ihr tödliche Schwerthiebe versetzte und ihr Ring und Spangen raubte. Weil das Mädchen nicht zurückkehrte, begab sich ihr Verlobter auf die Suche. Als er sie endlich fand, konnte sie ihm nur noch mit Mühe den Vorgang berichten.

Der Bräutigam rief Gott zum Rächer an, konnte aber bald die Rache selbst vollziehen. Als er zur Hütte zurückkehrte, fand er Berthas Mutter tot vor, nicht weit davon aber auch ein gestürztes Roß und darunter einen Reiter mit gebrochenem Arm. Dieser bat den jungen Bauernburschen, ihm zu helfen, und bot ihm einen Ring zum Lohn, wenn er ihn zum schwedischen Troß bringen würde. An diesem Ring aber erkannte der Bursche den Mörder seiner Braut und rächte die Greueltat mit der Axt. An der Stelle jedoch, wo sie gestorben waren, wurden Bertha und der Reiter begraben.

Es ist alter Brauch, Berthas Grab durch Auflegen grünen Reises zu schmücken und auf das Grab des Mörders einen Stein zu werfen. So vergrößert sich der Feldsteinhügel auf dem »Toten Reiter« ständig. (113)

Das »Jungferngrab« und der »Totschlag«

Sowohl Schmiedeberg als auch Düben waren 1637 von dem schwedischen Heer eingeäschert worden. Kleine marodierende Truppenteile durchstreiften die Heide, um in den Dörfern und einzelnen Gehöften zu sengen, zu rauben und zu plündern. Ein solcher schwedischer Landsknechtstrupp hatte etwa vier Kilometer südwestlich von Schmiedeberg am Tannenberg in einem versteckt liegenden Tal sein Lager aufgeschlagen. Das war von Dübener Bürgern erkundet worden, und gern wollten sie an den Mordbrennern Rache üben. Aber die Zahl der wagemutigen Männer in Düben war durch die Kriegswirren nicht mehr groß genug, um einen sicheren Erfolg zu verbürgen; deshalb sollte ein Bote auch den Schmiedebergern Nachricht bringen und sie zur Teilnahme auffordern.

Ein Mädchen aus Düben, dem die Schweden Vater und Mutter erschlagen hatten, erbot sich dazu freiwillig. Auf versteckten Wegen erreichte es auch sein Ziel. Am Abend schlichen die Schmiedeberger unauffällig in den Wald und strebten auf verschiedenen Wegen dem vereinbarten Sammelplatz zu. – Das Mädchen aber eilte nach Düben zurück. Auf dem Heimweg wurde es von streifenden Schweden ergriffen, in das Lager geschleppt, vergewaltigt und in der Nähe des Lagers getötet.

In der Nacht wurde das Lager der Schweden dicht umstellt. Im Morgengrauen fielen die Bürger über die Schlafenden her, und nicht einer sah die Sonne wieder scheinen. Die Leichen wurden im Wald verscharrt. Dann aber fanden die Männer in der Nähe des Lagers die Leiche des Mädchens. Sie begruben es im Walde.

Die Stelle, an der sich das Schwedenlager befand und wo die

Marodeure erschlagen wurden, heißt heute noch im Volksmund der »Totschlag« oder »Mordfleck«. Das »Jungferngrab« liegt etwa drei Minuten südlich von dem Schmiedeberger Aussichtsturm, der »Schönen Aussicht«. (114)

Der Offizier und der Bauer zu Bellingen

Zur Zeit des Dreißigjährigen Krieges wiederholt von den Schweden gebrandschatzt wurde unter anderem auch das Dorf Bellingen [Kr. Stendal]. Ein schwedischer Offizier verfolgte einen Bauer, welcher das Versteck seiner letzten Habseligkeiten nicht verraten wollte, bis auf den Kirchhof. Er stach auf ihn darauf los, bis er halbtot niedersank. Als der Offizier noch immer nicht abließ von seinem Opfer, griff ihn sein Reitknecht an den Arm mit den Worten: »Laßt ab, er hat ja seinen Rest!« – Die Unmenschen entfernten sich. Der Bauer aber kam wieder zu sich und genas von seinen furchtbaren Wunden. Er verzog von Bellingen nach Gohre.

Einst stand er auf seinem Hof, als derselbe schwedische Offizier an ihm vorbeiritt. Der Offizier glaubte ein Gespenst zu sehen und rief ihm zu: »Bist du nicht der, den ich in Bellingen erstochen habe?« – »Ich bin's«, sprach der Bauer, zog seine Pistole aus seinem Kittel hervor und schoß den Reiter vom Pferd. Dem fliehenden Knecht aber rief er nach: »Weshalb fliehst du? Ich tu dir nichts, denn du hast mir ja das Leben gerettet.« (115)

Der »Mädelsprung« bei Klein Schierstedt

Nicht weit vom Dorfe Klein Schierstedt [Kr. Aschersleben] befindet sich an der Wipper ein jäher Abhang, der »Mädelsprung« genannt. Vor Zeiten lag oben am Rande des hohen Ufers ein Felsstück mit vier eingedrückten menschlichen Fußstapfen. Es stürzte später in den Grund hinab und war hier noch lange zu sehen. Über die Entstehung des Namens und den Ursprung des Males in dem Steine berichtet eine Sage wie folgt:

Während des Dreißigjährigen Krieges hielten eines Abends auf dem benachbarten Hügel zwei schwedische Reiter Wacht. Die Gegend war ruhig, kein Feind ließ sich sehen, und so ward den beiden Kriegern die Zeit lang. Da näherten sich dem Orte zwei junge Mädchen, aus der Richtung von Aschersleben herkommend. Kaum hatten die rohen Soldaten die Jungfrauen erblickt, so galoppierten sie, erfreut ob der zu erwartenden Kurzweil, auf diese zu. Voller Schrecken ergriffen die beiden Mädchen die Flucht und liefen querfeldein, so schnell sie konnten. Plötzlich aber mußten sie haltmachen, denn sie standen vor einem gähnenden Abgrund und schauten nun starr vor Entsetzen hinunter. Was tun? Hinter sich sehen sie die Verfolger und vor sich das offene Grab. Ein erschütternder Schrei, ein gewaltiger Sprung – und vom schwindelnden Rande stürzt sich das Paar hinunter in die Tiefe und verschwindet in den reißenden Fluten der Wipper. Hinterdrein sprengen die verfolgenden Reiter, die ihre schnaubenden Rosse nicht mehr zu zügeln vermögen und nun ebenfalls im gewaltigen Sturze ihren Tod finden. (116)

Der letzte Pfarrer in Krumke

Das Dorf Krumke [Kr. Stendal] hatte früher seinen eigenen Pfarrer. Jetzt ist es ein Filial von Losse. Der letzte Pfarrer lebte zur Zeit des Dreißigjährigen Krieges. Er hatte eine sehr kärgliche Einnahme und war ein alter, schwächlicher Mann. Wenn er in seiner Gemeinde herumreisen mußte, so saß er auf einem alten zweirädrigen Karren, der mit Brettern benagelt und mit zwei Kühen bespannt war, denn ein Pferd hatte er nicht. Auch einen Knecht konnte er sich nicht halten, und darum mußte seine Tochter ihn fahren.

Eines Tages, als er so von dem Dorfe Däsedau zurückkam, begegneten ihm schwedische Reiter. Die hielten ihn und sein Fuhrwerk an und verlangten, daß seine Tochter ihnen zu Willen sein solle. Das Mädchen und der Pfarrer gerieten darüber in großen Schrecken. Er kletterte von seinem Karren herunter und fiel den Soldaten zu Füßen, ihr Mitleid anflehend.

Anfangs half das nichts. Zuletzt aber sagten sie, wenn er ihnen seinen ganzen Verdienst von heute abgebe, so wollten sie seine Tochter fahren lassen. Da reichte er ihnen mit Zittern alles hin, was er hatte. Es waren zwei Schillinge. Die Schweden wollten ihr Wort nicht brechen; sie nahmen das Geld und jagten lachend davon. (117)

Fausts Name schreckt noch lange

Im Dreißigjährigen Krieg sollte Pratau [Kr. Wittenberg] Einquartierung bekommen. Niemand wollte gern mit den rohen Landsknechten unter einem Dache wohnen, denn keiner fühlte sich vor ihnen sicher.

Der Wirt des schon sehr alten Gasthauses »Zum Freischütz« benutzte eine List, um sich die Einquartierung vom Leibe zu halten. Er besorgte sich Ochsenblut und bespritzte damit die Wand eines Zimmers. Als die Quartiermacher kamen, zeigte er ihnen zuerst dieses Zimmer. Der Anführer fragte, was die Blutflecke an der Wand zu bedeuten hätten. – Da erzählte ihnen der schlaue Schenkwirt die Geschichte vom schrecklichen Ende des berühmten Doktor Faust, den in diesem Zimmer der Teufel geholt hätte.

Er fügte seiner ausführlich ausgeschmückten Schilderung der Hinrichtung durch den Teufel hinzu, daß es seit dieser Zeit in der Schenke nicht mehr geheuer sei. Er selbst schlafe darum nicht im Hause, denn er möchte dem Teufel nicht begegnen. – Die schwedischen Landsknechte erschraken, verließen fluchtartig das Haus, und der »Freischütz« bekam keine Einquartierung.

So wird seitdem das Ende von Doktor Faust nach Pratau verlegt und ein Zusammenhang zwischen ihm und dem Gasthaus »Zum Freischütz« hergestellt. (118)

Der entdeckte Verräter

Im Verlauf des Dreißigjährigen Krieges besetzte im Jahre 1642 der schwedische Feldherr Torstensen die Altmark und schlug sein Hauptquartier im Perver, der Vorstadt von Salzwedel, auf. Die Führer der kaiserlichen Truppen, die Piccolomini, zogen sich nach einem Geplänkel an der Biese nach Tangermünde zurück. Nun gab es im schwedischen Lager einen Verräter, den Oberst von Seckendorf. Der schickte einen Trompeter als Boten mit verräterischen Papieren zu den Kaiserlichen. Dieser wurde bei Apenburg von den schwedischen Vorposten angehalten. Er tat ganz unschuldig; aber plötzlich bockte sein Gaul, eine Sattelnaht platzte, und die verräterischen Papiere flogen heraus. Zunächst achtete zwar niemand darauf, aber der Tewe (Hund) des schwedischen Vorpostenoffiziers faßte die Papiere. Und wenn auch einige schon in den Schmutz getreten und dadurch unkenntlich geworden waren, so genügte doch der Rest, um den Verrat aufzudecken. Unter dem Vorsitz des Grafen Königsmarck wurde nun ein Standgericht abgehalten, und Seckendorf wurde verurteilt und enthauptet. (119)

Der Leutnant Korne

In Trebitz bei Könnern liegt am Dorfplatz ein altes Freigut. Das alte interessante Gutshaus ist freilich wegen seiner Baufälligkeit vor ein paar Jahren abgerissen worden. In ihm war es nicht geheuer, es ging in ihm um. In dem Hause wohnte nämlich nach dem Dreißigjährigen Kriege ein wilder und trotziger Leutnant namens Korne. Der glaubte nicht an Gott und an Menschen. Nach einem lasterhaften Leben ward er 1679 ermordet. Als Gotteslästerer sollte er kein ehrlich Begräbnis bekommen. Aber seine Witwe zahlte zehn Taler für sein Leichentuch und fünfzig Taler bar an die Kirche, und so erhielt der Sünder auf Anordnung des Junkers von Krosigk, der ja der Patron war, ein ehrlich Begräbnis. Freilich die Ruhe im Grabe fand er dadurch nicht. (120)

Des Alten Ziethen Zauberkunst

Es weiß noch ein jeder preußische Soldat, daß der Alte Ziethen ein großer Hexenmeister war. Er hat das oft bewiesen, und darum konnte ihm auch keiner so recht was anhaben. Daß er einmal in Schlesien bei Ottmachau mit seinem Regiment mitten durch die

Österreicher ritt, ohne daß auch nur einem Preußen ein Haar gekrümmt wurde, soll ihm zwar, wie viele meinen, nur allein dadurch geglückt sein, daß er seine Husaren die Dolmans umkehren ließ. Allein die Wahrheit ist, daß er die Österreicher behext hatte. – Das beste Stückchen aber, das er gemacht hat, ist folgendes:

Einstmals traf er mit einer großen Armee von Österreichern und Russen zusammen. Er hatte zwar auch ein ziemlich großes Heer bei sich; aber der Feinde waren zehnmal so viele. Seine Soldaten mochten daher mit Säbel, Bajonett und Kolben soviel dreinschlagen, wie sie wollten und konnten, und er mochte trommeln und blasen und stürmen lassen, es konnte alles nichts helfen. Als es gegen Abend kam, da mußte er zur Retirade blasen, und sein ganzes Heer zog sich zurück.

Das ging aber in guter Ordnung. Denn der Alte Ziethen sagte den Leuten, sie sollten nur ganz ruhig sein, und er wollte ihnen dafür stehen, daß sie nichts zu befürchten hätten, wenn sie sich nur alle hübsch beisammen hielten. Und sie wußten, was der Ziethen ihnen versprach, darauf konnten sie sich verlassen.

So kamen sie nun über einen Berg; und wie sie den hinter sich hatten und sie unten ins Tal gekommen waren, ging eben die Sonne unter. Da kommandierte der Alte: »Halt, und rühre keiner ein Glied!« Sie standen alle, Mann für Mann, wie eine Mauer, und der alte General schlug ein Kreuz und murmelte einige Worte in seinen Bart. Die konnte kein Mensch verstehen, aber in demselben Augenblick war die ganze Armee in einen großen Wald von allerlei Bäumen verwandelt. Der Alte Ziethen selbst kletterte auf einen Eichbaum und lachte im stillen darüber, was nun kommen werde und wie der Feind sich werde anführen lassen.

Es dauerte auch nicht lange, da kam der Feind in voller Hast vom Berge heruntergestürzt, Panduren, Kroaten, Kosaken und allerlei Gesindel, die meinten, die Preußen nur so auffressen zu können. Wie erstaunten die aber, als sie keinen Feind mehr sahen und auf einmal in einem großen, dichten Walde sich befanden. Sie fluchten und tobten und jagten wütend voran, um jenseits des Waldes ihr Mütchen desto sicherer kühlen zu können. Dabei hieben sie denn in ihrer tollen Lust nach manchem Zweige, der ihnen im Wege hing.

Wie sie nun aber durch waren, da stieg Ziethen von seiner Eiche herunter, kreuzte sich wieder und sagte einen andern Spruch. Da waren mit einem Male die Bäume verschwunden, und die Soldaten standen wieder mit Sack und Pack. Mancher hatte zwar von den Hieben in die Zweige ein Stück von seiner Nase verloren oder seinen Zopf, oder es taten ihm die Rippen weh. Aber schwerer beschädigt war keiner, und den Kopf hatten sie alle behalten, und darum machten sie aus den kleinen Verlusten auch nicht viel. Sie konnten auch nicht einmal recht zur Besinnung kommen. Denn der Alte kommandierte geschwind: »Nun haben wir die Kerls! Nun vorwärts, marsch!« Und nun ging's in vollem Jagen, wie ein Donnerwetter, dem Feinde in den Rücken, daß er mit Mann und Maus umkam oder gefangen wurde.

Der Alte Fritz wollte sich nachher totlachen über den Witz, den der Ziethen gemacht hatte. (121)

Bergleute und Hüttenmänner

Das quellende Silber

Im Februar des Jahrs 1605, unter dem Herzog Heinrich Julius von Braunschweig, trug sich zu, daß eine Meile Wegs von Quedlinburg, zum Tal genannt, ein armer Bauer seine Tochter in den nächsten Busch schickte, Brennholz aufzulesen. Das Mädchen nahm dazu einen Tragkorb und einen Handkorb mit, und als es beide angefüllt hatte und nach Hause gehen wollte, trat ein weißgekleidetes Männlein zu ihm hin und fragte: »Was trägst du da?« – »Aufgelesenes Holz«, antwortete das Mädchen, »zum Heizen und Kochen.« – »Schütte das Holz aus«, sprach weiter das Männlein, »nimm deine Körbe und folge mir; ich will dir etwas zeigen, das besser und nützlicher ist als das Holz.« Nahm es dabei an der Hand, führte es zurück an einen Hügel und zeigte ihm einen Platz, etwa zweier gewöhnlichen Tische breit, ein schön lauter Silber von kleiner und großer Münze von mäßiger Dicke, darauf ein Bild, wie eine Maria gestaltet, und ringsherum ein Gepräge von uralter Schrift. Als dieses Silber in großer Menge gleichsam aus der Erde hervorquoll, entsetzte sich das Mägdlein davor und wich zurück; wollte auch nicht seinen Handkorb von Holz ausschütten. Hierauf tat's das weiße Männlein selbst, füllte ihn mit dem Geld und gab ihm dem Mägdlein und sprach: »Das wird dir besser sein als Holz.« Es nahm ihn voller Bestürzung, und als das Männlein begehrte, es solle auch seinen Tragkorb ausschütten und Silber hineinfassen, wehrte es ab und sprach: es müsse auch Holz mit heimbringen, denn es wären kleine Kinder daheim, die müßten eine warme Stube haben, und dann müßte auch Holz zum Kochen dasein. Damit war das Männlein zufrieden und sprach: »Nun, so ziehe damit hin« und verschwand darauf.

Das Mädchen brachte den Korb voller Silber nach Hause und erzählte, was ihm begegnet war. Nun liefen die Bauern haufenweise mit Hacken und anderm Gerät in das Wäldchen und wollten sich ihren Teil vom Schatz auch holen, aber niemand konnte den Ort finden, wo das Silber hervorgequollen war.

Der Fürst von Braunschweig hat sich von dem geprägten Silber ein Pfund holen lassen, so wie sich auch ein Bürger aus Halberstadt, N. Everkan, eins gelöst. (122)

Das Bergmännlein im Katharinenstollen und in der Dreifaltigkeitsgrube

Im Harze erzählt das Volk viel von Berggeistern in Zwerggestalt und bezeichnet sie als Bergmönche, Hackelmännchen, Bergmännchen und Bergmännlein. Sie beschenken die Bergleute mit Bergspiegeln, welche die wunderbare Eigenschaft haben, reiche Erzlager in der Erde erblicken zu lassen; sie warnen die Grubenarbeiter bei drohender Gefahr und erfüllen verschütteten Häuern ihre letzten Wünsche. Bisweilen erscheinen die Berggeister auch auf der Oberfläche der Erde, um unverschuldet in Not und Gefahr geratenen Bergleuten Hilfe und Schutz angedeihen zu lassen. Erwiesen sich somit die Bergmännlein den Menschen meist hilfreich und gütig, so hat doch auch mitunter ihr unvermutetes Erscheinen Schrecken und Bestürzung erregt, wie aus der folgenden Erzählung hervorgeht:

Im Katharinenstollen bei Harzgerode und in der Heiligen-Dreifaltigkeits-Fundgrube hat sich das Bergmännlein im Jahre 1588 mehrere Tage hören und sehen lassen. Ein Bergknappe, der vor dem neuen Längort Nachtschicht gehabt hat, ist um Mitternacht dermaßen zerdrückt und zugerichtet worden, daß er eine Zeitlang vor dem Orte wie tot gelegen. Wieder zu sich gekommen, versuchte er zu arbeiten; es war ihm aber unmöglich. Als er darauf um zwei Uhr ausgefahren ist, ist es mit einem Grubenlicht vor ihm hergewandelt. Weil er hierüber nichts hat verlauten lassen, hat er bis zum darauffolgenden Freitag in Ruhe arbeiten können. Nachdem er jedoch von der Erscheinung erzählt hatte, ist das Bergmännlein wieder acht Tage lang gekommen. Hierdurch aufs höchste erregt, wurde der Knappe so krank, daß man an seinem Aufkommen zweifelte. Er bekam plötzlich einen starken Ausschlag

Mansfeld um 1650

am ganzen Körper, zugleich besserte sich sein Befinden und er wurde wieder gesund.

Anderen ist das Bergmännlein als ein altes graues Männchen mit großem Bart in weißgrauem Rock abends acht Uhr in der Zechenhaus-Stube auf der genannten Fundgrube erschienen.

In anderen Fällen war der Bergkobold nicht sichtbar, aber man sah plötzlich in der Strecke ein matt brennendes Licht sich bewegen, oder man hörte, wie jemand auf der Fahrt kletterte und dabei mit den Schuhen von einer Fahrtsprosse zur andern tappte. Einmal vernahm man auch im Katharinenstollen deutlich ein Gerassel, wie wenn Grubenwagen hin- und hergeschoben würden, und es waren überhaupt keine im Stollen. (123)

Der Schachtkickel oder Bergmönch

Den Bergleuten in der Grafschaft Mansfeld erscheinen nicht selten Berggeister, die sie »Schachtkickel« oder »Bergmönche« nennen. Alte Bergleute pflegen den Jungen, wenn diese anfangen, in den Schacht zu fahren, bange vor denselben zu machen. Aber zuweilen behüten diese Geister die Bergleute vor großer Gefahr, wie folgende Geschichte beweist:

Zwei benachbarte Bergleute hatten die Verabredung getroffen, frühmorgens einander zu wecken, um die Zeit zum Anfahren nicht zu versäumen. Eines Tages nun glaubt der eine, wie gewöhnlich, das Pochen und die Stimme seines Nachbarn zu hören. In der Meinung, derselbe habe ihn zum Aufstehen aufgefordert, kleidet er sich rasch an und wandert nach dem Schachte hinaus. Wer beschreibt sein Erstaunen, als er dort noch keinen einzigen seiner Kameraden vorfindet!

Kaum aber hat er sich von seiner Verwunderung erholt, als er bemerkt, wie am Fördertau durch dreimaliges Zucken das Zeichen zum Aufziehen gegeben wird. Pflichtgetreu ergreift er den Haspel und fördert die Schale zu Tage. Da sieht er, wie in dem Erzkübel ein Männchen in grauer Mönchstracht steht und mit warnender Gebärde in den Schacht hinunterdeutet. Ganz überwältigt von Erstaunen läßt der Bergmann den Haspel los, und der Kübel saust in die Tiefe zurück.

Jetzt kommen auch die übrigen Gefährten und vernehmen verwundert das Geschehene. Nun bilden sich zwei Parteien: Die eine rät dringend von der Befahrung des Schachtes ab; die andere erklärt die Wahrnehmung des Bergmannes für ein abergläubisches Hirngespinst. Während sie sich noch streiten, fährt plötzlich aus der Tiefe eine wirbelnde Staubsäule pfeifend empor; der Boden scheint unter den Füßen zu wanken, und wie ferner Donner grollt es im Schoße der Erde: Der Schacht ist eingestürzt! Ohne die Warnung des Bergmönches lägen viele Männer tief unten begraben... (124)

Venetianer am Harz

Am ganzen Harz weiß man viel von den Leuten aus Venedig zu erzählen, die alljährlich von dorther gekommen sind und sich dann immer nach bestimmten Punkten, die sie vorher genau angegeben, haben bringen lassen. Die Berge haben sich vor ihnen aufgetan, und sie sind hineingegangen und reich beladen zurückgekehrt. Denen, welche ihnen als Führer gedient, haben sie meistens reichlich gelohnt und ihnen oft gesagt, die Leute hierzulande wüßten gar nicht, was noch alles in den Bergen stecke; und der Stein, mit dem sie nach der Kuh würfen, sei mehr wert als die Kuh selber.

Zu einem Manne in Thale sind auch mal Venediger gekommen, die haben ihm gesagt, er solle sie zu einem bestimmten Tale führen. Das hat er getan; und als sie da angekommen sind, haben sie eine Hasel in die Höhe geklappt, unter der ist ein großer Gang zum Vorschein gekommen. Da sind sie nun hineingegangen, und der Mann mit ihnen, und sind endlich in einen großen Saal gekommen, in dem eine große große Mulde voll Goldkugeln gelegen hat. Da haben sie denn ihre Säcke aufgemacht und die vollgepackt. Wie das aber der Mann gesehen, hat er wie von ungefähr sein Tuch in die Mulde fallen lassen, hat sich danach gebückt und unter ihm gleichfalls eine der Kugeln herausgenommen, ohne daß es einer gesehen hätte. Sogleich ist aber ein großer schwarzer Hund, der dabeilag, aufgesprungen und hat den Mann zerreißen wollen. Die Venediger aber haben ihn gleich wieder beruhigt. Darauf sind sie wieder hinausgegangen und haben da dem Manne gesagt, er könne nun gehen, denn er habe seine Belohnung schon.

Nachher, als sie fort gewesen, hat der Mann gern noch mal in den Berg gewollt, um mehr zu holen, und hat alle Haseln, die dastanden, aufzuklappen versucht, aber es hat sich keine wollen aufklappen lassen. (125)

Der Schlangenzauber

Zur Frau eines Fuhrmanns in Harzgerode kam ein Slowake und forderte sie auf, mitzugehen. Die Frau sagte, sie hätte keine Zeit, wollte es aber ihrem Mann sagen, wenn er zurückkäme. Als der Fuhrmann abends nach Hause kam, hatte er so viel zu erzählen, daß die Frau vergaß, ihm von dem Slowaken zu berichten. – In der Nacht erwachte der Fuhrmann plötzlich und sah zwei Slowaken an seinem Bett stehen. Die sagten, er sollte aufstehen und ihnen die Grube zeigen, aus der er Lehm zu holen pflegte. »Es soll dir nicht zum Schaden sein«, sagten sie. Der Fuhrmann wies ihnen nun den Weg. Bei der Lehmgrube stand ein Baum, und darunter ein Dreifuß, auf dem eine Pfanne lag. Die Männer sammelten Holz und machten ein Feuer an. Dann nahm der eine von ihnen ein Ei aus der Tasche, schlug es entzwei und zog daraus einen Zettel hervor, auf dem unbekannte Buchstaben standen. Dann riefen die Slowaken Worte in einer fremden Sprache in den Wald. Da kam eine große Schlange. Die zerschnitt der eine Slowake und briet die Stücke in der Pfanne.

Die beiden Mausefalleratzkis aßen jeder ein Stück, der Fuhrmann aber wollte nichts davon essen. Da sagten sie: »Dann darfst du auch nicht mit in die Lehmgrube.« Plötzlich tat sich in der Grube eine Höhle auf, darin war Gold und Silber. Die Slowaken steckten sich die Taschen voll und brachte jeder dem Fuhrmann eine Handvoll mit. Dann gaben sie ihm eine Ohrfeige, daß ihm der Kopf brummte.

Am andern Morgen erwachte der Fuhrmann in seinem Bett. Erst dachte er, er hätte geträumt, aber er hatte seinen Anzug an und in zwei Taschen Gold. Die Slowaken aber ließen sich nicht wieder sehen. (126)

Die »Pfanne« bei Rothenschirmbach

Bei dem Dorfe Rothenschirmbach unfern Eisleben liegt ein Berg, welcher die »Pfanne« heißt. Zu dem Berge kamen alle Jahre in der Mariennacht drei Venetianer und sprachen ein bestimmtes Wort. Da tat sich der Berg auf, und man sah unermeßliche Schätze darin brennen; und sie nahmen so viel sie wollten. Dann sprachen sie das Wort noch einmal, und der Berg schloß sich wieder.

Ein Bauer war einst auf eine Eiche dicht am Berge geklettert, um sich einen Stecken abzuschneiden, als die drei Kucksgänger kamen. Er sah und hörte alles und merkte sich das Wort wohl; und im folgenden Jahre ging er in der Mariennacht zur »Pfanne«, sprach es aus, und auch vor ihm tat sie sich auf. Er nahm von den Schätzen und kehrte mehrere Jahre hindurch wieder, bis die Venetianer ihn einst ertappten. Da schwur er, weil sie ihn zu töten drohten, daß er noch keinem Menschen das Wort verraten habe, es keinem je verraten werde und auch selbst es nie wieder aussprechen wolle.

So kennen denn die Bauern der Umgegend auch jetzt das Wort noch nicht und bleiben arm, während die Kucksgänger von den Schätzen der Pfanne alle Jahre reicher werden. (127)

Die verderbenbringenden Venediger

Die Venediger sollen in früheren Zeiten vielfach nach Elbingerode und den umliegenden Ortschaften gekommen sein, um von da aus die verzauberten Schätze zu heben. Und ihnen ist solches besser geglückt als den Einheimischen, denn sie sind im Besitze einer Wünschelrute gewesen, die nach den Stellen hingewiesen hat, wo die Schätze zu finden waren.

Dafür haben sie aber dem Bösen jedes Jahr eine Seele liefern müssen, und wenn sie das nicht gekonnt haben, so ist ihm einer von ihnen verfallen gewesen. Deshalb haben sie jedesmal einen Führer aus Elbingerode mitgenommen, der teilgenommen hat an ihrem teuflischen Werk und den sie dann dem Teufel geopfert haben.

Einmal ist zu Elbingerode ein armer Mann gewesen. Der hat sich und seine Frau und Kinder kümmerlich, aber redlich ernährt. Doch Krankheit und Unglücksfälle haben die Familie immer mehr heruntergebracht, und da ist die Not groß geworden.

Eines Tages sind drei fremde Männer gekommen in schwarzer seltsamer Tracht und haben dem Manne Geld geboten, wenn er ihnen den Weg nach dem Morgenbrodstal zeigen wolle. – Der Mann hat sich Bedenkzeit erbeten, weil er die Fremden gleich als Venediger erkannt hat, die immer zu dreien erschienen, und hat sich über ihren Antrag mit seiner Frau besprochen. – Die hat ihn hoch und teuer beschworen, sich doch nicht mit den Venedigern abzugeben und dadurch Leib und Seele aufs Spiel zu setzen. – Als aber die Fremden wiedergekommen sind und dem Mann immer mehr Geld geboten haben, da hat der doch ja gesagt, denn die Not ist gar zu groß gewesen, und er hat versprochen, sie zu führen.

Das Weib ist aber in ihrer Angst zu einer alten Frau gelaufen, die hat allerlei Kräuter gekannt und darunter auch eins, wer das bei sich trägt, über den hat der Böse keine Gewalt. Dazumal sind die Alten doch noch klüger gewesen als heutzutage, wo sie so viel in den Schulen lernen müssen. Aber die sind ausgestorben und haben ihr Geheimnis mit ins Grab genommen. – Zu dieser weisen Frau ist also das Weib gekommen und hat geweint und gefleht, ihr doch das Kraut für ihren Mann zu geben, der durch nichts davon abzubringen sei, mit den Venedigern zu gehen. Da hat ihr die Alte das Kraut gegeben, aber sie hat einen Eid schwören müssen, ihrem Mann nichts davon zu sagen. – Da hat sie es ihm denn heimlich in die Kleider eingenäht.

So ist denn der Mann mit den Venedigern nach dem Morgenbrodstal gegangen. Als sie dort an einen Felsen gekommen sind, da hat der eine Venediger eine Wünschelrute hervorgenommen; bei deren Berührung hat sich der Felsen aufgetan, und sie sind in den Berg eingegangen. Da haben große Kessel gestanden mit Gold und Silber angefüllt, und die Venediger haben den Führer aufgefordert, zuzugreifen. Das hat sich der nicht zweimal sagen lassen und hat seine Taschen bis zum Rande angefüllt.

Als sie nun aus dem Berg herausgekommen sind, da hat einer davor gestanden, der hat die Seelen abgenommen. Dem haben die Venediger den Elbingeroder gewiesen, aber er hat ihnen erwidert: »Über den habe ich keine Macht, der ist gefeit; jetzt muß ich einen von euch nehmen.« – Darauf hat sich ein furchtbares Tosen, Blitzen und Donnern erhoben, so daß der Elbingeroder seine Besinnung verloren hat.

Als er wieder zu sich gekommen ist, hat er sich ganz allein im Morgenbrodstal befunden. Da hat er erst alles für einen Traum gehalten. Aber seine von Gold und Silber strotzenden Taschen haben ihn belehrt, daß doch alles Wahrheit gewesen. So ist er frohen Herzens zu den Seinigen zurückgekehrt und hat noch lange Jahre in Reichtum und Wohlsein gelebt.

Der alte Andag, der noch nicht lange gestorben ist, hat ihn noch ganz gut gekannt und die Geschichte wohl hundertmal erzählt. – So schloß die Erzählerin, eine alte Frau aus Elbingerode. (128)

Das Schloß zu Wernigerode um 1850

Der Schäfer in Venedig

Nicht in allen Sagen erscheinen jedoch die Venediger so Verderben bringend als in dieser. Manchmal sind sie auch den Elbingerodern wohlgesinnt und teilen ihnen von den gefundenen Schätzen mit.

So hat einmal ein Schäfer am Wege von Elbingerode nach dem Brocken die Schafe gehütet und sich an einer Quelle gelagert. Da sind zu ihm drei Männer gekommen, die haben sich zu ihm gesetzt und mit ihm zu reden begonnen. Unter anderem ist das Gespräch auch auf die Stadt Venedig gekommen, und der Schäfer hat gesagt, er habe schon viel von deren Größe und Pracht gehört, daß er wohl einmal dorthin kommen möchte.

Die Fremden aber haben dem Schäfer vielen und starken Wein zu trinken gegeben, und davon ist er eingeschlafen. – Als er aufgewacht ist, hat er sich mitten in der Stadt Venedig befunden und hat sich nicht satt sehen können an deren Pracht. Als er durch eine der schönsten Straßen gekommen ist, hat ein Mann aus dem Fenster gesehen und ihn herangewinkt. Zu dem eingetreten, hat er in ihm den einen der an der Quelle erschienenen Venediger wiedererkannt. Der hat ihm seinen Palast und alle seine Kostbarkeiten gezeigt und ihm erzählt, daß all sein Reichtum vom Bodfelde und dem Morgenbrodstal stamme.

Da ist der Schäfer drei Tage dageblieben, und der Venediger hat ihm Gold und Silber genug gegeben. Als er aber am Morgen des vierten Tages erwacht ist, da hat er wieder an seiner Quelle bei Elbingerode gelegen. Von dem ihm geschenkten Golde hat er sich einen goldenen Hirsch anfertigen lassen. Der mag ja wohl noch heute [1885] auf dem Wernigeroder Schlosse zu sehen sein. (129)

Der silberne Krug als Schweigelohn

Bergmann Frick aus Zellerfeld suchte mit seinen Töchtern am Brocken Kronsbeeren [Preiselbeeren], wurde aber dort von der Nacht ereilt. Er zündete ein Feuer an und legte sich daran mit den Mädchen nieder. Diese schliefen fest, der Bergmann aber wachte. Da sah er eine Laterne daherkommen. Die rief er an, und es traten drei Männer zu dem Feuer, die leisteten ihm während der Nacht Gesellschaft. Am andern Morgen geboten sie ihm, selbst seinen Töchtern nicht zu sagen, daß sie bei ihm gewesen wären, und das hat der Bergmann auch treulich gehalten.

An dem Tage, wo der Bergmann gestorben ist, kommt ein Mann in seine Wohnung, bedauert seinen Tod und fragt die Töchter aus, ob ihr Vater nichts von den drei Männer gesagt hat, welche in der Nacht am Brocken bei ihm gewesen sind. Da er sieht, daß selbst die Töchter nichts davon wissen, sagt er, so möchten sie den Lohn hinnehmen, der ihrem Vater bestimmt gewesen. Er stellt einen silbernen Krug hin, sagt auch, der einen Schwester solle der silberne Krug gehören und der andern, was darin sei, und geht fort. In dem Kruge aber sind nichts als feine Gulden gewesen, und mögen diese Männer wohl Venetianer gewesen sein. (130)

Der Hüttenmeister Böse auf der Saigerhütte bei Hettstedt

Unterhalb Hettstedt, zwischen dieser Stadt und dem Dorfe Wiederstedt, liegt an der Wipper die Saigerhütte. Ehemals eine Schmelzhütte, ist dieselbe 1688 in eine Saigerhütte zum Scheiden des Silbers vom Kupfer umgewandelt worden und dient gegenwärtig [1880] als Maschinenwerkstätte.

In dieser Saigerhütte schaltete und waltete vor vielen Jahren ein Hüttenmeister, von dem alle Welt sagte, er heiße mit Recht Böse, denn er sei auch böse. Am besten wußten das die Hüttenleute, die täglich erfahren mußten, was für ein harter und habgieriger Mann er war. Nicht nur trieb er sie fortwährend mit rauhen Worten zur Arbeit an, sondern kürzte ihnen auch, wo es nur anging, den Schichtlohn und zwang sie außerdem, in seinem Sandsteinbruche am Roten Berge umsonst oder doch für sehr geringen Lohn zu arbeiten. Weigerte sich des jemand, so war er gewiß die längste Zeit auf der Saigerhütte in Arbeit gewesen. Mancher heimliche Fluch traf darum den habgierigen Mann. Dieser mochte wohl darum wissen, doch kümmerte ihn das wenig. Vielmehr trieb er nur um so rücksichtsloser die Leute zur Arbeit an, weil kein Segen auf dem von ihm erworbenen Gut ruhte.

Nun war wieder einmal der Lohntag herangekommen, und wieder wollte der Hüttenmeister diesem und jenem den verdienten Lohn kürzen. Da sagte ein alter, braver Mann: »Schwere Arbeit gibt's genug, dafür aber kaum soviel, daß man sich satt essen kann!« – Ob solcher Rede wurde der Hüttenmeister fuchswild und schrie: »Ihr faules Volk wollt wohl jeden Sonntag Hirsebrei fressen?« – Da sah ihn der alte Hüttenmann fest und entschlossen an und sagte: »Herr Hüttenmeister, sollen wir den auch nicht einmal am lieben Sonntag haben?« – »Freßt was anders!« schrie der Hüttenmeister. – Da sagte der alte Mann: »Nun, so wünsche ich, daß Sie einmal in diesem Steinbruche hier, wie wir jetzt, rast- und ruhelos arbeiten müssen, aber zum Wochenlohn – nur ein Hirsekorn bekommen; so lange, bis ein Scheffel voll Hirse leer ist!«

So ist's geschehen. Kaum kam der Hüttenmeister heim, so mußte er sich ins Bett legen und schrie in seiner Krankheit immer

Bergleute beim Zerkleinern der Erze, 16. Jahrhundert

nach dem Hirsekorn, das er als Wochenlohn zu fordern habe. Am dritten Tage ist er gestorben. Seitdem arbeitet er rast- und ruhelos in seinem Steinbruche am Roten Berge um ein Hirsekorn als Wochenlohn. Da der Scheffel bis jetzt kaum zur Hälfte leer ist, wird er sich wohl noch lange plagen müssen. (131)

Abenteuer und Schicksale

Die Jungfrau Lorenz und der Hirsch

In der Nicolaikirche zu Tangermünde ist auf einem Hirschgeweih ein hölzernes Bild aufgerichtet, welches eine Jungfrau vorstellt. Von diesem Bilde erzählt man folgendes:

Die ganze Gegend zwischen der Stadt Tangermünde und den Dörfern Grobleben und Böhlsdorf war früher ein großer Wald und gehörte einer Jungfrau in Tangermünde namens Lorenz ... Diese Jungfrau Lorenz ging eines Tages in ihrem Walde spazieren, verirrte sich aber in demselben so, daß sie drei Tage lang vergeblich einen Ausweg suchte. Sie glaubte sich schon verloren und fürchtete, nimmer wieder aus der Wildnis heraus und zu Menschen zu gelangen. Da erschien ihr auf einmal ein Hirsch mit einem mächtig großen Geweih. Der nahte sich der ermüdeten Jungfrau, hob sie mit seinem Geweih auf seinen Rücken und trug sie so ohne Schaden zum Walde heraus, bis sie die Türme von Tangermünde vor sich sah. Aus Dankbarkeit für diese wunderbare Errettung schenkte sie einen großen Teil ihrer Grundstücke der Nicolaikirche zu Tangermünde und ließ auch in derselben ihr Bildnis von Holz und auf einem Hirschgeweih aufstellen, wie es noch allda zu sehen ist. Sie verordnete zugleich, ihr Bildnis solle hier bleiben, so lange noch ein Stein der Kirche auf dem andern stehe.

Hierüber wacht sie denn auch mit besonderer Sorgfalt. Die Kirche wird schon längst als Lazarett benutzt; und es sind die Bilder und Zierraten darin zerstört. Aber das Bild der Jungfrau Lorenz hat noch kein Mensch von der Stelle zu rücken gewagt, und die Lazarettwächter hören oft einen gewaltigen Lärm, der durch das ganze Gebäude zieht, wenn es einer einmal gewagt hat, auch nur an die Zacken des Hirschgeweihs zu fassen, oder nur etwas daran aufzuhängen. – Selbst die frevelhaften Franzosen, als sie im Jahre 1806 in Tangermünde einfielen, mußten das Bild unangetastet lassen und haben es nicht von seinem Orte bringen können. (132)

Das Neustädter Tor zu Tangermünde um 1880

Der Wandersmann und das Saubörnchen

Im Norden der Stadt Köthen entspringt in einem Gebüsch unweit des städtischen Bades eine kleine Quelle, das »Saubörnchen«, von dessen Entstehung die Volkssage folgendes zu erzählen weiß:

Einst kam ein Wandersmann, von langem Marsche vollständig erschöpft und vom Durst geplagt, hier an und sank an dieser Stelle nieder. Weiter konnte er nicht mehr und fürchtete schon, hier verschmachten zu müssen. Zwar hätte ein frischer, kühler Trunk ihn retten können, aber nirgends war ein Tropfen Wassers zu erspähen, noch erschien ein Retter in der Not. Da menschliche Hilfe ausblieb, nahm der Verschmachtende seine Zuflucht zu Gott und flehte ihn an um Rettung. Und während er noch betete, kam plötzlich ein Wildschwein auf ihn zu und machte zu seinen Füßen halt.

Der Unglückliche erschrak und fürchtete schon für sein Leben. Doch das Tier verhielt sich friedlich, wühlte mit seinem Rüssel in der Erde und – siehe da, alsbald sprudelte hier ein Quell frischen Wassers. Welche Wonne für den halb Verschmachteten, als er endlich seinen Durst stillen konnte! In langen Zügen schlürfte er von dem erquickenden Naß und fühlte sich bald so gekräftigt, daß er sich erheben und sich wieder auf den Weg machen konnte.

Mit Dank gegen Gott schied er von dem Orte und erzählte in der Stadt die Geschichte seiner wunderbaren Errettung. Bald wurde der durch das Wildschwein erschlossene Quell das »Saubörnchen« genannt, und so heißt er auch noch heute. (133)

Die Baumannshöhle

Bei Rübeland, im Unterharz, finden wir eine der schönsten Tropfsteinhöhlen Norddeutschlands, an die sich folgende Sage knüpft:

Einst lebte in Rübeland ein Bergmann namens Baumann. Auf seinen Streifereien nach Erzen fand er eines Tages unter Tannengesträuch den Eingang zu einer Höhle und stieg in dieselbe hinein. Seine Vermutungen, hier Metalle zu finden, erfüllten sich nicht. Tiefer und tiefer drang er in das Innere, und plötzlich umgab ihn eine nie geahnte Pracht. Gleich tausend Diamanten blitzte und strahlte die Decke; gar prächtig glänzten die tragenden Pfeiler, die bei der leisesten Berührung helle, glockenreine Töne erklingen ließen. Die Wirkung der magischen Beleuchtung war eine derart überwältigende, daß unser Bergmann Hunger und Durst vergaß und immer tiefer vordrang.

Doch allmählich verbrannte das Öl seiner Grubenlampe; die Flamme wurde kleiner und drohte zu verlöschen. Eilends strebte er dem Ausgang zu. Doch nirgends war dieser zu entdecken, und gar bald merkte der Ärmste, daß er sich bei seinen Nachforschungen verirrt hatte. Zu allem Unglück verlöschte auch noch seine Lampe; tiefes Dunkel umgab ihn! Wohl oder übel mußte er in der Höhle

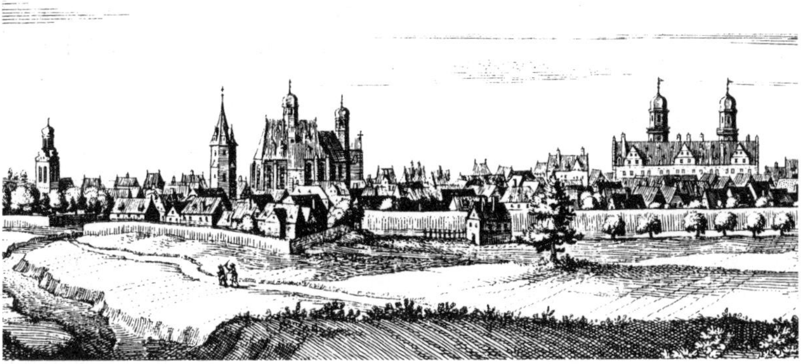

Köthen um 1650

verbleiben. Nach drei bangen Tagen gewahrte er endlich einen Lichtstrahl. Er eilte rastlos der Stelle zu, und völlig ermattet und erschöpft betrat er endlich die Oberwelt. Bald brach er bewußtlos zusammen.

Vorübergehende fanden ihn und brachten ihn nach seiner Wohnung. Er erlag in kurzem den überstandenen Anstrengungen. – Die Höhle erhielt nach ihm den Namen »Baumanns-Höhle«. (134)

Der Einbetonierte in der Leunaer Saalebrücke

Als nach dem Ersten Weltkrieg der Bau der Bahnlinie von Leuna über Zöschen nach Leipzig wiederaufgenommen wurde, mußte man auf dem rechten Saaleufer eine Flutbrücke errichten, die aus Beton geschüttet wurde. Die Pfeiler waren schon betoniert und die Bogen eingeschalt. Da stolperte eines Abends, die Nächte waren bereits empfindlich kühl, ein Betrunkener über die Baustelle und fiel auf einen halbgeschütteten Bogen. Der abbindende Beton entwickelte eine angenehme Wärme, so daß der Trunkene sich auf ihm ausstreckte und einschlief.

Früh bei Arbeitsbeginn war er noch nicht munter, ward auch nicht von den Arbeitern bemerkt und mit einer Betonmischung überschüttet. Da wurde er zwar munter, konnte sich aber aus der zähen Masse nicht mehr allein befreien. Sein Rufen und Schreien

Brücke in Merseburg-Leuna

wurde von dem Lärmen der Mischmaschinen und dem Rollen der Transportloren übertönt, so daß bald nichts mehr von ihm zu sehen war. Erst beim Ausschalen entdeckte man die Hand des Toten am Bogenäußeren. (135)

Recht und Unrecht

Das Femegericht in der Teufelsschlucht bei Neckendorf

In der Teufelsschlucht bei Neckendorf [Kr. Eisleben] soll vor Zeiten eine geräumige Höhle gewesen sein, von der heute freilich keine Spur mehr vorhanden ist. Alle Umwohner fürchteten sich vor derselben, denn in ihr wurden Femegerichte abgehalten, vor denen jeder auf ergangene Ladung erscheinen mußte, wenn er nicht vogelfrei werden wollte.

Nun sollte sich einst auch ein Graf von Bocksthal (Bocksthal heißt noch heute eine Schlucht zwischen Eisleben und Mansfeld) dem Femegericht stellen. Die Einladung zum Erscheinen hatten ihm zur Nachtzeit drei gewaltige Schläge an das Tor seiner Burg gebracht. Da der Graf wußte, daß jeder Ausbleibende in die Acht erklärt wurde, aber auch, daß nie ein vor jenes Gericht Geladener zurückgekehrt war, beschloß er zwar, sich zu stellen, aber auch, auf der Hut zu sein. Schon am nächsten Tag setzte er sich mit seinem treuen Knappen zu Pferde und ritt nach dem unheimlichen Orte. Als er an den Kreuzweg gekommen war, welcher noch heute bei Neckendorf zu sehen ist, traf er auf den ersten Posten der Feme, welcher ihn nach der Höhle geleiten sollte. Der Graf stieg vom Pferde und befahl seinem Knappen bei Todesstrafe, dieses sicher zu bewahren und in der Nähe zu verweilen.

Als nun der Diener der Feme dem Burgherrn die Augen verbinden wollte, wies dieser solche Schmach zurück und schritt ungehindert an einigen anderen Wächtern vorüber dem Eingange der Höhle zu. Dort sollte er seine Waffen ablegen; das verweigerte er aber und trat, das Schwert an der Seite, vor das Gericht. Im Halbkreise sah er da die vermummten Richter sitzen, in der Mitte den Freigrafen, ihm zur Seite seine Schöffen; im Vordergrunde aber stand neben dem Richtblock ein Henker. Ruhig, ohne sein Haupt zu entblößen, trat der Angeklagte vor und hörte dem Ankläger zu, welcher ihn einer Menge Verbrechen beschuldigte. Obwohl nun der Graf erklärte, er habe dieselben nicht begangen, so erklärte ihn doch der Freigraf nach kurzer Beratung mit seinen Schöffen für schuldig, und ihr dreimaliges Wehe verkündete dem Angeklagten seinen nahen Tod.

Dieser jedoch rührte sich auf die Aufforderung des Henkers, sein Haupt auf den Block zu legen, nicht vom Platze. Vielmehr riß er, als man die Aufforderung wiederholte, mit mächtigem Schwunge sein Schwert aus der Scheide und trennte dem Scharfrichter mit einem Schlage das Haupt vom Rumpfe. Da warfen die Femerichter ihre mit drei Rosen geschmückten Dolche nach dem kühnen Grafen, aber diese prallten, ohne ihn zu verwunden, von seinem verborgenen Stahlpanzer ab. Nun hieb der Graf, ein Mann von ungeheurer Kraft, alle seine Gegner nieder, erstach sodann auch die Wächter vor der Höhle und kehrte unversehrt mit seinem treuen Knappen auf seine Burg zurück. (136)

Der bestrafte Meineidige

In der Stadt Salzwedel lebte einst ein Mann, der hundert Dukaten geborgt hatte. Als nun die Zeit des Wiederbezahlens kam und sein Gläubiger ihn mahnte, da leugnete er frech und standhaft ab, auch nur einen Pfennig empfangen zu haben. Er wurde deshalb auf das Rathaus gefordert, und hier wurde von ihm ein Eid verlangt, daß er kein Geld erhalten oder daß er es seinem Gläubiger zurückgegeben habe.

Der böse Schuldner hatte das vorhergesehen, und er hatte daher listigerweise die hundert Dukaten in seinem Spazierstock eingespundet. Diesen nahm er so mit auf das Rathaus, und weil er nicht falsch schwören wollte, sondern sein Gewissen dadurch zu retten glaubte, so bat er seinen Gläubiger, ihm während des Eides den Stock zu halten. Darauf schwur er mit großer Frechheit, daß er das Geld ehrlich zurückgegeben habe, und sein Gegner wurde mit der Klage abgewiesen.

Aber die Strafe ereilte den Meineidigen auf der Stelle. Denn wie er nun zu seinem Hause zurückkehrte, da begegnete ihm ein Müllerwagen, vor dem die Pferde scheu geworden waren. Der überfuhr ihn, daß ihm die Räder über den Leib gingen und er sofort starb. Auch sein Stock wurde durch das Überfahren zerbrochen, und als aus demselben die Dukaten herausfielen, da wurde der Betrug offenbar, und ein jeder erkannte die Strafe des Himmels.

In der Katharinenkirche in der Neustadt zu Salzwedel findet man diese Geschichte abgebildet. (137)

Ein Meineid um den Acker

In Hämerten bei Stendal ist an der Nordseite der Kirche ein Meineidiger eingemauert. Der ist in einem Streit zwischen denen von Hämerten und denen von Carlbau hingetreten und hat Erde vom Carlbauer Acker in seinen Stiefel getan und geschworen, er stehe auf Carlbauer Acker. Und da haben denn die von Hämerten das Land, um welches sich der Streit erhoben hatte, an die von Carlbau abtreten müssen.

Nachher aber ist er einmal in späterer Zeit, man weiß nicht weshalb, nach Hämerten gekommen, hat alles gestanden und ihnen wieder zu ihrem Acker verholfen. Dafür haben sie ihn denn bis zu seinem Ende ernähren müssen. Aber als er starb, mochten sie ihn doch nicht mit anderen ehrlichen Leuten auf einem und demselben Kirchhofe begraben und haben ihn deshalb in der Kirchenmauer eingemauert. (138)

Der verschwundene Tambour

Der Dom zu Stendal hat zwei hohe, schöne Türme. Aber nur in einem derselben hängen Glocken. In dem andern ist nichts; darum heißt er auch der »Wüste Turm«. Ebenso hat die Marienkirche zu Stendal zwei Türme, von denen der eine gleichfalls, weil keine Glocken in ihm hängen, der »Wüste Turm« genannt wird. Von jedem dieser beiden wüsten Türme geht tief in die Erde hinein ein unterirdischer Gang. Der Sage nach soll es nur ein und derselbe Gang sein, der unter dem Domhof, der Hallstraße und dem Markte

Der Markt zu Stendal um 1880

hergeht und so beide Türme miteinander in Verbindung setzt. Unter der Hallstraße hallt es auch wirklich dumpf, als wenn es hohl darunter wäre. Daher soll sie auch ihren Namen haben.

Vor vielen Jahren wollte man näher untersuchen, ob der Gang wirklich von dem einen Turme zu dem andern führe. Man hatte damals einen armen Sünder sitzen, der zum Tode verurteilt war. Diesem, einem Tambour seines Zeichens, ließ man die Wahl, ob er den Gang untersuchen oder gehangen sein wollte. Er wählte gern das erste. Man ließ ihn von dem »Wüsten Turme« des Domes aus in den Gang hineinsteigen und befahl ihm zu trommeln, damit man, wenn er auch nicht wiederkomme, oben auf der Erde immer hören könne, wie weit er gekommen sei. Der Tambour trommelte munter und lustig unter dem ganzen Domhofe weg bis mitten unter die Hallstraße. Da verstummte aber auf einmal die Trommel, und man hat von dem Tambour nie wieder etwas gesehen oder gehört. (139)

Die Entstehung des Katharinenholzes bei Eisleben

In Eisleben lebte einst eine fromme, wohltätige Witwe namens Katharina, die sich ihren Unterhalt durch Spinnen erwarb. Weil sie aber Tag und Nacht ihr Spinnrädchen in Bewegung erhielt und sogar darbte, um nur recht viel Gutes tun zu können, erwarb sie sich nach und nach so viel, daß sie in Eisleben ein Gut kaufen konnte, dessen Einkünfte sie für die Armen bestimmte. Ihr zu Ehren nannte man es Katharinenstift. Aber selbst in diesem Falle schwieg der Neid nicht. Verleumder klagten sie an, sie habe ihr Vermögen nicht auf rechtmäßige Weise erlangt, und da man ihrer Beteuerung, sie habe es durch Spinnen erworben, nicht glauben wollte, so sollte sie hingerichtet werden.

Das arme Volk, welches in der Katharina seine größte Wohltäterin verehrte, jammerte und klagte und bat die Richter, der frommen Frau wenigstens zu erlauben, daß sie noch einmal ihr Feld besäe und so lange leben bleibe, bis sie die Frucht davon geerntet. Da jeder von den Richtern glaubte, Katharina werde Getreide säen, so gewährte man die erbetene Frist. Als jedoch der Tag, an welchem die Aussaat stattfinden sollte, herankam, säte Katharina Tannenkerne, bis zu deren Aufgehen und Emporwachsen natürlich viele Jahre vergehen konnten. Da merkten die Richter, daß sie getäuscht waren, konnten jedoch nichts an ihrem Ausspruch ändern, und Katharina blieb am Leben. Das Holz aber, welches später aus dem Samen emporwuchs, wurde zum Andenken an seine Urheberin »Katharinenholz« genannt. (140)

Ernsthafte Verhandlung, 15. Jahrhundert

Der Teufel und der Schreiber zu Klein Schwechten

Auf dem Rittergute Klein Schwechten, anderthalb Meilen von Stendal, lebte vor ungefähr zweihundert Jahren ein Schreiber namens Heinrich Meier. Der hatte eines Tages eine Gotteslästerung ausgestoßen und war deshalb zur Untersuchung gezogen. – Wie nun der Prozeß gegen ihn im Gange war und er eine harte Strafe befürchtete, da erschien ihm eines Tages der Teufel, als Herr ganz schwarz gekleidet. Er erbot sich dem Schreiber, ihn aus aller Verlegenheit zu ziehen und ihn von der Strafe zu befreien, wenn er Gott abschwören und sich ihm ergeben wolle. Der Schreiber aber wollte nichts mit ihm zu tun haben und widerstand allen Lockungen des Satans. Als dieser jedoch gar nicht weichen wollte, und immer von neuem wieder anfing, da hob er an, laut zu beten, worauf der Versucher verschwand. – Als den Richtern solche Standhaftigkeit und Frömmigkeit des Schreibers bekannt wurde, da ließen sie ihn für diesmal mit einer geringen Geldstrafe los. (141)

Allerlei Frevel

Von dem Hochstädtischen See

In dem benachbarten Königlichen Preußischen und Chur-Fürstlichen Brandenburgischen Ambt Clettenberg lieget gegen den untern Vor-Hartz zu eine Meile von hier bey dem Dorff Hochstädt oben auf dem Berge fast gegen der Flarch-Mühle über ein sehr grosser und wässeriger Erd-Fall / welchen die daran gräntzende Einwohner insgemein den See oder das See-Loch nennen / wovon Herr Conradus Dunckelberg / hiesiger Schulen wohlverdienter und treufleißiger Rector im 1696sten Jahr den 21 Julii ein gelehrtes Programma bey denen damahls gehaltenen Schul-Reden an den Tag gegeben / und damit gelehrte curieuse Personen überaus vergnüget hat; weilen aber dasselbe nicht in allen Händen ist / auch nicht von iedermann / der Lateinischen Sprache wegen / verstanden wird / will ich eines und das andere daraus ziehen / und verdeutschet hieher setzen mit demjenigen / was mir ausser diesem von des Ortes Beschaffenheit bekannt ist . . .

Es berichten die Einwohner derer benachbarten Oerter von dem Ursprung dieses Erd-Falles / wie sie von ihren Eltern gehöret hätten: daß in vorigen Zeiten an der Stelle / wo anietzo der See sich befindet / ein feuchter grasichter Platz gewesen sey / und die Pferde darauf gehütet worden; Als nun einesmahls etliche Pferde-Jungen die Pferde darauf zur Weyde gebracht / und gesehen hätten / daß einer unter ihnen weiß Brodt esse / wäre ihnen auch ein Appetit / davon zu geniessen / ankommen / derowegen sie dasselbe von dem Jungen heftig begehret / wie aber derselbe solches gäntzlich abgeschlagen / und fürgewendet / daß er dieses Brodt zu Stillung seines Hungers selber nothwendig bedürffe / wären gemeldete Jungen so unwillig und erbittert darauf worden / daß sie nicht allein ihren Herren alles Unglück an den Hals gefluchet / als die ihnen nicht dergleichen weiß Brodt / sondern nur gemeines schwartzes Hausbacken Brodt / zur Speise mitgegeben / sondern sie hätten auch ihr

Brodt / aus grossem Zorn und Frevel / auf die Erde geworffen / mit Füssen getreten / und mit ihren Pferde-Peitschen gegeisselt; als aber darauf alsobald Blut aus dem Brodte geflossen / wären sie über solches Wunder und Zeichen eines bevorstehenden Unglücks dermassen erschrocken / daß sie nicht gewust / wohin sie sich wenden / und was sie anfangen sollen; unterdessen sey hingegen der Unschuldige / sonderlich da derselbe / wie einige erzehlen / von einem alten unbekannten ohngefehr darzu kommenden Mann gewarnet worden / auf eines seiner Pferde gefallen / und mit diesem / auch denen andern übrigen / dem grossen Unglück entflohen / welchem zwar die Bösewichter nachfolgen wollen / hätten aber nicht von der Stelle kommen können / wie denn auch bald hernach der gantze Platz / so bald der vorige davon gewesen / mit grossem Krachen untergangen / und solche böse Buben samt ihren Pferden mit sich so tieff hinunter genommen habe / daß auch nach der Zeit nicht das Geringste von ihnen an das Tages-Licht kommen sey. Dieses sind nun die Gedancken des gemeinen Mannes / welche er von dem See hat / und solte derselbe eher einen Eyd schweren / als zugeben / daß derselbe auf eine andere als ietzt gemeldete Art könte entstanden seyn . . . (142)

Der Brotstein bei Opperode

Wenn man von Ballenstedt aus den Weg quer durch das Feld nach dem Kohlenschacht hingeht, kommt man an eine Stelle, wo der Pfad eine sumpfige Wiese kreuzt und ein Bächlein sich über den Weg schlängelt. Dort liegt etwas seitwärts auf einer Anhöhe ein Stein, der ungefähr die Form eines Brotes hat. Er ist auch einstmals ein Brot gewesen. Denn die Sage erzählt von ihm:

Ein Mägdlein aus Opperode ging in uralter Zeit einmal von Ballenstedt, wo es Einkäufe besorgt hatte, heim nach ihrem Dorfe, das damals noch hinter einem Walde lag. Die Dirne trug unter dem Arm ein frisches Brot, an den Füßen aber hatte sie neue Schuhe, die sie eben erst in Ballenstedt erstanden hatte. Auch heute noch hat, wie schon gesagt, der Weg eine sumpfige Stelle; damals aber war es noch viel schlimmer damit. Da nun das Mägdlein, das ein leichtfertiges, eitles Ding war, an diese nasse Stelle kam, mochte sie ihre neuen Schuhe nicht beschmutzen und doch auch keinen Umweg machen, um den Sumpf auf trockenem Wege zu umschreiten. Da warf sie, leichtsinnig wie sie war, das Brot an die Erde und stemmte den einen Fuß darauf, um die Schuhbänder zu lösen.

Es war aber gerade eine große Knappheit an Korn und darum Teuerung im Lande, und darum war ihr Beginnen doppelt frevelhaft. Die Strafe folgte dann auch der Missetat auf dem Fuße. Das Brot wurde auf der Stelle zu Stein verwandelt, der Boden öffnete sich, und das Mägdlein verschwand darin, um nimmer wieder zum Vorschein zu kommen.

Der Brotstein aber liegt noch heute da als stummer Mahner, daß man den Segen des Himmels, der auf den Feldern wächst, um den Menschen und Tieren Nahrung zu geben, nicht leichtsinnig mit Füßen treten soll. (143)

Der ungeratene Sohn

Vor dem Dreißigjährigen Kriege lebte zu Groß Rodensleben [Kr. Oschersleben] ein frommer Mann, der einen sehr ungeratenen Sohn hatte. Dieser Sohn verlachte nicht nur des Vaters Ermahnungen, sondern ging in seiner Verstocktheit gar so weit, daß er seinen eigenen Vater mißhandelte. Einst hob er auch die Hand gegen ihn auf, als der Vater gerade für ihn zu Gott um Besserung betete. Da geschah es aber, daß der ungeratene Bube plötzlich tot zur Erde niederfiel, zum sichtbaren Zeichen, daß der Himmel seinen Frevel nicht ungestraft lasse.

Als er nun aber am Tage nachher begraben war, da begab sich ein noch größeres Wunder. Denn es wuchs plötzlich aus seinem Grabe seine Hand heraus, dieselbe Hand, womit er seinen Vater geschlagen hatte, als wenn sie in der Erde keine Ruhe habe. Da flohen vor Schrecken alle, die es sahen, und es wagte sich keiner mehr auf den Kirchhof. Denn die Hand wich nicht wieder unter die Erde, und es war grausig anzusehen, wie sie so starr und bleich aus dem Grabe hervorragte, kalt und schweigsam, aber doch ein so beredter Zeuge, wie der Herr die Sünde straft.

Zuletzt befahl die Obrigkeit, daß man sie mit Ruten streichen sollte, glaubend, daß eine solche Strafe genug sei und die Erlösung bewirken werde. Der Befehl wurde vollzogen, und die Hand blutete, daß die Erde davon rot wurde; aber in das Grab wollte sie nicht zurück. – Da ließ man sie abhauen und mit einer Tafel in der Kirche aufhängen, damit noch späte Zeiten sich ein Beispiel daran nehmen möchten. (144)

Der frevelnde Rittergutsbesitzer

Wo sich jetzt bei dem Orte Goldschau [Kr. Naumburg] das Wäldchen Leineweh befindet, stand in früheren Zeiten ein Dorf. In einem Jahr blieb nach der Saatzeit der Regen aus. Täglich brannte die Sonne vom Himmel herab und ließ auf den Feldern verdorren, was Menschen und Vieh zur Nahrung heranwachsen sollte. Da waren denn die Menschen, denen eine schlimme Notzeit bevorstand, recht unzufrieden. Manch einer machte seinem Unmut in kräftigen Flüchen Luft. Der Rittergutsbesitzer geriet eines Tages gar so in Wut, daß er seine Flinte hernahm und nach der alles verdorrenden Sonne schoß. Aber die Kugel prallte zurück und riß dem Frevler den Kopf ab. Er muß nun jede Nacht als Reiter ohne Kopf umreiten. Einige Leute wollen seine Spuren gesehen haben. Der gespenstische Reiter soll unter einem Baum wohnen. Wer den berührt, kommt nicht davon los. Niemand aber weiß, welcher Baum das ist. (145)

Die geizige Frau

In der letzten Hälfte des vorigen [18.] Jahrhunderts brach in Sangerhausen eine Hungersnot aus, die viele Bewohner ins Grab brachte.

Zu dieser Zeit lebte dort eine reiche Frau, welche außer ihrem Wohnhaus in der Ulrichsstraße noch mehrere andere Häuser in der Stadt besaß, aber sehr geizig war. In seiner größten Not kam zu ihr ein armer Mann und bat um ein Stückchen Brot für sich und die

Seinigen. Sie schmähte ihn zuerst und verwies ihn dann auf die Disteln des Feldes, die für solches Bettelvolk gut genug zur Speise wären. – Da wünschte der arme Mann in seinem Schmerz, daß Gott sie mit Disteln strafen und ihren Reichtum vergehen lassen möchte.

Alsbald entstand ein distelähnlicher Auswuchs in ihrem Gesicht; sie erblindete und starb später unter unsäglichen Schmerzen. Ihr Reichtum zerstob und verflog, wie Spreu in dem Wind, und ihre Nachkommen leben in Armut. (146)

Der Fluch über die Frauen von Lausig

An einem schönen Sommertag wanderte ein junger Müllergeselle von Dahlenberg nach Pretzsch. Die Sonne brannte heiß und füllte die endlosen Kiefernwälder mit unerträglicher Glut. Über den sandigen Heidewegen zitterte die Luft. Der Müllergeselle kam wegen der großen Hitze nur langsam vorwärts. Brennender Durst quälte ihn. Der Schweiß tropfte ihm von der Stirn, und die Lippen waren trocken.

Gern hätte er sich einmal ausgeruht, das Dorf Lausig konnte nicht mehr weit sein. Dort wollte er sich erfrischen und um einen Trunk Wasser bitten. Da sah er auch schon die ersten Häuser durch die Bäume schimmern, mit letzter Kraft eilte er vorwärts. Am ersten Haus klopfte er bescheiden an und bat um einen Schluck kühlen Wassers. Eine Frau war vor die Tür getreten, sie musterte den Wanderburschen verächtlich und schimpfte los, er solle sich weiterscheren, für Landstreicher habe sie keine Zeit. Enttäuscht wandte sich der Geselle dem zweiten Haus zu, aber auch dort bekam er eine ähnliche Antwort auf seine Bitte. Beim dritten und vierten erging es ihm nicht anders. Bis zum letzten Haus wurde er mit unfreundlichen Reden abgewiesen.

Da kam bitterer Haß in ihm auf. Er wandte dem Dorf den Rücken, und als er außerhalb war, drehte er sich um, hob die Faust gen Himmel und verfluchte schauerlich das Dorf: »So wollte ich, daß ihr in eurem Wasser ertränket!« Da verfinsterte sich der Himmel, ein furchtbares Wetter brach los, wild heulte der Sturm, Blitze zuckten. Mit ohrenbetäubendem Krachen riß die Erde zu einer weiten Spalte auf, und das Dorf verschwand. Von allen Seiten rauschte das Wasser herbei, füllte die Spalte und bedeckte die Wohnstätten der herzlosen Menschen.

Wo einst das Dorf Lausig gestanden hat, liegen heute zwei große Teiche, deren Namen noch an das verschollene Dorf erinnern. (147)

Die Herrin von Wüst Schobesdorf

Westlich von Blankenheim [Kr. Sangerhausen] liegt im Walde die wüste Kirche; das ist die Stätte des ehemaligen Dorfes Schobesdorf oder Schoppesfelde. Als das Dorf noch stand, erhob sich bei demselben auch ein prächtiges Schloß. Aber seine Besitzer starben aus, und zuletzt gebot eine alte Frau ohne leibliche Nachkommen oder sonstige Erben darin als Herrin. Wiewohl ihr Reichtum unermeßlich war, so gab sie doch gar keine oder nur spärliche Almosen, denn der Geiz hatte ihr Herz in Besitz genommen.

Einst sprach ein kranker, hungriger Bettler sie um eine Gabe an, aber die Herrin des Schlosses wies ihn ab und forderte ihn auf, sofort den Hof zu verlassen. Der Bettler zögerte zu gehen. Da gebot sie den Knechten, die Hunde auf ihn zu hetzen. – Eilig ergriff nun der Bettler die Flucht, aber im Weggehen schrie er: »So wollte ich doch, daß du in Ewigkeit deine Geldsäcke bewachen müßtest!«

Sein Wort ging in Erfüllung. Noch ängstlicher als zuvor bewachte die Schloßfrau ihre Schätze, und als sie gestorben war, vermochte ihr Geist nicht, sich von ihnen zu trennen, weil ihr Herz an ihnen gehangen hatte. Auch jetzt noch [1880], obwohl Schloß und Dorf schon lange in Schutt und Asche gesunken sind, ist sie an die Stätte gebannt, wo ihre Schätze lagern. Jede Mitternacht geht sie mit ihrem Schlüsselbunde um und sieht nach ihren Geldsäcken. Aber nur alle fünfundzwanzig Jahre darf sie solchen erscheinen, die um Mitternacht zufällig vorübergehen, und nur derjenige kann sie aus dem Banne erlösen und Herr ihrer Schätze werden, der ohne Grauen eine Kröte, eine Schlange und einen Hund zu küssen sich getraut. (148)

MYTHISCHE SAGEN

Orakel und Vorahnung

Die vorhergesagte Feuersbrunst

Es war einst ein junger Bursche in Wernigerode, der wohnte auf der Heide. Derselbe hatte eine Braut, die diente auf der Burgstraße.

Eines Abends ging er hin zu seiner Braut nach der Burgstraße. Er hatte sich bis elf Uhr bei ihr aufgehalten, als er von ihr wegging, und kam unten auf die Burgstraße vor das H.sche Haus. Da fegte eine weiße Gestalt vor der Haustür mit einem Besen. Weil ihm das auffallend war, so fragte er: »Was soll denn das bedeuten, daß hier bei Nachtzeit noch die Tür gefegt wird? Man kann doch keinen Staub sehen.« – Darauf antwortete die weiße Gestalt: »Ich bin ein Geist, und so rein wie ich die Straße diese Nacht fege, so rein wird übers Jahr die Straße von Häusern sein: Denn es wird eine große Feuersbrunst ausbrechen, da werden die ganzen Häuser auf dieser Straße abbrennen.« – Was denn auch wirklich geschehen ist.

Doch soll der alte Graf (Christian Ernst) das Feuer besprochen haben, daß dasselbe hat können nicht ordentlich auswüten. So sind denn noch einige Häuser auf der Burgstraße stehen geblieben. Aber das Feuer hat ordentlich laut gebrüllt, und hinter dem alten Grafen ist die Flamme immer so rasch durchgeschlagen, wie er auf seinem Pferde zur Straße herauf galoppiert ist. (149)

Die Totenglocke

Zu Kalbe an der Milde, dem Sitze der edlen Herren von Alvensleben, steht das »Feste Haus«, wie man das Stamm- und Ahnenschloß dieser alten und begüterten Familie nennt, und in diesem Hause hing eine Glocke, die begann von selbst anzuschlagen und zu läuten, wann ein Glied der Familie derer von Alvensleben mit Tod abgehen sollte, mochte sich dieses auch in den fernsten Landen befinden.

So wunderbar die Eigenschaft dieser Glocke war, so wenig Angenehmes hatte sie für das lebende Geschlecht, dessen zahlreich verzweigter Stamm in vielen Gliedern blühte, wenn sie so plötzlich in das schönste Frühstück oder Mittagsmahl hinein ihre schaurige Prophetenstimme erschallen ließ.

Da hatte einer des Geschlechts den einfachen und gar nicht üblen Gedanken, die Glocke zu beseitigen. Mit einem Male war sie weg, und noch heute weiß keiner, wo sie geblieben. (150)

Der Todesstuhl im Dom zu Merseburg

In dem Dome zu Merseburg soll in früherer Zeit vor dem Tode eines Domherrn nächtlich ein großes Lärmen und darunter ein sehr heftiger Schlag auf den Stuhl desjenigen, der bald sterben sollte, gehört worden sein. Die Wächter, welche Tag und Nacht wegen vieler, in der Kirche befindlicher Kleinodien gehalten wurden, machten solches dem Inhaber des Stuhls bekannt, der sich nun drei Wochen lang auf seinen gewissen Tod vorbereiten konnte. (151)

Der Traum von der großen Trauer

Daß alles in Erfüllung geht, was man in den Zwölften träumt, das weiß ein jeder; ebenso auch, daß jede Nacht den Monat bedeutet, welchen ihre Zahl aufweist, also die erste Nacht der Zwölften zeigt auf den ersten Monat im Jahre hin usw. So träumte einmal ein Mann in den Zwölften von einem großen schlammigen Wasser und einer großen grünen Wiese. Er erzählte den Traum seiner Frau. – Diese sagte ihm darauf: »Dies Jahr bekommst du große Trauer.«

Die Frau hatte den Traum richtig gedeutet, und es ging auch alles in Erfüllung, wie sie es gesagt hatte. Denn nach einer Krankheit von sechsundzwanzig Wochen starb dem Mann die Frau und später seine Mutter. (152)

Der Hellseher

Auf der Sanneföhrbrücke in Oschersleben blieben früher zwischen zwölf und ein Uhr nachts regelmäßig die Pferde stehen. Die Fuhrleute merkten, daß etwas quer über die Brücke gelegt war, konnten aber nicht sehen, was es war. Schlag ein Uhr gingen die Pferde dann weiter.

Nun lebte in Oschersleben der Tischlermeister Thielecke, der die Gabe besaß, daß er hellsehen konnte. Der begab sich nachts auf die Brücke und stellte fest, daß tote Pferde darauf lagen. Das war der Grund, daß die Brücke in der Geisterstunde versperrt war.

Thielecke ging Silvester immer auf den Friedhof. Dort sah er die Leute, die im kommenden Jahr starben. Seine Familie wollte ihn davon zurückhalten, aber dann stieg er einfach aus dem Fenster. Da dem Meister die Gabe des Hellsehens selbst nicht angenehm war, vor allem, wenn er immer die künftigen Toten sah, erbot sich einmal sein Freund, ihn vom Hellsehen zu erlösen. Da nahm ihn Thielecke mit auf den Kirchhof, und er mußte ihm über die linke Schulter gucken. Da sah er die Leute an sich vorbeimarschieren, die im nächsten Jahr sterben sollten. Zugleich erhielt er aber eine Ohrfeige und starb wenige Tage später. Thielecke war nun vom Hellsehen befreit. (153)

Der Bickinger Stein

In der Nähe des Sachsgrabens, den man auch »Sarggraben« nennt, steht ein großer Stein, der Bickinger oder bucklige Stein. An diesem Stein, der vielleicht mal ein Grenzstein war, geht es um.

Einst ging ein Schuster spät von Sangerhausen nach Wallhausen zurück. Gegen halb zwölf Uhr nachts näherte er sich dem Sachsgraben und sah den buckligen Stein schon leuchten. Wie er nun schnell an ihm vorübereilen wollte, sah er plötzlich einen Leichenzug, der den Weg quer über die Straße dem Walde zu einschlug. Zu seinem Schreck waren sämtliche Teilnehmer ohne Kopf. In dem letzten, der den Zug beschloß, erkannte er seinen Nachbarn, der seinen Kopf unter dem Arm trug. Dieser winkte dem Schuster, schnell zu entfliehen, was dieser auch tat. In Schweiß gebadet kam er in Wallhausen an und sah in der Wohnung seines Nachbars noch Licht. Als er hinzutrat, erfuhr er, daß sein Nachbar vor einer halben Stunde gestorben war.

Vor langer Zeit ist am Sachsgraben eine große Schlacht geschlagen worden. Die Erschlagenen, darunter auch der kaiserliche Feldherr, der in Morungen wohnte, ziehen dann als Leichenzug über den Sachsgraben. Sämtliche Teilnehmer haben keinen Kopf. (154)

Zauberkundige und Hexen

Die Sage vom Brocken

Wenn der Monat April mit seinen Schneeschauern und letzten Resten des Winters vorübergegangen ist und mit dem schönen Wonnemond der junge Frühling kommt, in dieser Nacht vom letzten April zum ersten Mai eilen, so lautet die Sage, von allen Seiten und Richtungen die Hexen zum Blocksberge hinan. Da ist ein wildes Gedränge, und weil es der Eile bedarf, so tragen die Füße nicht schnell genug, es muß also geritten werden. Da kommen die Hexen denn durch die Lüfte gezogen den Berg heran, von oben, von unten, auf Ofengabeln, Streichbesen und Ziegenböcken, aus dem Walde und hinter dem Felsen hervor. Wie schwarze Wolken verdunkelt ihre Schar noch mehr die dunkle Nacht. Die Luft selbst wird unruhig und jagt im Wirbelwinde das Gewölk von Berg zu Berg.

Bald flackert aber ein lustiges Feuer hoch empor. Der Teufel besteigt dann seine Kanzel und predigt vor der glänzenden Versammlung der Hexen und Zauberer. Diese führen um ihn im wilden Rausche einen Reigen auf und schwingen hoch die flammenden Feuerbrände bis zur Ermattung. Weil der Mensch aber nicht bloß leben kann von der Speise des lebendigen Wortes und noch heutzutage keine Festlichkeit ohne Schmaus und Saus gefeiert wird, so hat der Gott-sei-bei-uns auch hier seine Gäste nicht leeren Magens entlassen. Das beweisen der Hexenaltar und der Hexenbrunnen, denn auf jenem hat er die Speisen bereitet, aus diesem die ermatteten Gäste erfrischt. Wenn aber die Morgenröte sich naht, so verschwindet wieder allmählich der Höllenspuk, und wie die Hexen und Zauberer gekommen sind, so reiten sie wieder von dannen, und bald ist ihre Spur verloren, ja einander Befreundete haben sich dort oft selbst nicht gekannt. (155)

Der Hexenritt

Es war mal ein Junge, dessen Mutter und Schwester waren Hexen. Als nun der erste Mai kommt, sieht er, wie sie abends vorher etwas kochen, sich damit bestreichen, auf Besenstiele setzen und sprechen:

»Up un davan neinig an!
Up un davan neinig an!
Up un davan neinig an!«

Und auf geht's mit ihnen und davon.

Nun hatten sie aber den Topf, in dem sie ihre Salbe gekocht hatten, nur beiseite gestellt und nicht fortgeschlossen; und der Junge, der alles aus seinem Versteck mit angesehen hatte, denkt: »Das kannst du ja auch versuchen«, holt den Topf hervor, bestreicht sich, setzt sich auf einen Besenstiel und spricht:

»Up un davan alleweg an!
Up un davan alleweg an!
Up un davan alleweg an!«

Und da geht's auf mit ihm und hier gegen eine Fichte und da gegen eine Eiche, daß ihm der Kopf nur so brummt. Und da merkt er erst, daß er falsch gesprochen, und wiederholt nun dreimal: »Up un davan neinig an!« Und sogleich geht's rasch mit ihm auf, und er ist im Augenblick an dem Ort, wo alle Hexen versammelt sind.

Da findet er denn auch seine Mutter und Schwester, die sind gerade beim Mahle und essen, wie alle anderen auch, Erbsen. Wie ihn seine Mutter sieht, fragt sie ihn: »Junge, wie kommst du denn her?« – Und er antwortet: «Nun, grade wie du!« – Da warnt sie ihn denn, niemandem ein Wort von dem zu sagen, was hier geschehe. Auch kein Wort weiter zu sprechen, und nun geht's fort. Sie sind aber grade an einem großen Wasser. Darum setzen sie ihn auf einen dreijährigen Bullen, und der ist mit einem Sprunge über das Wasser. Da ruft der Junge: »Das war ein tüchtiger Sprung für einen dreijährigen Bullen!« – Aber im Augenblick ist er auch abgeworfen und hat acht Tage wandern müssen, ehe er wieder nach Hause gekommen ist. (156)

Das Hexenmahl

Bei einem gewissen Bauer diente ein Knecht, welcher davon gehört hatte, daß die Bäuerin eine Hexe sei. Um nun die Hexenfahrt am ersten Mai nach dem Blocksberge mitzumachen, belauschte der Knecht die Bäuerin in der betreffenden Nacht. Als diese sich auf den Besenstiel gesetzt hatte und mit den Worten »Oben nut un nergens dran« zum Schornstein hinausgefahren war, setzte sich der Knecht auf die Ofengabel und ritt mit den Worten ihr nach: »Oben nut un allerwarts dran!« Das wurde nun eine schöne Fahrt, denn der Knecht stieß richtig im Schornstein allerwärts an, so daß er schließlich denselben wieder herunterfiel.

Da er nun gemerkt hatte, daß sein Spruch nicht richtig gewesen war, er aber doch gern die Hexenfahrt mitmachen wollte, so setzte er sich noch einmal auf dem Besenstiel zurecht und sprach dann: »Oben nut un nergens dran.« Nun aber ging der Ritt trefflich vonstatten, und ehe sich's der Knecht versah, war er auf dem Blocksberge, und zwar an der Stelle, wo die Hexen ihr Wesen trieben.

Kaum war er von seiner Ofengabel abgestiegen, so erblickte ihn seine Bäuerin und sagte zu ihm: »Junge, wu kummst du denn her?« – Der aber antwortete: »Ick wolle ok mal metmaken.« – »Nun, denn kumm man her«, sagte die Bäuerin, »und help. Du kannst hier Hersche rihren.« – Mitten auf dem Platze, auf welchem die Hexen ihr Wesen trieben, stand nämlich ein großer Topf, in welchem die Hexen Hirse kochten. Da mußte denn nun unser Knecht heran und die Hirse im Topfe rühren. Endlich war die Hirse gar, und nun aßen alle Hexen davon. Auch der Knecht bekam seinen Teil. Dann fingen die Hexen an zu tanzen, immer um den Topf herum, bis es Zeit war zum Aufbruch. Alsdann wurde die Rückfahrt angetreten.

Am andern Morgen wurde der Bursche zur rechten Zeit geweckt. Er war aber noch so müde, daß er zu dem Bauer, welcher ihn geweckt hatte, sagte: »Lot mi man noch en bettchen schlapen, nachens will ick Juch ok ganz ville vertellen.« – Weil es nicht gerade mit der Arbeit drängte, ließ ihn der Bauer denn auch noch ruhig im Bett liegen.

Als der Knecht endlich ausgeschlafen hatte, stand er auf und ging an die Arbeit. Bei Gelegenheit erzählte er dem Bauer alles, was er in der Mainacht erlebt hatte. – Der aber schien sich gar nicht zu wundern und fragte ihn nur: »Häst du denn ok Hersche met efräten?« – »Jo«, antwortete der Knecht. – Der Bauer aber entgegnete: »Wer wett, wat du for Sackbänder met efräten häst.«

Der Bauer ließ sich weiter nichts merken. Aber bei der nächsten Gelegenheit kündigte er dem Knecht doch den Dienst. (157)

Das Bett auf dem Blocksberg

Am Wolpersabend, wie die Walpurgisnacht auch im Magdeburgischen heißt, blieb ein Bräutigam so lange bei seiner Braut, daß sie ihm gestehen mußte, sie hätte nun nicht mehr Zeit, weil sie nach dem Brocken fahren müßte. – »So will ich auch mit«, sprach der Bräutigam. Da gingen sie miteinander auf den Hof, und dort stand schon ein Puterhahn und wartete auf das Mädchen. Das setzte sich recht fest auf, und der Bräutigam setzte sich hinter sie.

Nicht lange dauerte es, so waren sie auf dem Brocken; und es waren so viele Menschen da, daß der Bräutigam sich schier darüber verwunderte. Er wollte aber mit der Sache nichts weiter zu tun haben, und weil er auch todmüde geworden war von dem Ritt, so wies ihm seine Braut ein schönes Gardinenbett, darin sollte er sich niederlegen und schlafen. Also tat er auch. Als er aber am andern Morgen erwachte, lag er auf der bloßen Erde in einem alten Pferdegerippe, das war das Gardinenbett gewesen.

So wird in Eichenbarleben bei Magdeburg erzählt. (158)

Das Erlebnis auf dem Blocksberg

Ein preußischer Soldat aus Wernigerode kam nach Flandern. Im Quartier wurde er gefragt, wo er her sei. – Er sagte: »Ich bin am Blocksberge zu Hause.« – Da sagte jemand:

Nun, im Drübeckschen ist ein Pfeiler, daran steht mein und meines Bruders Namen. Wir hüteten als Jungen die Schafe und unterhielten uns oft, wieviel Hexen es in unserm Orte wohl geben möchte. Am 12. Mai, von welchem Tage an die Hirten am Harz ins Gebirge treiben und nicht mehr auf den Wiesen hüten dürfen und der der Walpurgistag am Harz ist, machten wir einen Kreis von Drachenschwanz oder Schlangenkraut, auch Hörnkenkraut genannt, um uns her. Um elf Uhr aber kamen die Hexen auf Besen, Heugabeln usw. an, zuletzt aber fuhr unsere Nachbarin auf einem Fuder Heu ohne Pferde daher. – »Nawersche, nehmt uns midde!« riefen wir. – »Ja, Jungens sett üch op!« rief sie. – Das taten wir, nahmen aber den Kranz mit auf das Fuder und steckten ihn um uns her. »Jungens«, sagte sie, »nu sett üch wisse (fest)!« Und da geht's davon, als wie ein Vogel fliegen tut.

Als wir wieder zur Besinnung kamen, waren wir auf einem hohen Berge, da waren große Feuer, viele Gäste auf Gabeln und Ziegenböcken, und es wurde getanzt und war allda die schönste Musik. Einer, der der Satan war, hatte zwei große Hörner auf dem Kopfe, ordnete die Tänze an, und danach spielte er selbst mit.

Die Alte war abgestiegen, wir Jungen aber zogen auf dem Heuwagen unsre Schalmei heraus und spielten auch mit. Nun kam der mit den Hörnern zu uns und sprach: »Jungens, ihr könnt ja prächtig spielen; ich will euch ein besseres Instrument leihen.« Da warf er uns eine andere Schalmei in den Kreis, die ging nun aber ganz prächtig. Da huckten die alten Hexen wie die Stube hoch und freuten sich ordentlich. Als wir nun so eine halbe Stunde gespielt hatten, winkte er, und wir mußten haltmachen. Da knieten alle vor dem Hexenaltar. Dann nahm der mit den Hörnern aus dem Hexenbrunnen Wasser, goß auch zwei Eimer in das Hexenwaschbecken, daraus mußten sie sich alle waschen und wurden auch von ihm damit besprengt. Dann ging der Tanz wieder an, und um zwölf war alles verschwunden.

Wir Jungen aber saßen in ihrem Kranz von Kraut auf der platten Erde. Da kam der Anführer und fragte, was wir für unser Spielen haben wollten. – Wir aber baten nur um die Schalmei. – »Die sollt ihr behalten«, sagte er.

Am andern Morgen aber sahen wir, daß es eine alte Katze war; das Mundstück war der Schwanz, den hatten wir kurz und klein gekaut. Jetzt gingen wir herunter und kamen erst nach Drübeck, wo wir unsre Namen an die Säule schrieben. – Meinen Bruder tötete die Hexe, weil er in unser Dorf zurückkehrte. Ich aber hütete mich vor ihr und ging hierher.

Die Säule hat mit den Namen im Kruge zu Drübeck gestanden, bis dort ein großer Bau vorgenommen wurde. (159)

Die Milchhexe

Daß es Hexen gibt, weiß jeder; aber was die alles können, das weiß nicht ein jeder. Auch eine Bäuerin in einem Dorfe bei Magdeburg sollte das einmal erfahren. Dieselbe hatte nämlich eine Kuh, welche sich vor den anderen dadurch auszeichnete, daß sie stets noch einmal soviel Milch gab als die anderen Kühe. Auch war die Milch immer ganz besonders fett. Deshalb stellte sie die Milch von dieser Kuh auch immer in besonderen Satten [Schüsseln] auf.

Eines Tages kam eine andere Bäuerin zu ihr, von der man immer schon sagte, daß sie eine Hexe wäre. Als diese die aufgestellte Milch sah und bemerkte, daß einige Satten gesondert standen und daß auf der Milch in denselben der fetteste Rahm war, da sagte sie: »I wat hebben Ji doch da for scheene Melk, wenn ick doch ok man eenmal sonne Melk harre.« Dann hielt sich die Bäuerin noch ein wenig auf und ging darauf nach Hause.

Der Bäuerin, welche die Kuh hatte, schwante gleich nichts Gutes, als ihr Besuch die Worte gesagt hatte. Aber was sollte sie sich erst wundern, als die Magd am Abend nach dem Milchen zu ihr kam und sagte: Sie wisse nicht, was das sei, die Kuh gebe keine Milch mehr, und früher hätte sie doch die meiste gegeben. – Nun wußte die Frau genau, woran sie war. Sie befragte sich also, was man gegen das Verhextsein tun könne; und als sie alles erfahren hatte, handelte sie danach.

So ging sie denn zu der betreffenden Frau hin und bat diese um ein wenig Dill, da sie zu Hause keinen mehr hätte. Die Frau gab ihr auch den Dill. Darauf füllte sie den Herdkessel voll Wasser, machte Feuer an, warf in das Wasser den Dill und dazu Salz und Heukaff. Es währte nicht lange, so fing es im Kessel an zu kochen, und bald schäumte es darin nur so. Aber die Bäuerin wußte Bescheid, füllte den Schaum stets mit dem Löffel ab und goß ihn zur Küchentür

Dorf in der Altmark um 1880

hinaus. Nach einer Weile hob sie den Kessel vom Feuer und scheuerte mit dem Wasser, in welches sie den Dill, das Salz und das Heukaff getan hatte, alle ihre Milchgefäße aus. Das Wasser, womit sie das tat, goß sie aber stets zur Tür hinaus.

Fortan gab ihre Kuh wieder die meiste und beste Milch im ganzen Dorfe. Aber am seltsamsten war, daß fortan die Kuh der Milchhexe keine Milch mehr gab, so daß sie dieselbe verkaufen mußte. (160)

Die erkannte Hexe

Die Mutter einer Bäuerin lebte in einem Dorfe bei Magdeburg von ihrem Ausgedinge. Sie hatte ein kleines Gehöft für sich und war so gut gestellt, daß sie sich sogar eine Kuh halten konnte. Da sie aber schon alt war, so butterte sie nicht mehr selbst, sondern bestellte sich dazu stets die Magd von ihrer Tochter, wenn sie genug Milch zum Buttern hatte. So hatte sie eines Tages auch wieder die Magd zum Buttern bestellt. Die Magd wollte zu ihr gehen und kam dabei durch den Garten. Im Vorbeigehen pflückte sie sich etwas Dill ab und steckte diesen in ihren Busen, so daß ihn niemand sehen konnte, denn sie roch den Dill so gern.

Nun hat aber der Dill die Eigenschaft, daß er jede Hexe kenntlich macht. Das wußte die Magd nicht.

Die Magd ging also auf das Häuschen zu, wo sie buttern sollte. Die alte Frau stand auch schon vor der Tür und wartete auf sie. Sobald dieselbe die Magd erblickte, rief sie ihr schon von weitem zu: »Du olles Luder, wat wisst du denn bei mi? Wisst du balle maken, det du nah Huuse kämmst? Dien Fleesch is jo ganz bedillt!«

Die Magd wußte nicht, wie ihr geschah. Sonst war immer die alte Frau so gut zu ihr gewesen, und nun wurde sie von derselben ausgeschimpft. Sie kehrte also um, ging nach Hause und sagte dem Bauer und der Bäuerin, wie sie die alte Frau fortgewiesen und beschimpft hätte. – Der Bauer aber wußte Bescheid. Er sagte zu der Magd: »Sich man stille, nu wetten wie et jo, die olle Frau is enne Hexe.« (161)

Der verwünschte Esel

Es ist einmal ein Bräutigam gewesen. Die Braut aber und ihre Mutter waren beide Hexen. Als nun der Tag kam, an welchem die Hexen nach dem Brocken wandern, gingen die beiden Hexen auf den Heuboden, nahmen ein kleines Glas und tranken daraus, da waren sie auf einmal verschwunden. Der Bräutigam, welcher ihnen nachgegangen war, dachte: »Sollst auch einmal aus dem Glase trinken.« Er nahm es vor den Mund und nippte davon.

Da war er mit einem Male auf dem Brocken und sah, wie seine Braut und deren Mutter mitten unter den Hexen waren, welche um den Teufel tanzten, der in der Mitte stand. Nachdem alles vorbei war, befahl der Teufel, daß jede ihr Glas nehme und trinke. Das taten die Hexen, und darauf flogen sie nach allen vier Winden. Der Bräutigam stand nun allein auf dem Brocken und fror, denn es war kalt. Ein Glas hatte er nicht mitgenommen und mußte deshalb den Rückweg zu Fuße antreten.

Nach einer langen und beschwerlichen Reise kam er endlich wieder bei seiner Braut an. Aber die war sehr böse, und auch die Mutter zankte viel mit dem Bräutigam darüber, daß er aus dem Glase getrunken hatte.

Mutter und Tochter kamen endlich überein, den Bräutigam in einen Esel zu verwünschen, welches dann auch geschah. Der arme Bräutigam war nun also ein Esel geworden und ging betrübt von einem Hause zum andern und schrie sein Ijah! Ijah! Da erbarmte sich ein Mann über den Esel, nahm ihn in seinen Stall und legte ihm Heu vor; aber der Esel wollte es nicht fressen. Da wurde er mit Schlägen aus dem Stalle getrieben. Nach langem Umherirren kam er einmal wieder vor das Haus seiner Braut, der Hexe, und schrie recht kläglich. Die Braut sah ihren vormaligen Bräutigam, wie er mit gesenktem Kopfe und herabhängenden Ohren vor der Türe stand. Da bereute sie, was sie getan hatte, und sprach zum Esel: »Wenn ein Kind getauft wird, so stelle dich vor die Kirchtür und laß dir das Taufwasser über den Rücken gießen, dann wirst du wieder verwandelt werden.«

Der Esel folgte dem Rate seiner Braut. Am nächsten Sonntage wurde ein Kind getauft, da stellte sich der Esel vor die Kirchentür. Als die Taufhandlung vorbei war, wollte der Küster das Taufwasser wegschütten, aber der Esel stand ihm im Wege. »Geh, alter Esel«, sprach der Küster, aber der Esel ging nicht. Da wurde der Küster ärgerlich und goß ihm das Wasser über den Rücken.

Nun war der Esel erlöst, ging zu seiner Braut, heiratete dieselbe und lebte recht glücklich mit ihr. (162)

Der Schneider auf dem Brocken

Ein Schneider hatte gehört, daß in der Nacht vom letzten April zum ersten Mai die Hexen sich auf dem Glockersberge versammeln und da wunderbare Tänze aufführen. Und weil er neugierig war, machte er sich den Tag zuvor auf den Weg und wanderte auf den Glockersberg, barg sich in den Zweigen einer Weide und sah nun, wie viele hundert Hexen durch die Luft daherflogen, wie sie ein köstliches Mahl hielten und dann fröhlich tanzten. Eine der Hexen aber bemerkte ihn und rief lachend einer andern zu: »Sieh, was für einen großen Knorren dieser Weidenast hat! Ich will mein Beilchen hineinhauen, daß ich's übers Jahr wiederfinde.« Und sie schlug ihr Beil ihm in den Rücken. Er fühlte nur einen einzigen

Stich; von dem Augenblicke an aber war ihm der Rücken so schwer; und als die Sonne aufging, sah er mit Schrecken an seinem Schatten, daß er bucklig war.

Als jedoch im folgenden Jahre der erste Mai herankam, konnte er seine Lust nicht bezwingen und ging wieder auf den Glockersberg, weil ihm die Tänze gar zu wohl gefallen hatten. Und als er wieder in der Weide saß, bemerkte ihn die Hexe wie das vorige Mal und trat lachend zu ihm und sprach: »Ich will mein Beilchen nur aus dem Weidenknorren ziehen, damit es nicht verloren geht.« Sie griff nach seinem Rücken. Er fühlte wieder einen leisen Stich; und von Stund an war der Höcker verschwunden. Die Hexe aber hielt, als sie die Hand zurückzog, ein Beil darin. (163)

Die Hexe in der Mühle

Ein Windmüller bei Wettin konnte lange keinen Mühlknecht bekommen, weil es in der Mühle spukte und schon vier Knechte kurz nacheinander gestorben waren. Endlich aber gab sich ein beherzter Bursch wieder bei ihm in Dienst. Als der um Mitternacht das Getreide aufschüttete, schlich eine kleine, schwarze Katze herzu. Bald folgte eine zweite etwas größere, und sie grinsten den Burschen tückisch an. Und die eine sprach zur andern: »Wenn nur die große graue erst käme!« Bald darauf kam eine große graue Katze; die schoß, sobald sie den Burschen sah, ihm nach der Kehle empor. Doch der Bursch hieb ihr gewandt mit dem Beile eine halbe Pfote ab, die sich alsbald in einen halben Frauenarm verwandelte. Da liefen die Katzen davon.

Am Morgen aber wartete der Bursch vergeblich auf sein Frühstück. Er ging hinunter und fragte den Müller, warum er heut Fasttag mache. – Da entschuldigte sich der Müller und sagte, seine Frau sei plötzlich todkrank geworden. – »Fehlt ihr vielleicht ein halber Arm?« fragte der Bursch. »So kann ich ihr einen borgen.« Und wirklich hatte die Frau den einen Arm nur noch halb, und das abgehauene Stück paßte an den Stumpf.

Da erkannte man, daß sie eine Hexe war, und verbrannte sie. (164)

Wundertäter

Der Hirt und der Lindwurm

Auf dem Marktplatze zu Harzgerode befand sich bis etwa zur Mitte des vorigen Jahrhunderts ein Brunnen, geziert mit einem steinernen Herkules, der mit erhobener Keule zum Schlage gegen ein vor ihm liegendes Ungeheuer ausholte. Der Kunstsinn eines Harzgeröder Fürsten hatte einst der Brunnenanlage, welche zur Quellwasserleitung des Schlosses gehörte, diesen Schmuck verliehen.

Allein die biederen alten Harzgeröder wußten weder mit dem Namen des griechischen Halbgottes recht Bescheid – denn sie nannten ihn Herr Kules – noch mit seiner Persönlichkeit. Sie hielten ihn nämlich für einen heimischen Volkshelden, sahen in der Bildgruppe die Verewigung einer hierzulande ausgeführten Heldentat und erzählten davon folgende Mär:

Als im Harz sich noch zahlreiche Raubtiere, Bären, Wölfe und ungeheure Schlangen aufhielten, machte sich vor allem ein greulicher Lindwurm in der Umgegend von Harzgerode furchtbar. Hauptsächlich hatte es das Untier auf das Weidevieh abgesehen, das es leichter als das schwächere, aber schnellfüßige Wild zu erreichen vermochte. Dieses Ungeheuer zu töten war der kühne Vorsatz eines Hirten, der, ein Mann von Riesenkräften, manchen Feind seiner Herde, manchen Wolf und Bären, schon erschlagen hatte. Bewaffnet mit einer starken Keule lauerte er einst, im Gebüsch verborgen, dem Lindwurm auf, sprang im entscheidenden Augenblick aus dem Hinterhalt hervor und erlegte das Untier mit einem gewaltigen Streiche.

Nun war der Schrecken der Gegend gebannt, das Land von der Plage befreit. Weithin erscholl der Ruhm des Lindwurmtöters, und auf dem Marktplatze zu Harzgerode wurde zum Gedächtnis der Heldentat sein Standbild mit dem Lindwurm zu seinen Füßen aufgestellt. (165)

Doktor Faust verschafft der Fürstin von Anhalt frisches Obst

Der berühmte Schwarzkünstler Doktor Faust hielt sich einst längere Zeit am Hofe des Fürsten von Anhalt auf und wußte sich bei diesem sehr beliebt zu machen, da er hier manches Stück seiner Kunst zum besten gab.

Eines Tages bei Tische – es war mitten im Winter – äußerte die Fürstin, die sich in gesegneten Umständen befand, daß sie einen unwiderstehlichen Appetit nach frischem Obst verspüre, und bat Faust, als einen weitberühmten Arzt, um einen Rat, wie dem abzuhelfen sei. – »Da gibt es kein anderes Mittel, Euer Gnaden«, erwiderte der gelehrte Mann, »als daß Ihr Euch einmal recht satt eßt an dem, wonach Euch gelüstet!« – Die Fürstin gab zur Antwort: »Das weiß ich wohl, Herr Doktor, aber eben deswegen erbat ich mir Euren Rat, weil dies in gegenwärtiger Jahreszeit unmöglich ist.« – »Unmöglich?« erwiderte Faust. »O nein! Ich bitte, verzieht nur einen Augenblick, und Eure Wünsche sollen befriedigt werden.« – Damit stand er auf, ließ sich von einem Diener zwei silberne Fruchtkörbe geben und stellte sie vor das Fenster. Dann kehrte er zur Gesellschaft zurück, aß und trank und unterhielt sich mit den Anwesenden aufs beste, ohne weiter des vorigen Gesprächs zu gedenken.

Als aber der Nachtisch aufgetragen wurde, rief er einen Diener heran und trug ihm auf, die beiden Fruchtschüsseln herbeizuholen, die er vor das Fenster gestellt hatte. Der Diener gehorchte und setzte auf einen Wink des Doktors die Schüsseln vor die Fürstin. Diese war nicht wenig erstaunt, als sie auf der einen köstliche Äpfel und Birnen, auf der andern aber die schönsten Weintrauben, rote und weiße, vorfand. Freilich zögerte sie zunächst, davon zu essen. Aber da Faust ihr zuredete und erklärte, daß diese prachtvollen Früchte kein Blendwerk, sondern natürliches Obst wären, welches sein dienender Geist während der Tafel aus dem Morgenlande in rasender Luftfahrt herbeigeholt hatte, so langte sie zu, fand die Früchte außerordentlich wohlschmeckend und konnte somit endlich ihr Verlangen stillen. (166)

Die Gaukler in Magdeburg

Johann Faust von Knütlingen saß zu Magdeburg im Wirtshause mit anderen, und es trank einer dem andern zu, halb und ganz aus, wie der Sachsen und auch anderer Deutschen Gewohnheit war. Da ihm nun des Wirtes Junge seine Kanne oder seinen Becher zu voll schenkte, schalt er ihn und drohte, er wolle ihn fressen, wenn er es wieder täte. – Der spottete seiner und schenkte ihm abermals zu voll. Da sperrte Faust sein Maul auf und fraß ihn. Danach ergriff er den Kübel mit dem Kühlwasser, sprach: »Auf einen guten Bissen gehört ein guter Trunk«, und trank das auch aus.

Der Wirt redete dem Gaste ernstlich zu, er solle ihm seinen Diener wieder verschaffen, oder er wolle sehen, was er mit ihm anfinge. Faust hieß ihn zufrieden sein und hinter den Ofen schauen. Da lag der Junge, war ganz naß und bebte vor Schrecken.

In derselben Stadt gaukelte einer auf dem Markte. Er hatte ein klein Pferdlein, das unter vielem Volk durch einen Reif sprang. Da es vollbracht war und er wenig Geld von den Leuten bekommen hatte, beklagte er sich sehr, sagte, er wolle nicht länger auf Erden bei den undankbaren Leuten bleiben, sondern gen Himmel fahren. Damit warf er seines Rößleins Zügel in die Höhe: Das fuhr in die Luft; er hielt sich an des Rößleins Schwanz, sein Weib sich an seinen Rock, die Magd hängte sich ans Weib, und sie fuhren also in einer Koppel dahin.

Das Volk machte ein Getümmel und Geschrei, wie zu erachten war. Indem kam ein feiner Bürger gegangen und fragte, was da sei. – Man berichtete ihm, was geschehen. »Ei«, sprach er, »der Mann ist mir eben dort auf der Gasse begegnet und zieht in die Herberge ein.« (167)

Ein Taschenspieler rächt sich

Taschenspieler können bekanntlich den Leuten die Augen verblenden, und so war auch einmal einer in Rohrberg [Kr. Salzwedel], der sagte vor aller Welt, sie sollten ja recht aufpassen, denn er werde jetzt unter einem gefällten Eichbaume, der hart an der

Erde lag, fortkriechen – was allen um so unmöglicher schien, da nirgends eine Stelle, wo er hohl lag, zu entdecken war. Aber der Taschenspieler tat's dennoch zum Erstaunen aller Leute und wiederholte es sogar mehrmals. Als er nun eben noch zum letzten Male seine Kunst zeigen wollte, kommt gerade ein Mädchen aus Rohrberg daherzugehen. Die ist auf der Wiese gewesen und hat frisches Futter für das Vieh geholt. Sie stellt sich nun auch hin und sieht zu; und da sich in dem Futter, das sie in der Kiepe trug, auch ein vierblättriges Kleeblatt befand, sieht sie augenblicklich, daß alles Verblendung war und daß der Taschenspieler statt unter dem Baume über denselben fortkroch, und das sagte sie sogleich allen Leuten. – Da rief der Taschenspieler ärgerlich, das wolle er ihr gedenken, und das hat er auch getan.

Denn acht Tage darauf kommt das Mädchen aus dem Garten, wie eben recht viele Leute da vorübergehen. Sie geht, da das Wasser nur klein ist, durch den Bach, und um die Röcke nicht naß zu machen, hebt sie dieselben ein wenig auf. Aber ein schallendes Gelächter empfängt sie von allen Seiten: Der Taschenspieler hatte den Leuten wieder die Augen verblendet, daß sie zu sehen meinten, sie habe die Röcke noch höher als bis ans Knie aufgehoben. (168)

Der »Alte Dessauer« als Zauberer

Vom Fürsten Leopold, dem »Alten Dessauer«, ging unter den gemeinen Soldaten die Rede, daß ihn keine Kugel träfe und kein Hieb oder Stich verwunde. War er doch in nicht weniger als 22 Schlachten und 27 Belagerungen nur ein einziges Mal durch einen Streifschuß leicht verwundet worden, obgleich er sich stets den größten Gefahren aussetzte. Darum glaubte man im Volke allgemein, er verstehe die Passauer Kunst und sei ein Hexenmeister.

So wird auch von ihm erzählt, daß er einmal, als er im Hochsommer ... von Memel nach Königsberg reiste, mit seinem Wagen und sechs Pferden davor mitten über das Haff gefahren sei, und daß dabei das Wasser so fest gehalten habe, als ob eine dicke Eisschicht den Meeresarm bedeckte.

Aber er war doch ein größerer Kriegsheld als ein Zauberer, denn in dieser Kunst wurde er einst durch einen Mühlknappen aus Litauen weit übertroffen. Der Fürst baute eine Mühle in seiner ostpreußischen Herrschaft Norkitten, und als ein wanderner Mühlknappe um Arbeit bei ihm vorsprach, wies er ihn barsch ab mit dem Bemerken, daß die Litauer nichts verständen. – Das verdroß diesen. Er erwiderte, daß der Fürst sich irre und dies bald erkennen würde. – Der Knappe verstand sich nämlich auf die Hexerei und veranlaßte alsbald . . ., daß der Mühlenbau ins Stokken geriet und trotz aller Anstrengungen nicht vom Flecke kam.

Endlich fiel dem Fürsten Leopold ein, jener Müllersknecht, dem er Beschäftigung zu geben verweigert hatte, möchte wohl an dem Übelstande schuld sein, und er ließ ihn daher rufen und bei den Bauleuten einstellen. Nun gingen die Arbeiten mit einem Male flott vonstatten, so daß die Mühle bald fertig wurde und in Betrieb gesetzt werden konnte.

Als dann der Knappe in das Schloß kam und seinen Lohn forderte, lachte ihn der alte Herr aus und sagte, hier sei zweifellos Zauberei im Spiele; er werde daher keinen Lohn zahlen, sondern rate dem Gesellen, sich schleunigst aus dem Staube zu machen, damit ihm nicht noch die Gerichte auf den Hals kämen. Der rannte nun wütend davon und brannte danach, Rache zu üben. Aber er mußte sich gedulden, denn solange der Fürst im Schlosse sich befand, konnte er nichts ausrichten; alle seine Zauberstückchen waren da wirkungslos.

Endlich traf es sich einmal, daß der Knappe in Königsberg den »Alten Dessauer« erblickte, wie dieser sich aus einem Fenster des Schlosses beugte und auf die Straße hinabsah. So war wenigstens der Kopf des Fürsten innerhalb der Zaubergrenze. Nun hatte der Müller die Macht, ein Kunststück auszuführen, was er auch sofort tat, ohne daß der hohe Herr, welcher weiter vergnügt zum Fenster herabschaute, es bemerkte. Schließlich fiel diesem auf, daß unten auf der Straße sich ein Haufen von Menschen ansammelte, welche staunend und lachend zu ihm hinaufblickten. Schnell wollte er jetzt sich vom Fenster zurückziehen. Aber o weh, das ging mit dem besten Willen nicht, denn ihm war inzwischen ein riesiges Hirschgeweih angewachsen, so daß er seinen Kopf nicht durch den Fensterrahmen zurückziehen konnte.

Da erblickte er unten im Volkshaufen jenen Müllerburschen, der ihm Rache angedroht hatte, und wußte nun auch Bescheid, wem er seinen wunderlichen Kopfschmuck zu verdanken hatte. Sofort rief er diesem zu, er möchte kommen und seinen rückständigen Lohn in Empfang nehmen, worauf sogleich das Geweih verschwand. – Im Schlosse wurden dann Arbeitgeber und Arbeitnehmer bald einig und schieden nun in Güte voneinander. (169)

Pumphut beim Müller

Von Pumphut wissen sich Müller und Knappen gar viel zu erzählen. Bald hat dieser Knappe dies von ihm gehört, bald jenes, und mancher Müller hat zu seinem Schaden erfahren, daß sein zugewanderter Knappe kein anderer als Pumphut gewesen ist, besonders wenn er mit demselben nicht gut umgegangen war oder ihm keine gute Bewirtung hatte angedeihen lassen.

So war Pumphut auch einmal bei einem Müller in einem Dorfe nicht weit von Magdeburg zugewandert und dort in Dienst getreten. Der Müller wollte sehen, ob der neue Knappe seine Sache verstehe und hieß ihn die Mühlsteine schärfen. Es war kalt, und so kam es, daß dem neuen Knappen die Arbeit nicht recht vonstatten ging: Er klagte, daß ihm die Hände verklammten, ballte dieselben zusammen und blies seinen warmen Atem hinein.

Der Müller hielt das für Zeitvergeudung und schalt deshalb auf den Knappen. Allein dieser steckte den Stiel seiner Steinpicke in das Loch des Mühlsteins hinein, nahm die Last über die Schulter und ging damit, als hätte er ein leichtes Bündel zu tragen, wohlgemut ab in die Stube. Hinter dem Ofen setzte er den Stein nieder, wärmte sich nun erst in aller Gemächlichkeit die Hände, und dann schärfte er den Stein. Darauf ließ er den Stein ruhig an Ort und Stelle liegen und ging in das Wirtshaus.

Nun ging dem Müller eine Ahnung auf, wer sein Knappe war. Da er den Stein nicht selbst wieder an Ort und Stelle bringen konnte, so mußte er dem Knappen nachgehen. Der neue Knappe zeigte sich auch bereit, den Stein wieder an Ort und Stelle zu tragen und einzusetzen, wenn ihm der Müller Lohn für seine Arbeit geben und gute Bewirtung angedeihen lassen wolle. Der Müller war dazu gern bereit. Darauf ging der Knappe mit in die Mühle, nahm den Stein, als wäre er ein Stück Holz, und trug ihn an Ort und Stelle.

Nachdem er seinen Lohn erhalten und tüchtig gegessen und getrunken hatte, zog Pumphut wieder von dannen. (170)

Der zersägte Mühlenstein

Bald fragte Pumphut wieder in einer Mühle nach Arbeit. Der Müller hatte viel zu mahlen und nahm ihn an. Aber der Meister war ein alter Brummbär, dem man nichts recht machen konnte. Nie war der Müller mit Pumphuts Arbeit zufrieden, alles glaubte er, besser zu wissen. Da dachte Pumphut: »Hier bleibst du nicht! Warum sollst du dir das Leben versauern lassen? Der alte Brummbär mag seine Arbeit allein machen; du nimmst dein Bündel und gehst!«

Und richtig! Am nächsten Morgen in aller Frühe war Pumphut davongegangen. Dem Müller aber hat er ein nettes Andenken hinterlassen. Als er ging, nahm er seinen Zauberhut, strich damit zweimal kreuzweise über den Mühlenstein und sagte den Hexenspruch:

»Mit dem Hütlein feile ich,
Mühlstein, Mühlstein, teile dich,
Hokus, Pokus, Katzendreck!«

Da war der große, schwere Mühlenstein in vier Teile zerschnitten. (171)

Der Nagelstein bei Wethau

Es war mancher im Wethautal, der ob seiner bösen Taten den Pumphut fürchtete, mancher auch, der sagte, Pumphut habe mit dem Teufel einen Bund geschlossen, und ihn deshalb mied. Wenn ein Unheil geschehen war, so dachte man sogleich an den fremden Müllergesellen.

Einmal fand man nicht weit vom »Hohen Stein« bei Wethau [Kr. Naumburg] einen Mitgesellen von Pumphut erschlagen auf dem Feldwege liegen. – »Das ist Pumphut gewesen«, sagte man, und die Richter ließen ihn gefangensetzen, obwohl er jede Schuld bestritt.

Draußen an der Mordstelle, nicht weit vom Hohen Stein entfernt, hielt man Gericht. Kaum war man dort angelangt, da zog ein gewaltiges Unwetter auf. Blitz auf Blitz fuhr zur Erde nieder; der Donner rollte, der Regen prasselte. – »Seht, das ist Gottes Stimme!« riefen die Wethauer, die in großer Zahl mit hinausgezogen waren. – »Bekenne, was du getan hast«, mahnte der Richter. – Aber Pumphut blieb bei seiner Behauptung, daß er unschuldig sei, und rief: »Nein, der Himmel will euch durch das Unwetter mahnen, gerecht zu sein. Nägel will ich euch mit meinem Hut in den Hohen Stein hineinschlagen. Daran sollt ihr erkennen, daß der Himmel meine Unschuld bezeugt.« – Die Nägel wurden gebracht, und wirklich schlug er all diese großen Schmiedenägel in den harten Stein hinein. Sie sollen heute noch in dem Stein zu finden sein. Pumphut aber ließen die Richter frei. Der schnürte sein Bündel und zog davon. Man hat den Zauberer seither nicht wieder im Wethautal gesehen. (172)

Der gebannte Mühlenbauer

Auf einem kleinen Hügel in der Nähe eines Dorfes bei Magdeburg steht eine Windmühle. Dieselbe war baufällig geworden, und so ließ denn der Müller einige Mühlenbauer kommen, welche den Schaden ausbessern sollten. Die Leute verstanden auch ihre Sache, und so wäre alles gut gewesen, wenn während der Zeit, wo an der Mühle gearbeitet wurde, nicht bald dieses, bald jenes Stück aus derselben fortgekommen wäre. – Der Müller beschloß, der Sache auf den Grund zu gehen, denn er verstand das Bannen.

Eines Tages sah der Knappe in aller Frühe aus dem Mühlenfenster. Da sah er vor der Mühle einen von den Mühlenbauern stehen, still und steif, als ob er kein Glied rühren könnte. Auf der Schulter trug er eine Axt, die er sicher gestohlen hatte, denn soviel der

Knappe sehen konnte, gehörte dieselbe zur Mühle. Als der Knappe noch seine Betrachtung darüber anstellte, trat der Müller zur Tür heraus und rief den Mühlenbauer an: »Da haben wir ja den Spitzbuben!« Dann trat er an denselben heran, nahm ihm die Axt ab und gab dem Gebannten darauf ein paar furchtbare Ohrfeigen. Da war der Bann gelöst; der Mühlenbauer konnte sich wieder rühren und lief nun eilig davon. »Warte, du Spitzbube«, rief ihm der Müller nach, »du kommst nicht wieder auf die Mühle.«

Fortan wurde nichts mehr auf der Mühle gestohlen. (173)

Das verfluchte Majenluder

Vor Jahren trug es sich zu, daß eine sehr arme Frau in Osterfeld [Kr. Naumburg] nicht mehr genug zu essen hatte. Da wollte sie sich etwas holen und dachte bei sich: »Du gehst gleich zu dem Bauer X. (der Name sei verschwiegen), der ist jetzt in der Kirche und merkt also nicht, wenn ich auf seinem Felde etwas nehme.« Sie ging hinaus, und als sie genug Kohl und Rüben in ihren Korb gesteckt hatte, wollte sie heimgehen, konnte aber nicht von der Stelle; der Drache hielt sie fest. – Sie mußte nun warten, bis der Bauer kam. Als er sie erblickte, wetterte er los: »Hob' ich's nich glei jesaht, das verfluchte Majenluder is widder uff unsen Falle. Wärschte bei uns neijekumm', hättste so vill jekricht, wie de nor hawwe wollst.« Der Bauer ließ ihr das Gestohlene, ermahnte sie aber eindringlich, ja nicht wieder zu stehlen.

Jeder, der in das Gehöft dieses Bauern eintritt, muß stehen bleiben, bis er selber kommt. (174)

Der entdeckte Dieb in Liederstedt

In Liederstedt bei Nebra wollte einmal ein Gastwirt von einem Bauern Stroh kaufen. Weil aber das Stroh in der Scheune alle geworden war, so begaben sie sich auf das Feld, wo der Bauer einen Strohdiemen stehen hatte. Hier zeigte sich sofort, daß viel Stroh gestohlen worden war; auch die Fußspuren des Diebes, welche in den feuchten Boden eingedrückt waren, konnte man erkennen. Da sagte der Gastwirt: »Den Dieb wollen wir schon kriegen«, ließ einen Sack und eine Schippe holen und schippte vom Felde die Fußspuren des Diebes ab, warf die Erde in den Sack und gebot dem Bauern, er solle den Sack in den Rauch oder Schornstein hängen, dann würde der Dieb schon von selber kommen.

Wirklich kam schon zwei Tage darauf ein Ortseinwohner zu dem Bauern und bat ihn, er möge ihn doch nicht so quälen; er wolle ihm das gestohlene Stroh gern vergüten. (175)

Der Rattenfänger

Auf die Domäne Helfta [bei Eisleben] kam einmal vor einer Reihe von Jahren ein Mann, der sich erbot, alle Ratten auf dem Amte wegzubringen. Nachdem seine Forderungen dafür bewilligt worden waren, ließ er alle Türen im ganzen Gehöfte öffnen. Dann zog er eine Querpfeife hervor und spielte auf ihr, während er im Geschwindschritt alle Räume im Wohnhaus und in den Ställen durchwanderte.

Da rannten die Ratten von allen Seiten herbei und folgten dem Spielmann in langem Zuge. Selbst auf den Dachfirsten sah man sie eilig herumlaufen, um sich dem Haufen anzuschließen. Nur die ganz kleinen, die noch nicht fest auf den Beinen waren, blieben zurück. Hinaus zum Hoftor ging dann der Zug, immer voran der pfeifende Spielmann, hinter ihm drein das Gewimmel von Ratten. Wo er mit ihnen geblieben ist, das wissen die Leute nicht; einige behaupteten, er sei durch ein Wasser hindurchgegangen, in dem alle Ratten ersaufen mußten. (176)

Verwandelte – Mahrt und Werwolf

Die Mahrte als Maus

Es gibt zweierlei Mahrten, Klettermahrten und Drückmahrten. Klettermahrten sind die Mondsüchtigen. Als Drückmahrten aber müssen Liebende bei Nacht zu ihren Geliebten ziehen, wenn diese treulos geworden sind; und sie müssen sich auf sie legen und sie ängstigen, um sie so für ihre Untreue zu bestrafen.

So kam auch einst ein junger Bursch alle Nächte in Gestalt eines weißen Mäuschens zu seiner früheren Liebsten, die ihm die Treue gebrochen hatte. Neben dem Bett des Mädchens stand eine Lade, und die hatte sie eines Abends zuzumachen vergessen. Als nun das Mäuschen heranschlich und auf das Bett springen wollte, lief es schnell über den Deckel der Lade hin; doch es glitt aus, fiel in die Lade, und der Deckel schlug zu.

Nun fand man den Burschen, der mehrere Meilen von dem Dorfe des Mädchens entfernt wohnte, am folgenden Morgen tot im Bette. Man ließ dem Mädchen sagen, daß ihr alter Geliebter gestorben sei, wenn sie vielleicht zu seinem Begräbnis kommen wolle. Und sie beschloß das auch zu tun. Als sie aber am Begräbnistage die Lade aufmachte, ihre Sonntagskleider herauszunehmen, sprang das weiße Mäuschen heraus, lief über das Feld, und bald darauf sahen die Verwandten des Burschen, die an seinem Sarge standen, wie das Mäuschen dem Toten in den Mund schlüpfte. Da schlug er die Augen auf und war gesund. Und er erzählte, daß ihm geträumt habe, er falle in eine tiefe Höhle und sitze drei Tage darin eingeschlossen.

Als nun das Mädchen kam und dies hörte, erzählte sie von dem weißen Mäuschen, das sich in ihrer Lade gefangen hatte, und man erkannte wohl, daß der Bursch zu ihr mahren gegangen war. (177)

Die Mahr als Ehefrau

Die Mahr ist ein Plagegeist, der nachts durchs Schlüsselloch kommt und sich in irgendeiner Gestalt auf die Schlafenden setzt, so daß sie denken, sie müssen ersticken.

Ein Mann in Mieste [Kr. Salzwedel] hatte häufig Mahrtendrükken. Da hat er einmal zufällig das Loch gefunden, durch das die Mahr hereinkam. Es ist ein Bohrloch gewesen, in das der Zimmermann einen Nagel zu schlagen vergessen hatte. Er paßte nun auf, bis die Mahr wieder kam, und als sie im Hause war, machte er das Loch schnell zu. Da hat sie nicht mehr fortgekonnt. Es war ein hübsches junges Mädchen, und der Mann heiratete sie. Lange Zeit lebten sie glücklich zusammen und hatten mehrere Kinder. Einmal wurde aber beim Umbau des Hauses das Loch wieder geöffnet, und da war die Frau auf immer verschwunden. Nur jeden Sonntag morgen lag vor dem Bette jedes Kindes ein weißes Hemde; denn für ihre Kinder sorgte die Mahr noch. (178)

Der Wolfsstein

Bei dem magdeburgischen Dorfe Eggenstedt [Kr. Oschersleben], das unweit Sommerschenburg und Schöningen liegt, erhebt sich, auf dem Anger nach Seehausen zu, ein großer Stein, den das Volk den »Wolfsstein« nennt und sich dabei folgende Sage erzählt:

In und an dem Brandsleber Holze, das sonst mit dem Hakel und dem Harz zusammenhing, hielt sich vor langer, langer Zeit ein Unbekannter auf, von dem man nie erfahren hat, wer er war und woher er stammte. Inzwischen kümmerte dies die meisten Bewohner dieser Gegend nur wenig, da er unter dem Namen des »Alten« überall bekannt war und öfters, ohne Aufsehen zu erregen, in die Dörfer kam, um seine Dienste anzubieten, die er auch zur Zufriedenheit der Landleute verrichtete. Besonders pflegte er die Hütung der Schafe zu übernehmen, wenn die Schäfer, wegen der Schafschur oder anderer Hindernisse, einen Gehilfen brauchten. Und so sah man den Alten bald bei dieser Herde, bald bei jener.

In der Herde des Schäfers Melle zu Neindorf fiel einst ein niedliches buntes Lamm. Der Unbekannte bat den Schäfer dringend, ihm dieses zu schenken, und wiederholte die Bitte alle Tage, aber vergebens. Es kam der Tag der Schur, und Melle brauchte die Hilfe des »Alten«. Mit Freuden hütete er seine Herde. Aber als Melle wieder zu ihr zurückkam, fand er weder sein geliebtes buntes Lamm noch den »Alten«, alles andere aber in Ordnung.

Der Unbekannte war verschwunden, und keiner wußte, wo er war. Nach geraumer Zeit stand er ganz unerwartet vor dem Schäfer Melle, der im Kattental seine Herde weidete. »Guten Tag, Melle! Dein buntes Lamm läßt dich grüßen«, rief er ihm zu. Über diesen höhnischen Zuruf ergrimmte der Schäfer und griff nach seinem gekrümmten Hirtenstabe, um den endlich gefundenen Räuber zu strafen.

Plötzlich aber wandelte der Unbekannte seine Gestalt – und sprang ihm als Werwolf entgegen. Erschreckt über den furchtbaren Feind verlor Melle die Fassung. Aber seine Hunde stürzten wütend auf den Wolf ein, der nach langem Kampf endlich die Flucht nahm. Durch Wälder und Täler verfolgten sie ihn unablässig, bis sie ihn in der Gegend des Dorfes Eggenstedt aufhielten. Melle, der sich von dem ersten Schrecken erholt hatte, folgte der Spur und rief dem Werwolf, als er ihn von seinen Hunden umringt sah, mit furchtbarer Stimme zu: »Nun sollst du sterben!«

Da stand urplötzlich der »Alte« in Menschengestalt vor ihm, bat ihn, seiner zu schonen, schwur, nie wieder ein Lamm oder ein Schaf zu rauben, und erbot sich zu jedem Ersatz. Doch nichts rührte den Ergrimmten. Wütend stürzte er ein auf ihn mit seinem Hakenstock, und – verschwunden war der Unbekannte. Es stand vor ihm ein plötzlich aufsprießender Dornstrauch. – Auch in dieser Gestalt verschonte ihn der Rachsüchtige nicht. Grausam zerhieb er die Zweige des Dornbuschs und wollte das zerknickte Gesträuch ganz vernichten. – Noch einmal wandelte der Unbekannte sich in einen Menschen um und flehte um sein Leben. Aber der Hartherzige blieb unerbittlich. Da wollte er als Werwolf entfliehen. Doch ein Streich von des wütenden Melle Hand streckte ihn tot zur Erde.

Noch jetzt bezeichnet ein Felstrümmer den Ort, wo der Werwolf fiel und beigescharrt wurde, und heißt auf ewige Zeiten der »Werwolfsstein«. (179)

Der Werwolf in Hindenburg

Der Glaube an den Werwolf hat sich auch in der Altmark erhalten. In dem Dorfe Hindenburg [Kr. Stendal] erzählen sich die Leute noch jetzt [1839] von einem solchen Menschen, der sich in einen Wolf hat verwandeln können; und es leben noch welche, die ihn in ihrer Kindheit gekannt haben. Er hatte einen Streifen Leder aus einer Wolfshaut gehabt, an der noch die Haare waren. Sobald er sich diesen um den Leib band, war er in einen Wolf verwandelt. Er hatte dann eine außerordentliche Stärke, so daß er oft ganz allein ein ganzes Fuder Heu zog oder einen ganzen Ochsen ins Maul nahm und forttrug. Er hatte in solchem Zustande aber auch ganz und gar die Natur des Wolfes; denn er würgte das Vieh und fraß sogar Menschen. Einer seiner Nachbarn ward einmal von ihm verfolgt und konnte ihm nur mit genauer Not entgehen. Nur seine Frau verschonte er, wenn er auch noch so wütend war. Sie kannte einen Zauberspruch, wobei er gebannt wurde und den er sie selbst gelehrt haben soll. Sie schnallte ihm dann den Streifen wieder ab, und nun war er wieder ein vernünftiger Mensch. (180)

Werwolf wider Willen

Ein Miester Mädchen verheiratet sich an einen Mann in Sachau [Kr. Salzwedel]. Von dem haben die Leute erzählt, er könne sich in einen Werwolf verwandeln, er hätte einen Riemen. Die Frau macht dem Manne Vorhaltungen darüber. – Er aber leugnet es nicht, sondern sagt, er wolle es ihr einmal vormachen, aber sie solle ihn dann um Gottes willen nicht bei Namen rufen. Er legt den Riemen um und wird zum Wolf. – Die Frau aber ist so entsetzt, daß sie sein Gebot vergißt und seinen Namen ruft.

Nun muß er fünf Jahre Wolf bleiben. Heulend verläßt er sein Haus und streift im Walde herum oder liegt heulend am Waldessaum, von wo er sein Haus und den Hof sehen kann. – Als der Mann nicht wiederkommt, verheiratet sich die Frau von neuem. Alles sieht der arme Werwolf, und als die fünf Jahre zu Ende gehen, schleppt er sich auf seinen Hof und stirbt. (181)

Kobolde und andere Hausgeister

Der Kobold in Lichterfelde

Wie in den meisten Gegenden Deutschlands, so ist auch in der Altmark die Sage vom Kobold sehr verbreitet. Man unterscheidet eine doppelte Art, die guten und die bösen.

Der gute Kobold hält sich gewöhnlich auf dem obersten Boden des Hauses auf. Er wird gehörig gepflegt und besonders mit Milchsuppen gefüttert. Dafür bringt er Segen ins Haus; er schafft Geld herbei und verrichtet allerlei nützliche Arbeiten. Er muß sehr sorgsam gewartet und gepflegt werden; denn sonst wird er böse, zieht aus dem Hause und steckt es in Brand.

Der böse Kobold ist eigentlich so recht böser Natur nicht. Er treibt nur gern allerlei Kurzweil und hat seine Freude daran, die Leute zu necken. Er erscheint in allen möglichen Gestalten, so wie es seine Laune und der Spaß, den er vorhat, gerade mit sich bringen. Gewöhnlich aber hat er die Gestalt eines kleinen untersetzten Knaben, von ungefähr zwei Fuß Größe, in roten Kleidern.

Ein gar neckischer Kobold war einmal in dem Dorfe Lichterfelde in der Wische. Es wohnte dort ein Bauer, der eines Tages Korn in die Stadt gefahren hatte. Wie er zurückfuhr, fand er mitten auf dem Wege einen ganz neuen Kober, der sorgfältig mit Stricken zugebunden und versiegelt war. Der Bauer glaubte, einen reichen Fund getan zu haben. Er hob voller Freuden den Kober auf und nahm ihn mit nach Hause. Hier öffnet er ihn geschwind, um zu sehen, was darin ist. Aber zu seiner Verwunderung findet er ihn ganz leer, als er hineinfaßt. Hineinsehen konnte er nicht, denn es war schon Abend, und Licht hatte er nicht angezündet. Noch mehr verwundert er sich aber, als es ihm vorkommt, als höre er etwas sich bewegen und ganz leise, aber geschwinde aus dem Kober herausschlüpfen.

Das war ein Kobold gewesen, der noch an demselben Abende sein neckendes Spiel begann. Sowie der Bauer Licht angezündet hatte, warf er ihm das vom Tische. Bänke und Stühle kehrte er um; und er machte einen gewaltigen Spektakel und Unfug, so daß man wohl sehen konnte, er müsse lange in dem Kober festgesessen haben und wolle sich dafür recht was zugute tun. Einmal warf er eine Fleischgabel gegen die Stubentür, mit solcher Gewalt, daß sie darin steckenblieb und daß alle Knechte des Bauern hereinkommen mußten, um sie herauszuziehen.

Der Bauer wendete allerlei Mittel an, um diesen Kobold wieder einzufangen. Es wollte aber alles nichts helfen. Er warf umsonst die teuersten Naschereien in den Kober und wartete in seinem Versteck stundenlang, daß jener kommen und naschen möge. Der Kobold war ihm aber zu klug. Selbst Zaubermittel halfen nicht gegen ihn.

Das Gerücht von diesem Kobold hatte sich unterdes in der ganzen Wische verbreitet, und es kam einstmals ein Bekannter des Bauern auf einem wilden Hengste geritten, um ihn zu besuchen und etwas Neues über den Kobold zu erfahren. Schon an der Hofpforte rief er dem Bauern zu: »Nun, wo hast du denn deinen Teufel?« Der Kobold aber saß gerade auf der Pfortentür. Wie der die Worte hörte, da sprang er geschwind auf das Pferd des fremden Bauern und kniff und kratzte es, daß der Hengst wie toll davonlief. Der Bauer ward gleich abgeworfen, und das Pferd lief weiter. Nicht lange aber, so kam es an einen Weidenbaum; unter dem lief es in seiner Angst durch und streifte so den Kobold ab.

Von dieser Weide kann der böse Geist nun nicht herunter. Desto toller treibt er aber sein Wesen darauf. Bis auf den heutigen Tag sitzt er noch da, und sobald der Abend kommt, läßt er keinen Menschen ungeschoren vorbeigehen.

Der jetzt [1839] noch lebende Schäfer in Hindenburg weiß viele Streiche von ihm; der Mann schwört auch, daß die Geschichte Wort für Wort wahr sei. (182)

Der Kobold im Sack

Eines Tages fuhr ein Bauer, welcher mit seinem Gespann in Zerbst gewesen war, seinem Dorfe zu. Da sah er mitten auf dem Wege einen Sack liegen, welcher so aussah, als ob er mit Korn gefüllt wäre. Das schien dem Bauer ein guter Fund zu sein. Schnell stieg er ab und lud den Sack auf seinen Wagen. Der Sack war schwer, aber der Bauer ließ sich die Mühe nicht verdrießen. So billig war er noch nie zu einem Sack voll Getreide gekommen. Denn daß solches darin war, fühlte er bei seiner Arbeit ganz deutlich.

Als er mit seinem Funde glücklich zu Hause angekommen war, spannte er erst die Pferde aus und brachte sie in den Stall. Dann lud er den Sack mit Getreide ab und stellte ihn unter der Treppe auf dem Flur hin. Dann wollte er in die Stube gehen. In demselben Augenblicke sprang ihm etwas auf den Rücken, faßte ihn in den Nacken und schüttelte den Bauer nur so. Derselbe griff voll Schrecken danach. Da sprang es wieder vom Rücken herab. Der Bauer blickte sich um und sah gerade noch, wie ein dreibeiniger Hase unter die Treppe schlüpfte. Nun merkte er, daß er in dem gefundenen Sack sich den Kobold in das Haus geholt hatte. Aber der Bauer mochte von einem Kobold nichts wissen. Deshalb beschloß er, sich desselben zu entledigen. Er ging also nicht in die Stube, sondern nach dem Raum, wo er unter der Treppe den Sack hingesetzt hatte. Derselbe stand auch ruhig da, so wie er dort abgeladen war. Der dreibeinige Hase war aber verschwunden.

Der Bauer lud den Sack wieder auf den Wagen, zog die Pferde aus dem Stall, spannte an und fuhr nach der Stelle hin, wo er den Sack gefunden hatte. Er lud ihn dort wieder ab, kehrte dann mit dem Gefährt um und kam mit dem leeren Wagen glücklich nach Hause. Fortan hat er von dem Kobold nie mehr etwas gesehen. (183)

Eisleben um 1650

Der Kobold beim Bäcker an der Rammbrücke

Soweit die ältesten Leute zurückdenken können, immer hat's in dem bekannten Hause an der Rammbrücke in Eisleben eine Bäckerei gegeben. Nach Art der früheren Läden trat man beim Kaufen zunächst in den Hausflur, in den das Schiebefenster der Warenausgabe mündete. Diesem Fenster gegenüber befand sich in der Wand des Flures eine Nische, groß genug, einen Tragekorb aufzunehmen.

Kommt da nun eines Morgens – es ist schon eine ganze Weile her, denn der Vorgänger von Sch.'s war gerade der Besitzer – eine unbekannte Frau vom Lande und bittet: »Kann ich meinen Korb hier einstweilen unterstellen? Ich habe noch einige Besorgungen zu erledigen.« Ja, das konnte sie. Und nun stand der Korb den ganzen Tag über in der Nische, und der Meister und die Frau Meisterin hatten die ganze Zeit über auf ihn acht zu geben und waren ganz ärgerlich darüber geworden. Es wurde Abend, der Korb war noch nicht abgeholt. Da entschlossen sich die Bäckersleute, nachzusehen, was wohl der Korb Geheimnisvolles bergen würde. Sie wikkeln die sorgfältig verschnürte Schürze ab, da – o Schreck – springt eine kleine schwarze Gestalt hervor, huscht an den verdutzten Leuten vorbei die Stiege empor und verschwindet.

Am Morgen lag der Meister, der schon von früh an gebacken hatte, gemütlich sein Pfeifchen schmauchend, auf dem Sofa. Da tat sich plötzlich die Tür auf und herein trat ein kleiner Bursche mit einem alten Gesicht. Er sprach: »Was soll ich heute tun?« Dem Meister war wohl über seinen Besuch inzwischen ein Licht aufgegangen. Er entgegnete: »Du kannst auf dem Acker den Mist ausbreiten.« – Schnell war der kleine Kerl verschwunden, und der Meister dachte: »Du willst doch einmal sehen, was das Bürschchen treibt.« Am Acker angekommen, fand er aber bereits fertige Arbeit vor: Der Mist lag sauber auf dem Felde, und selbst der größte Nörgler hätte nichts zu tadeln gehabt.

Am zweiten Tage wiederholte sich die Anfrage des Kleinen: »Was soll ich heute tun?« – »Nun«, sagte der Meister, »heute kannst du die Holzkloben auf dem Hofe kleinhacken.« – Seit Jahren schon hatten sich auf dem Hofe hinten in der Ecke alle die Kloben aufgesammelt, die sich allzu schwer spalten ließen. Da begann denn nun in der Ecke ein Rumoren und Hacken; den ganzen Tag und die halbe Nacht ging es fortgesetzt bumm, bumm, krach! Aber am Morgen lag alles Holz zerkleinert und sauber geschichtet auf dem Hofe.

Am dritten Morgen erteilte der Meister seinem Gaste den Auftrag, einmal Geld zu besorgen. Als der Bäcker am andern Tage in die Stube trat, stand da ein Säckchen mit harten, blanken Talern auf dem Tisch.

Eine Stunde drauf erhob sich in dem Hause auf dem Graben, das der Bäckerei schräg gegenüber liegt – es ist eine Fleischerei dort – ein großes Gejammer und ein Menschenauflauf. Den armen Leuten, die dort wohnten, war ein Beutel mit Geld abhanden gekommen. Laut klagend verbreiteten sie nun die Kunde von ihrem Verlust. Das hörte auch der Bäckermeister. »Das wird doch mit dem Gelde des Kobolds zusammenhängen?« dachte er, denn er wußte, daß die Geister alle ihre zugetragenen Schätze erst an einem andern Ort mausen. Er besuchte also die Bestohlenen und zeigte ihnen den Beutel. »Das ist ja unser Geld!« riefen sie sofort. »Tausend Dank, Meister, daß ihr es gefunden habt.« Der Meister war froh, daß niemand auf die näheren Umstände des Fundes einging. Dann nahm er sich aber vor: der Kobold muß aus dem Haus.

Aber wie ihn loswerden? Zu verschwiegener Stunde besuchte er den Abdecker, der mehr konnte als Brot essen, und trug ihm seine

Bedrängnis vor. »Na«, sagte der, »da ist bald geholfen. Gebt dem Kobold eine unlösbare Aufgabe, und Ihr werdet sehen, er rückt ab. Sagt ihm doch, er soll ein schwarzes Fell weiß machen; umgekehrt ist das wohl möglich. Na, wie gesagt; Ihr werdet ja sehen.«

Und wieder trat der Kobold vor den Meister und fragte: »Was soll ich heute tun?« – »Hier, mache mal das Fell weiß!« Und dabei warf er ihm ein schwarzes Fell zu. – Da kreischte der Kobold laut auf und verschwand durch den Schornstein. In das Haus ist keiner wieder gekommen. (184)

Der Kobold in Schmalzerode und Bischofrode

Zu Schmalzerode [Kr. Eisleben] lebte ein Bauer, der einen Kobold hatte. Und weil er geizig war, forderte er immer mehr von ihm. Doch jeder Kobold kann nur ein bestimmtes Maß von Geld, Getreide und dergleichen auf einmal bringen, der eine mehr, der andere weniger. Wenn man etwas von ihm fordert, was über seine Kraft geht, so muß er einen neuen Herrn suchen.

So mußte auch der Kobold zu Schmalzerode auswandern, weil der Bauer einst zu viel von ihm verlangte. Und er ging zu einem Vetter des Bauern nach Bischofrode, schlich sich in dessen Zimmer, als es eben leer war, legte sich auf das Bett, und als der Bauer hereintrat, rief er ihm zu: »Nimm mich an! Nimm mich an!« – Der Bauer aber wollte ihn nicht annehmen, sondern schlug mit einem Stock nach ihm. Doch wenn er ihn zu treffen meinte, stand der Kobold schon in der entgegengesetzten Ecke der Stube, lachte ihn aus und rief wieder: »Nimm mich an! Nimm mich an!« Bald war er anzusehen wie ein zweijähriges Kind, bald wie ein alter, eisgrauer Mann, doch immer klein.

Zuletzt versprach der Bauer, ihn zu behalten, wenn er das Blut Jesu Christi mit ihm beten könne. Der Bauer betete langsam vor, und der Kobold hielt immer inne und sprach dann einen ganzen Satz rasch hintereinander. Als sie aber an die Worte »das Blut Jesu Christi« kamen, setzte er mehrere Male an und sprach: »Das Blut –, das Blut –«. Dann sprang er verdrießlich auf, stampfte mit dem Fuße und rief: »Ach was, das Blut zicke zacke, zicke zacke«, bleckte die Zähne und lief aus der Stube. – Und er ist nicht wiedergekommen. (185)

Des Kobolds Streiche

In Dahlenwarsleben [Kr. Haldensleben] soll vor nicht gar zu langer Zeit auf einem Bauernhofe im Kopf eines Taubenturms ein Kobold gehaust haben. Er hat dem Hofe Gück gebracht. Man hat sich jedoch vor ihm gefürchtet, ihn gebannt und in das freie Feld getragen. Er sucht in den Hof zurückzukommen. Das ist jedoch nur möglich gewesen, wenn er hineingebracht wird.

Einst geht der Knecht des Hofes auf das Feld, da sieht er ein im Sonnenschein glänzendes Bund Stroh liegen. Er nimmt es mit auf den Hof, da sieht er den Kobold hohnlachend herausspringen.

Von nun an hat der Kobold sein Wesen wieder auf dem Hofe getrieben. Wenn die Hausfrau Zucker geschlagen hat, ist er unter dem Bette hervorgekommen und hat davon genascht. Wenn man ihn ärgerte, melkte er die Kühe und trank die Milch aus oder verschüttete sie. Die Dienstboten und Arbeiter hat er geneckt und geärgert. Er hat sie mit Ziegelsteinen vom Dache aus beworfen; und als ihm einer einmal zugerufen hat, er solle doch lieber mit Kuh- oder Pferdemist werfen, hat er auch das getan. – Wenn er gut gesonnen war, hat er auch wohl die Kühe gemelkt und die vollen Eimer stehen lassen.

Fast in allen Ortschaften in der Nähe Magdeburgs war diese Sage – als in Dahlenwarsleben passiert – bekannt. (186)

Der Bauer und der Kobold

Ein Bauer hatte einen Kobold zu seinem Dienste gezwungen, daß er ihm täglich Speisen, Geld und was er sonst bedurfte zutrug. Wenn er mit einer Bürde in die Tür trat, rief der Bauer ihm jedesmal zu: »Lad ab und hol mehr!« Und wenn auch oft dem Kobold vor Anstrengung der helle Schweiß übers Gesicht lief, so mußte er sich doch gleich wieder aufmachen und weiterziehen.

Eines Tages aber brachte er einen großen Sack voll Dukaten. Da rief der Bauer erfreut: »Lad ab und rast aus. Das ist genug für heut und morgen.« – »So ist es auch für immer genug«, sprach der Kobold und lachte: »Nun gnade dir Gott, daß du mich rasten geheißen hast. Nun bleib ich hier, bis ein Priester, der von aller Sünde frei ist, mich hinweg bannt. Wir wollen uns in die Stube teilen: Du bleibst, wo du bist, und ich setze mich hierher, und der Balken, der quer über die Decke geht, scheidet unser Reich. Und wenn du auf meine Seite kommst, oder wenn du zur Tür hinausschlüpfen willst, dreh ich dir den Hals um.«

Da ward dem Bauer sehr angst, und er rief um Hilfe, daß seine Nachbarsleute zusammen kamen. Doch als sie den Kobold in seinem langen grünen Kleide und mit seinen funkelnden Augen in der Stube sitzen sahen, fürchteten sie sich und blieben draußen. Und der Bauer erzählte ihnen sein Unglück und bat sie, ihm einen Priester zu senden, der den Kobold bannen sollte. – Der Kobold aber lachte und sprach: »Schickt soviel ihr wollt; die sollen mir nichts anhaben. Es leben nur zwei jetzt in der Welt, die mich bannen können, und die wohnen weit von hier, der eine im Morgen und der andre im Abend.«

Und es kamen mehrere Jahre hindurch viele hundert Priester, doch keiner konnte den Kobold vertreiben. Sobald einer auf die Türschwelle trat und seine Bannformeln zu sprechen anfangen wollte, rechnete ihm der Kobold lachend seine Sünden vor, und der Priester wurde rot und mußte umkehren. – Einmal jedoch war der Bauer schon seiner Erlösung nah. Da kam ein Priester, zu dem sagte der Kobold: »Du hättest fast Gewalt über mich: Du hast nur die eine Sünde in deinem Leben begangen, daß du als Knabe deiner Mutter zwei Eier unter der Henne weggenommen hast. Doch darum kannst auch du mich nicht bannen.«

Und so sitzt der Bauer noch heut [1846] mit dem Kobold in der Stube; und obgleich er nichts ißt und trinkt, kann er doch nicht sterben, sondern muß sitzen, bis einer von den beiden kommt, die über den Geist Macht haben. (187)

Der zählebige Kobold

In einem Dorfe bei Zerbst lebte ein Bauer, welcher sehr wohlhabend war und dabei alle Jahre reicher wurde. Obgleich er gar nicht viel Acker und Wiesen hatte, so war doch seine Scheune stets mit Korn gefüllt, und alle Böden über den Ställen waren voll Futter. Dabei gedieh das Vieh auf dem Hofe, und der Bauer konnte mehr fette Kühe verkaufen, als die anderen Bauern alle zuammengenommen. Darum merkten die Bauern im Dorfe, daß auf dem betreffenden Gehöft der Kobold sein müsse, welcher dem Bauer alles zutrage.

Eines Tages nun geschah es, daß auf das Gehöft des Nachbarn von diesem Bauer eine fremde bunte Katze kam. Da sich der Kobold oft als Katze zeigt und niemand das Tier kannte, welches auf dem Gehöft des Bauern war, so dachte sich dieser, die Katze müsse der Kobold des reichen Bauern sein, der auf sein Gehöft gekommen sei. Das schien ihm eine günstige Gelegenheit zu sein, den reichen Bauern um sein Glück zu bringen. Er machte sich daran, die Katze zu fangen, und als ihm das glücklich gelungen war, steckte er sie in einen Sack, welchen er schon dazu bereitgehalten hatte. Darauf rief er sein ganzes Gesinde herbei und sagte den Leuten, was er für einen Fang getan habe. Nun wurde der Sack fest zugebunden. Dann warf ihn der Bauer mitten auf den Hof hin, und nun schlug alles mit Dreschflegeln, Knüppeln und dicken Stöcken auf die Katze los, bis sich nichts mehr im Sacke rüppelte und regte.

Als die Katze tot war, ging der Bauer mit dem Sack nach dem Mist und schüttelte ihn dort aus. Da lag nun die Katze tot da, und alle freuten sich, daß es nun mit dem Glück des reichen Bauern vorbei sei. Darauf gingen alle wieder an die Arbeit.

So mochte etwa eine Stunde vergangen sein. Der Bauer wollte nach der Scheune gehen und kam dabei an dem Mist vorbei. Wer beschreibt aber sein Erstaunen, als er sah, daß die Katze verschwunden war! Da merkte er dann, daß er den Kobold wirklich im Sacke als Katze gehabt hatte, aber auch, daß man einem Kobold nichts Ernsthaftes anhaben kann. (188)

Der Kobold auf der Hochzeit

Will man einen Kobold beschwören, so braucht man nur, wenn man ihn durch die Luft ziehen sieht, das Innere der Mütze nach außen zu kehren: Dann muß er herabkommen und tun, was man von ihm fordert. Dies wußte ein Bauer in Gutenberg [Saalkreis] und beschwor auf diese Weise einen Kobold zu sich, der mit Mehl, Reis, Kaffee, Zucker und dergleichen schwer beladen hoch über ihm hinfliegen wollte.

Als der Kobold vor ihm stand, bat er den Bauer freundlich, er möchte ihn doch freilassen. »Ich habe einem Mädchen viele Jahre gedient«, sagte er, »und morgen hält sie Hochzeit und hat mir versprochen, wenn ich alles, was sie zum Hochzeitsschmause braucht, richtig bringe, soll ich am Abend mit ihr tanzen, und das möcht ich so gern. Und wenn du mich freiläßt, sollst du mit zum Hochzeitsschmaus und Tanz geladen werden; du mußt nur abends hinkommen und durchs Fenster sehen.« – Das ließ sich der Bauer gefallen: Er drehte seine Mütze wieder zurecht, und alsbald flog der Kobold davon.

Am andern Morgen aber machte sich der Bauer auf und wanderte nach dem Dorfe, wo die Hochzeit war; und als es Abend wurde, kam er an und stellte sich an ein Fenster des Zimmers, in welchem die Brautleute mit vielen Gästen versammelt waren. Und er sah, wie der Kobold in einem langen, weiten, grünen Gewande mit der Braut den Vortanz hielt, und wenn sie bei dem Fenster vorbeiwalzten, klopfte er jedesmal leise an die Scheibe. Als der erste Tanz vorüber war, sah er, daß der Kobold heimlich mit dem Brautvater sprach, und sogleich kam dieser heraus und führte den Bauer mit viel Ehren in das Zimmer und gab ihm bei Tisch einen guten Platz. Und so hielt der Bauer eine fröhliche Mahlzeit und tanzte mit bis zum lichten Morgen. (189)

Das rote Männchen

Der Vater des Nachtwächters zu Spickendorf [Saalkreis] pflügte einstmals in der Nähe des früheren Postamtes an der Helleschen Chaussee. Als er mit dem Pflügen aufhörte, um zu frühstücken, fand er bei seinen Kleidern ein kleines rotes Männchen sitzen, welches ihn bat, er möge ihn die Pferde füttern und dann pflügen lassen. Der Knecht wollte aber davon nichts wissen, und als das Männchen nicht auf ihn hörte, drohte er demselben mit Schlägen. Da war das Männchen plötzlich verschwunden.

Als der Knecht heim kam – er diente in Piltitz – und die Pferde in den Stall brachte, dann Häcksel holte, um sie zu füttern, sah er die kleine rote Gestalt in der Krippe herumhocken. – Da ging er zu seinem Herrn und sagte ihm, er wisse nicht, was der dumme Junge in der Krippe wolle, er solle ihn doch fortschicken. Aber der Herr wollte nichts davon wissen, denn er hatte einen reichen Kobold, und das rote Männchen war er. (190)

Der Kobold und die Frau in Klostermansfeld

Im Dorfe Klostermansfeld [Kr. Eisleben] hat eine Frau einen Kobold, der sie alle Sonntage besucht. Wenn zur Kirche geläutet wird, deckt sie den Tisch, stellt zwei Teller hin und setzt sich dazu. Wenn die Predigt in der Kirche beginnt, kommt der Kobold durch den Schornstein geflogen, bringt Speisen und Getränke, und nun sitzen sie zusammen und halten ein köstliches Mahl, bis die Predigt aus ist. Dann fliegt der Kobold wieder durch den Schornstein hinweg. Er ist anzusehen wie helles, loderndes Feuer. (191)

Der Kobold bei Vater und Sohn

Vor vielen, vielen Jahren, so in oder vor der Franzosenzeit, hatte ein Bauer in Geiselröhlitz [bei Merseburg] einen Kobold. In der Wirtschaft des Bauern ging es mit Hilfe des Kobolds über alle Maßen gut. Die Ernten fielen reichlich aus, das Vieh gedieh prächtig, hatte immer ein glattes Fell und blieb von allen Seuchen verschont. Die Kühe verkalbten nie, hatten stets gute, gesunde Kälbchen und gaben mehr Milch als andere Kühe im Dorf, und bei den Schweinen blieb kein Wurf unter einem guten Dutzend Ferkel.

Daß da die Nachbarn auf den Bauern neidisch waren und den Kobold selbst gern gehabt hätten, braucht wohl nicht besonders betont zu werden. Der Kobold wohnte unter den »Hahnebändern« des Wohnhauses des Bauern und wurde von diesem immer selbst gepflegt und mit aller Notdurft versehen. (Die Hahnebänder sind die oberste waagerechte Verbindung der Sparren im Dachstuhl knapp unter dem First.)

Als nun der Bauer gestorben war und sein Sohn den Hof übernommen hatte, wollte dieser in seiner Aufgeklärtheit (vielleicht hatte er auch schon die Winterschule besucht) nichts mehr von dem Kobold wissen und kümmerte sich nicht um ihn. Er war dazu auch viel zu sehr überzeugt von sich und seinem Können. – Ja, als er einmal in der Scheune im Halbdunkel einem kleinen Männlein begegnete, drohte er diesem, ballte die Faust und holte aus, um nach dem Männlein zu schlagen. Der kleine Wicht war aber niemand anders als der gute Kobold seines verstorbenen Vaters. – Ehe der junge Bauer aber zum Schlagen kam, wischte ihm das Männlein zwischen den Beinen hindurch und verschwand. Seitdem aber ging es mit der Wirtschaft des jungen Bauern immer mehr bergab. Mißwuchs und Seuchen stellten sich ein, und es dauerte nicht lange, bis der junge Bauer am Bettelstab sein Vaterhaus verlassen mußte. (192)

Der Kobold in der Windmühle

Ein Windmüller hatte in seiner Mühle auch einen Kobold. Aber das war keiner von der guten Sorte. Das war ein übler Patron und arger Schabernack, den man am liebsten von hinten oder noch lieber gar nicht sah. – Des Nachts nämlich, wenn alles im Mühlengehöft schlief, da wurde es in der Mühle munter. Da rumorte der Kobold in der Mühle herum, da stellte er die Säcke um, verstellte die Mahlgänge und trieb sonstigen Schabernack, so daß der Müller und sein Knappe frühmorgens erst wieder alles richten und ins Lot bringen mußten.

Da kam eines Abends ein Bärenführer in die Mühle und bat um ein Nachtquartier, das ihm die Müllersfamilie auch gern gewährte. Hatten sie doch dadurch wenigstens einmal einen Abend etwas Abwechslung, da die Mühle abseits vom Dorf lag und sie daher in der Abendzeit kaum einmal etwas Gesellschaft hatten. – Der Bärenführer fragte den Müller, wo er den Bären lassen dürfte, und dieser antwortete ihm: »Ach, den stecken wir in die Mühle. Da ist nachts sowieso immer schon wer, und da ist der Bär ja nicht so allein!« – Und so geschah es denn auch.

Was in der Nacht in der Mühle geschehen war, das wußte nachher freilich keiner, denn der Bär konnte es ja nicht erzählen. – Aber das Rumoren hatte seit dieser Nacht aufgehört, und die Säcke wurden nicht mehr vertauscht, und die Gänge waren früh noch so eingestellt, wie man sie abends verlassen hatte. Daß sich der Müller darüber freute, versteht sich wohl von selbst.

Eines Abends, es war schon dunkel, und nur wenige Wochen waren seit dem Besuch des Bärenführers vergangen, war der Müller noch allein in der Mühle; der Geselle hatte bereits Feierabend gemacht. Auf einmal klopft es von draußen an die Tür, und als sich der Müller von innen meldet, ohne die Tür selbst zu öffnen, fragt eine Stimme von draußen: »Lebt die große schwarze Katze noch?«

An dieser Frage erkannte der Müller gleich seinen Urian von Frager und wußte, daß es sein ehemaliger Kobold war, der wohl wieder in die Mühle wollte. Was aber der Müller wiederum gar nicht gern wollte. Der Müller war auch nicht gerade von Dummsdorf und antwortete daher dreist: »Jawull, die läwet noch und hat siem Junge jekriecht!« – Da verschwand der Kobold blitzschnell und ward seit dem Tage überhaupt nicht mehr gesehen. (193)

War es ein Kobold?

Ein Pärchen war im Ogkelschen Busch [Kr. Wittenberg] in die Pilze gegangen. Bald hatte jeder von ihnen einen großen Korb voll schönster Steinpilze gesammelt. Weil es schon spät und dämmrig geworden war, drängte das Mädchen, Lina, nach Hause zu gehen. – Der junge Mann verspottete Lina, daß sie nur Angst habe, weil der Weg nachher durch die Wiese am Koboldsloch vorbei führte. – »Nein«, erwiderte das Mädchen, »aber im Dunkeln gehe ich nicht durch die Sumpfwiese mit den Wasserstellen!« – »Da trage ich dich durch«, meinte Gottfried, der sich stark fühlte.

Und er trug sie wirklich durch. Aber als er dann zurückging, um seinen Henkelkorb zu holen, den er hinter einen dicken Kiefernstamm gestellt hatte, fand er ihn nicht. Es war inzwischen merklich dunkler geworden. Lina, die ungeduldig und ängstlich rief, zwang Gottfried endlich, das Suchen aufzugeben. Er wollte den Korb am andern Tag in der Frühe holen. – Nun höhnte aber das Mädchen: »Du glaubst nicht an den Kobold? Wer hat aber dann deinen Korb versteckt?« – Als er jedoch am andern Abend erzählen mußte, daß er nur den leeren Korb gefunden hatte, und um seine schönen Steinpilze jammerte, stand es für Lina fest, daß ihm der Kobold auch den Korb wegen seines Spottes geleert hatte.

Wie konnte sie wissen, daß die Pilze als gutes Pilzgericht auf dem Mittagstisch des Amtsrichters gestanden hatten. An dessen Frau waren sie schon am Morgen von der alten Meyern verkauft worden, die beim Pilzesuchen in zeitiger Frühe auf den Korb gestoßen war. (194)

Der »Mönch« im Brauhof zu Harkerode

In dem Brauhof, welcher im Tal der Eine bei Harkerode [Kr. Eisleben] liegt, treibt ein umgehender »Mönch« [zwerghafter Hausgeist] seinen Spuk. Er ist dem Eigentümer des Grundstücks ein erwünschter Geselle; Knechte und Mägde dagegen, welche dem Faulenzen ergeben sind, loben ihn nicht und wünschen ihn dahin, wo der Pfeffer wächst. Der Mönch hält Ordnung im Hause und schaut umher, ob er jemand auf dem faulen Pferde findet. Ist das der Fall, so regnet es im Hui Prügel auf den Buckel des Saumseligen.

Sieben Jahre hintereinander macht er so den Haus- und Stockmeister im Brauhof; am Ende derselben aber wandelt er jedesmal hinauf nach den Trümmern der Burg Arnstein. Dort vollführt er ein so grausiges Poltern und Lärmen, daß dem, der es hört, die Haare zu Berge steigen. Nach kurzer Zeit wird es dann in dem öden Gemäuer wieder ruhig. Dann aber übernimmt der Mönch unten im Brauhof sein Regiment von neuem und haut unbarmherzig auf die Rücken ein, die sich nicht gern krümmen. (195)

Der dreibeinige Mops zu Klein Schwarzlosen

In Klein Schwarzlosen [Kr. Stendal] war einmal eine alte Frau; das war ein böses Weib, und niemand wollte mit ihr gern etwas zu tun haben. Sie selbst ließ sich auch nur selten im Dorfe sehen und blieb fast immer in ihrem Hause, dessen Fensterläden sie nur selten öffnete.

Die Leute im Dorfe sollten nämlich nicht sehen, wie sie all das Geld zählte, das ihr der Teufel zutrug, mit dem sie im Bunde stand. Schon längst hatten dieselben gemunkelt, es ginge nicht mit rechten Dingen zu, daß die alte Frau so viel Geld habe. Als nun einst der Nachtwächter um Mitternacht gesehen hatte, wie ein dreibeiniger Mops zur kleinen Tür des Hauses der alten Frau hineinhumpelte, da hieß es von der Zeit allgemein, daß dies Tier ihr alles Geld zubringe. Dieser dreibeinige Mops war aber der Teufel, und das alte böse Weib fütterte das böse Tier ganz oben auf einem entlegenen Dachkämmerchen täglich mit Milch und Semmel.

Das Geld brachte aber der Frau kein Glück und keinen Segen. Schließlich nahm sie doch ein klägliches Ende. Denn der Teufel zwang sie eines Tages dazu, daß sie den Strick nahm und sich am Fensterhaken aufhängte. – Als man schon lange Zeit die alte Frau gar nicht mehr gesehen hatte, drang man in ihr Haus und fand, daß sie schon lange tot war. Fortan hieß es im Dorf, daß der Böse das böse Weib geholt habe. (196)

Der »Drache« in Obernessa

In Obernessa [Kr. Weißenfels] wohnte vor Jahren eine alte Frau, von der heute noch erzählt wird, daß sie den »Drachen« gehabt hätte. Sie habe ihn gut gefüttert und dadurch viele Vorteile gehabt. Im Sommer zur Erntezeit lieferte er ihr sogar das Mittagessen, so daß sie wenig Arbeit hatte und bis zur Mittagspause mit auf dem Felde bleiben konnte. Kam sie dann heim, so stellte sie nur die Schüssel in die Feueresse und rief: »Hänschen, gäk (brich dich)!« Da war die Schüssel voll der allerbesten Kartoffelklöße. – Weil es aber alle Tage dasselbe Mittagessen gab, wollte niemand mehr bei ihr als Knecht oder Magd arbeiten. Heimlich flüsterte man sich, daß die Frau mit dem »Drachen« im Bunde war.

Am Sonntag hielt die Frau streng darauf, daß der Knecht und die beiden Mägde zur Kirche gingen. Kamen sie dann heim, so war jedesmal der beste Kuchen fertig. Aber er sah stets grau aus. – Da sagte eines Tages der Knecht zu den Mägden: »Am nächsten Sonntag nehmt mal mein Gesangbuch mit und tut, als ginge ich mit zur Kirche. Ich will mich indessen auf den Backofen legen, um zu lauschen, wie die Frau den Kuchen bäckt.« – So geschah es denn auch. Kaum waren die beiden Mägde fort, da hat die Frau die Türen verschlossen und das Kuchenbrett auf den Tisch gelegt. Dann sagte sie:

»Hänschen, gäk
lauter eiergelben Kuchendeek!«

Aber ängstlich hatte das Untier geantwortet: »Nee, Frau, es guckt!« Damit hatte der »Drache« den Knecht auf dem Backofen gemeint. – Die Bauersfrau aber antwortete: »Nee, komm nur, es guckt niemand!« Und nun brachte er allerlei schönsten Kuchen aus seinem Rachen hervor. – Heimlich hat das dann der Knecht den beiden Mägden erzählt. Keiner aß auch nur ein Stück von dem Kuchen, und sie verließen alle drei bald den Dienst.

Später hat dann eine andere Magd der Frau einmal ganz frei ins Gesicht gesagt: »Eßt euer Drachengekäktes selber!« Die Frau wurde leichenblaß, das Dienstmädchen aber zog noch am gleichen Tag in eine andere Stelle. (197)

Das Zwergenvolk

Von den Hölen oder Zwerg-Löchern zwischen Elbingerode und dem Rübelande

Man findet zwischen dem albereit gedachten Ambt und Stadt Elbingerode und dem Rübelande auch Hölen / welche die Zwerg-Löcher heissen / ... es halten etliche mit denen gemeinen Leuthen davor / daß von Alters in allen denen vor besagten Zwerg-Löchern ohnfehlbar Zwerge ihre Wohnungen gehabt / wie denn auch etliche von denen jetzt gemeldten Hölen erzehlen wollen, daß sie von alten Leuthen gehöret hätten / wie vormahls Zwerge in denenselben sich aufgehalten / von welchen denen Einwohnern zu Elbingerode alle Güte erzeiget worden / denn wenn daselbst Hochzeiten vorgefallen / so wären die Eltern oder Anverwandten derer Verlobten nach solchen Hölen gegangen / und hätten von denen Zwergen meßingene und kupferne Kessel / eherne Töpfe / zinnerne Schüssel und Teller / auch anderes nöthiges Tisch- und Küchen-Geschirr verlanget / auch so bald bekommen / als sie nun ein wenig zurück gegangen / massen von denen Zwergen gleich darauf die verlangten Sachen vor den Eingang derer Hölen gesetzet worden / alsdenn diejenigen / so solches begehret / sich wieder hinzu gemachet / und dasselbe abgeholet hätten; wenn nun die Hochzeiten vorbey gewesen / habe man alles Geborgete wieder dahin gebracht / und zur Danckbarkeit etwas Speise darbey gesetzet. Andere aber wollen durchaus nicht gestehen / daß darinnen Zwerge gewohnet hätten / weilen man daran zweifele / ob es iemahls gantze Völcker oder einzelne Familien von rechten Zwergen gegeben habe und noch gebe / sondern es wären solche Hölen vormahls nichts anders als Retiraden und Schlupff-Löcher zu Krieges-Zeiten gewesen / darinnen das Volck aus denen kleinen und andern unverwahrten Städten / wie auch aus dem offenen Lande ihre Güther in Sicherheit gebracht / und sich daselbst vor dem Feinde verborgen und aufgehalten hätten ... (198)

Die diebischen Zwerge

Einst wohnten viele tausend Zwerge in den Felsklüften und in den noch vorhandenen Zwerglöchern. Aber nur selten erschienen sie den Landesbewohnern in sichtbarer Gestalt. Gewöhnlich wandelten sie, durch ihre Nebelkappen geschützt, ungesehen und ganz unbemerkt unter ihnen umher. Manche dieser Zwerge waren gutartig und den Landesbewohnern unter gewissen Umständen sehr behilflich, die z. B. bei Hochzeiten und Kindtaufen mancherlei Tischgeräte aus den Höhlen der Zwerge erborgten. Nur durfte sie niemand zum Zorn reizen; sonst wurden sie tückisch und bösartig und taten dem, der sie beleidigte, allen möglichen Schaden.

In dem Tal zwischen Blankenburg und Quedlinburg bemerkte einst ein Bäcker, daß ihm immer einige der gebackenen Brote fehlten; und doch war der Dieb nicht zu entdecken. Dieser beständig fortdauernde geheime Diebstahl machte, daß er allmählich verarmte. Endlich kam er auf den Verdacht, daß die Zwerge Ursache an seinem Unglück sein könnten. Er schlug also mit einem Geflechte von schwanken Reisern so lange um sich her, bis er die Nebelkappen einiger Zwerge traf, die sich nun nicht mehr verbergen konnten. Es wurde Lärm. Man ertappte bald noch mehrere Zwerge bei Diebereien und nötigte endlich den ganzen Überrest des Zwergenvolks auszuwandern.

Um aber die Landeseinwohner einigermaßen für das Gestohlene zu entschädigen und zugleich die Zahl der Auswandernden überrechnen zu können, wurde auf dem jetzt sogenannten »Kirchberg«, bei dem Dorf Thale [1800], wo sonst Wendhausen lag, ein großes Gefäß hingestellt, worin jeder Zwerg ein Stück Geld werfen mußte. Dieses Faß fand sich, nach dem Abzug der Zwerge, ganz mit alten Münzen angefüllt. So groß war ihre Anzahl.

Das Zwergenvolk zog über Warnstedt (einem Dorf unweit Quedlinburg) immer nach Morgen zu. Seit dieser Zeit sind die Zwerge aus dieser Gegend verschwunden. Nur selten ließ sich seitdem hier und da ein einzelner Zwerg sehen. (199)

Der Abzug der Zwerge

In den Kalklöchern zwischen Sachsa und Walkenried [bei Blankenburg] haben ehemals auch Zwerge gehaust. Die haben den Menschen die Kinder gestohlen und sie dann gebraten und ihnen auch sonst vielen Schaden sowohl an den Feldern als am Vieh getan. Man hat sie aber nie sehen können, weil ihre Nebelkappen sie unsichtbar machten. Namentlich haben sie auf den Mühlen ihr Wesen getrieben und das Mehl und Brot weggeschleppt, bis man endlich angefangen hat, Kümmel zu mahlen und ins Brot zu bakken. Da sind sie fortgeblieben. Das ist aber so gekommen:

Eines Sonntags morgens geht mal ein Bauer an seinem Erbsenfeld entlang und sieht, was ihm die Zwerge wieder für Schaden getan haben. Und wie er so mit seinem Stocke unter den Erbsenranken umherstöbert, steht auf einmal ein Zwerg vor ihm, dem er die Nebelkappe abgeschlagen hat. Der bittet ihn ganz jämmerlich, er möge ihm doch das Leben schenken, er wolle ihm auch sagen, wie man die Zwerge loswerden könne: Sie sollten nämlich Kümmel ins Brot backen; das könnten jene nicht vertragen und würden abziehen. Dann solle er auf der Straße nach Sachsa eine große Braupfanne aufstellen, in die würde jeder Abziehende etwas hineinwerfen; da könne man denn sehen, wieviel ihrer seien.

Das hat der Bauer alles getan, und als er am Abend die Braupfanne aufgestellt hat, ist sie am andern Morgen bis zum Rande mit kleiner Münze angefüllt gewesen. (200)

Die zwei unterirdischen Weiber

Folgende Begebenheit hat Praetorius von einem Studenten erfahren, dessen Mutter gesagt hatte, sie sei zu Dessau geschehen:

Nachdem eine Frau ein Kind zur Welt gebracht, hat sie es bei sich gelegt und ist noch vor dessen Taufe in einen tiefen Schlaf verfallen. Zur Mitternacht sind zwei unterirdische Weiber gekommen, haben Feuer auf dem Hausherde gemacht, einen Kessel voll Wasser übergesetzt, ihr mitgebrachtes Kind darin gebadet und abgewaschen, solches hernach in die Stube getragen und mit dem andern schlafenden Kind ausgetauschet. Hierauf sind sie damit weggegangen, bei dem nächsten Berg aber um das Kind in Streit geraten, darüber es eine der andern zugeworfen und gleichsam damit geballet haben, bis das Kind darüber geschrien und die Magd im Hause erwachet. Als sie der Frauen Kind angeblickt und die Verwechslung gemerkt, ist sie vors Haus gelaufen und hat die Weiber noch also mit dem gestohlenen Kind hantieren gefunden, darauf sie hinzugetreten und hat mitgefangen. Sobald sie aber das Kind in ihre Arme bekommen, ist sie eilends nach Haus gelaufen und hat die Wechselbutte vor die Tür gelegt, welche darauf die Bergfrauen wieder zu sich genommen. (201)

Strafe für beschmutzte Schüsseln

Oft ist's auch geschehen, daß die Bauern, wenn sie eine Hochzeit oder ein Kindtaufen gehabt haben, dann sind sie zu den Zwergen gegangen und haben da Schüsseln und anderes Gerät geborgt. Das haben sie nachher mit Kuchen und anderen Hochzeitsspeisen an den bestimmten Orten wieder hingesetzt.

Ein Schäfer hat einmal solche Schüssel gefunden, und da hat er sich darüber hergemacht, allen Kuchen und Braten aufgegessen. Als er nun fertig war, hat er sich gar hingesetzt und hat die Schüssel beschmutzt. Aber das haben ihm die Zwerge gar übel genommen und beschlossen, ihn zu strafen.

Als daher mal wieder eine Hochzeit in der Nähe war, kommt ein Zwerg zu demselben Schäfer und fragt ihn, ob er sich mal recht satt essen und trinken wolle, dann solle er mit auf die Hochzeit kommen. Darauf geht er ein, der Zwerg setzt ihm eine Nebelkappe auf, und nun gehen sie zur Hochzeit.

Da gab's volle Schüsseln. Aber die waren kaum auf den Tisch gesetzt, so waren sie leer; und die Zwerge aßen den Leuten alles vor der Nase weg, und die begriffen gar nicht, wie das zuging. – Endlich, als nun die letzte Schüssel kommt, sagt der Zwerg zum Schäfer, er solle sich nun auch hinsetzen und die Schüssel schänden, wie er es neulich getan. – Da setzt er sich hin. Aber im Augenblick zieht ihm der Zwerg die Nebelkappe ab, und da sitzt er vor der

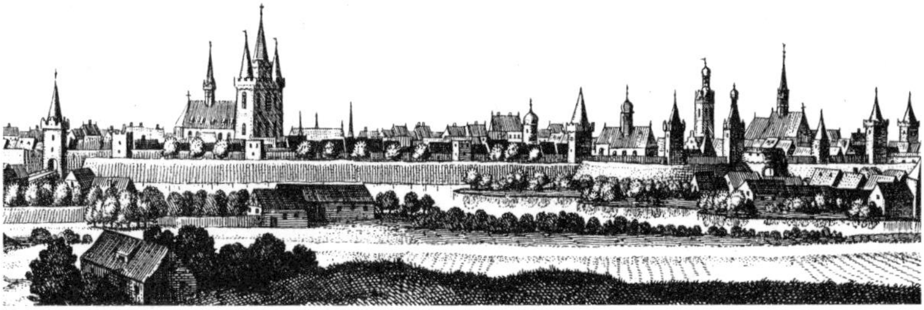

Zerbst um 1650

ganzen Hochzeitsgesellschaft auf dem Tisch. Da haben denn die Bauern so wacker auf ihn losgeschlagen, daß er kaum mit dem Leben davongekommen ist. (202)

Die Erdmännchen und der Domherr

Auf dem Butterdamm vor dem Zerbster Heidetore gab es vorzeiten eine große Zahl von Erdmännchen, die den Vorübergehenden durch ihre Begleitung oft lästig fielen. Sie waren zwar gutartig und den Menschen nicht abhold, konnten aber doch auch sehr ungemütlich werden, wenn sie von den Menschen geneckt wurden. Alle erdenklichen Mittel, die auf eine dauernde Befreiung von diesen kleinen Plagegeistern hinzielten, waren bereits angewandt worden, aber keins hatte sich als wirksam erwiesen.

Endlich erinnerte sich ein Zerbster Ratmann, früher einmal gehört zu haben, daß die Bannsprüche der Lutherischen und Reformierten bei weitem nicht so kräftig und wirkungsvoll als die der Katholiken seien. Auf seinen Vorschlag berief man einen katholischen Domherrn vom Erzstifte Magdeburg. Dieser erschien denn auch bald darauf und nahm im Gasthofe »Zu den drei Linden« am Nikolai-Kirchhofe Wohnung. Von dort begab er sich nach dem Butterdamm, sprach seine Beschwörungsformeln – und seit dieser Zeit sind die Zwerge für immer verschwunden. (203)

Der rätselhafte Burghügel bei Teuchern

Zwischen Teuchern und Deuben liegt der Burghügel. Er gehörte lange, lange Zeit zum Rittergut Teuchern. Einst wollte man diesen Hügel abtragen, um dadurch bessere Felder zu bekommen. An dem Tage nun, an dem man mit den Erdarbeiten begann, starb auf der nahe dem Hügel liegenden Weide ein Stück Vieh, ohne daß man dem Tiere vorher etwas angemerkt hatte. Am zweiten Tag der Abtragung des Hügels verendete wieder ein Rind der Herde, das eben noch ganz gesund gewesen war. Am nächsten Tag wiederholte sich das sonderbare Zusammentreffen.

Da meinte der Hirt, die Zwerge und Schwarzelfen, die nach altem Glauben in dem Hügel wohnten, brächten das Vieh um. Sie rächten sich an dem Gutsherrn, der durch die Abtragung des Hügels ihre Wohnung zerstören ließe, und töteten die Rinder.

Als der Gutsherr von den Reden seines Hirten hörte, lachte er darüber. Er ließ am nächsten Tage ruhig weitergraben. Doch wieder starb ganz plötzlich ein bisher ganz gesundes Rind. »Das ist irgendeine uns noch unbekannte Viehseuche«, sagte der Gutsherr. »Sicher werden in den nächsten Tagen noch mehr Tiere sterben, obwohl ich das Graben am Hügel einige Zeit einstellen lasse.« – Doch siehe, als die Arbeit am Hügel ruhte, verendete kein Tier; alle blieben gesund.

»Das ist nur ein Zufall«, sagte der Gutsherr. »Morgen wird wieder mit der Abtragung des Hügels begonnen werden.« Es geschah. Aber am selben Tage stellte sich auch das Viehsterben wieder ein. – Da wurde es dem Rittergutsherrn unheimlich, und er befahl, das Einebnen des Hügels zu lassen.

Jetzt ist der Hügel abgetragen, nur der Name blieb erhalten. (204)

Nixen und andere Wassergeister

Magdeburger Nixen

Zu Magdeburg an einer Stelle der Elbe ließ sich oft die Nixe sehen, zog die überschwimmenden Leute hinab und ersäufte sie. Kurz vor der Zerstörung der Stadt durch Tilly schwomm ein hurtiger Schwimmer um ein Stück Geld hinüber. Als er aber herüber wollt und an den Ort geriet, wurde er festgehalten und hinuntergerissen. Niemand konnte ihn retten, und zuletzt schwamm sein Leichnam ans Ufer. Zuweilen soll sich das Meerwunder am hellen Tag und bei scheinender Sonne zeigen, sich ans Ufer setzen oder auf die Äste anstehender Bäume und wie schöne Jungfrauen lange, goldgelbe Haare kämmen. Wenn aber Leute nahen, hüpft es ins Wasser.

Einmal, weil das Brunnenwasser hart zu kochen ist, wollte die Bürgerschaft eine Wasserleitung bauen lassen. Man fing an, große Pfähle in den Fluß zu schlagen, konnte aber bald nicht weit vorrükken. Denn man sah einen nackenden Mann in der Flut stehen, der mit Macht alle eingesetzten Pfähle ausriß und zerstreute, so daß man den vorgenommenen Bau wieder einstellen mußte. (205)

Nixe in Sachsen-Anhalt

Der Nix erscheint gewöhnlich als ein kleiner, freundlicher Knabe in grünem oder rotem Röckchen, mit hellfunkelnden Augen und oft mit langem, grünem Haar und grünen Zähnen. Bisweilen aber gleicht er einem erwachsenen Manne, hat ein altes, tückisches Gesicht und Krallen an den Händen. Er wohnt mit Frau und Kindern auf dem Grunde der Flüsse und Seen; einzelne Nixe hausen auch in Brunnen. Wo ganze Familien zusammen sind, führen sie Wirtschaft wie die Menschen. In den benachbarten Dörfern und Städten kaufen sie ein, was sie bedürfen, und in der Dölauer Heide sieht man die Nixe von Lettin [bei Halle] oft Holz lesen. An den

Weiden, die in verschiedenen Gegenden an der Saale und Elster stehen, trocknen die Nixen bei heiterm Wetter ihre Wäsche: Sie setzen sich dann in den Wipfel der Weide, breiten die Hemden und Röcke an den Zweigen rings um sich aus, und wenn alles trocken ist, nehmen sie es ab und steigen wieder damit ins Wasser.

In ganz Sachsen weiß man, daß die Nixe Kinder vertauschen; doch meint man gewöhnlich, daß sie nur in den ersten sechs Wochen Gewalt über sie haben. Nixkinder sind sehr häßlich, oft über und über behaart und lernen sehr spät oder gar nicht sprechen und gehen. Doch als man einst in Gutenberg solch einen »Kielkropf«, der nie aus der Wiege gekommen war, allein in der Stube ließ, sprang er auf und zerschlug alles, was er fand.

Am Johannistage fordern die Nixe der Elbe, Saale, Unstrut und Elster ihr Opfer. Darum gehen viele Schiffer zu Johanni nicht aufs Wasser, wenn sie nicht müssen. Den Namen dessen, welchen der Nix als Opfer verlangt, pflegt er dreimal zu rufen; und dann treibt es den Menschen unwiderstehlich zum Flusse, und er wird vom Nix hineingezogen. Auch zu andern Zeiten aber verlocken Nixe die Menschen. Zu Passendorf [bei Halle] in dem Teiche hinter der Kirche wohnt ein Nix, der, wenn jemand abends vorbeigeht, oft mit klagender Stimme ruft: »Komm, komm, komm; ich habe lang auf dich gewartet! Wo bleibst du denn? Komm, komm, komm!« Geht ein Mann vorbei, so ruft er mit feinem und weichem Tone wie ein Mädchen; kommt aber ein Mädchen, so ist die Stimme wie die eines jungen Burschen.

Am Zörnitzberge bei Wettin halten die Nixe bisweilen bei Nacht einen Tanz. Da hört man eine helle, fröhliche Musik und sieht viele kleine Männer und Frauen aus der Saale steigen, die sich bei den Händen fassen und mit zierlichen kleinen Schritten und Sprüngen ihren Reigen aufführen; und von Zeit zu Zeit springen einige ins Wasser, und andre kehren an ihrer Stelle zurück. (206)

Der Nix holt die Wehmutter

Bei Giebichenstein in der Saale wohnte ein Nix mit seiner Frau. Der kam einst bei Nacht zur Wehmutter und bat sie, mit ihm zu gehen. Da sie sich jedoch weigerte, drohte er sie auf der Stelle zu erschlagen, wenn sie ihm nicht folge. Da ging sie denn zitternd hinter ihm her; und wie sie an die Saale kamen, schlug der Nix mit einer Rute auf das Wasser. Alsbald taten sich die Wellen auf, und beide schritten eine schöne, breite Treppe hinab in das Nixhaus, welches ein hoher, königlicher Palast war und von Gold und Silber und Edelsteinen strahlte. Die Wehmutter fand hier das Nixweibchen in Kindesnöten und stand ihr bei. Und als sie fertig war und der Nix aus der Stube ging, ihre Bezahlung zu holen, raunte ihr das Weibchen heimlich zu: »Wenn mein Mann jetzt wiederkommt und Euch große Schätze anbietet, nehmt ja nicht mehr, als Ihr gewöhnlich von den Menschen bekommt; sonst könnte es Euch übel ergehen.«

Da kam der Nix zurück mit einer großen Mulde voll Goldgulden und anderer Gold- und Silbermünze, und er sprach zu der Frau: »Hier nehmt für Eure Mühe so viel Euch gefällt.« Und dabei wühlte er mit der Hand in der Mulde, daß die Stücke lustig klimperten, und hielt sie ihr hin. Sie aber nahm nur ein Viergroschenstück. »Das ist dein Glück, Alte«, sprach der Nix, »hättest du mehr genommen, so hätt' ich dir den Hals umgedreht.« Hierauf führte er die Wehmutter wieder zu der Treppe, und sie stieg voll Angst die Stufen hinauf und hörte das Wasser hinter sich zusammenrauschen. Doch wagte sie sich nich umzusehen, bis sie auf ihrer Türschwelle stand. (207)

Der Nix bringt ein geraubtes Kind wieder

Eine Bäuerin setzte ihr Kind auf dem Felde ins Gras und ließ es allein, weil sie ihrer Arbeit nachgehen mußte. Als sie wiederkam, fand sie ein fremdes, sehr häßliches Kind an der Stelle des ihren und sah wohl, daß dies ein Nixkind war. Sie klagte dem Vogte des Gutes ihre Not, und der Vogt fragte, ob sie ihr Kind wiederzuhaben wünsche, auch wenn es darum etwas braun und blau geschlagen würde. – Und da sie antwortete, sie wolle ihr Kind lieber tot wiederhaben als ein Nixkind großziehen, begann der Vogt den Wechselbalg unbarmherzig mit der Hetzpeitsche zu hauen und tat dies eine lange Weile. Dann gingen sie einige hundert Schritt von dem Kinde weg übers Feld, und wie sie zurückkamen, lag das rechte Kind wieder da, doch war es am ganzen Leibe zerkniffen und zerzaust.

Wenn nämlich der Nix ein Kind vertauscht hat, so tut er ihm alles an, was man seinem Kinde antut. Darum lassen manche Eltern, die ihre Kinder zu lieb haben, als daß sie ihnen ein Leid zufügen sollten, sie lieber beim Nix und erweisen den Nixkindern alles Gute, weil sie wissen, daß es ihren Kindern vergolten wird. (208)

Die tanzenden Nixen von Hohenkirchen

Nicht weit von Hohenkirchen [Kr. Naumburg] lag früher ein großer Teich, in dem Nixen lebten. Oft halfen sie den Leuten, die auf den Feldern in der Nähe des Teiches arbeiteten. Aber die Wöchnerinnen mußten sich in acht nehmen, daß ihnen die Nixen ihre Kinder nicht wegholten und dafür einen Wechselbalg in die Wiege legten. Wenn in den Nächten der Mond recht hell schien, dann bleichten die Nixen ihre Wäsche. Sie mußte schneeweiß sein, das war ihr Stolz. Kam es einmal vor, daß ein Fuhrmann nachts auf der Straße im Vorüberfahren den Staub aufwirbelte und die Wäsche beschmutzte, dann wurden die Nixen sehr böse und machten die Pferde scheu.

Gern gingen die Nixen an Sonn- und Feiertagen nach Hohenkirchen zum Tanz. Sie waren dort mit den Burschen und Mädchen fröhlich und tanzten wacker mit. Einmal begleitete ein junger Bursche aus dem benachbarten Hartha seine hübsche Tänzerin nach Hause, wußte aber nicht, daß sie eine Nixe war. Als sie beide an den großen Teich kamen, nahm die Nixe eine Rute und schlug damit ins Wasser. Da tat es sich auf bis zum Grunde, und der junge Bursche mußte zusehen, wie seine schöne Begleiterin hinabschritt und verschwand. Da packte ihn das Grauen, und er rannte seinem Heimatdorf Hartha zu. Vor dem neunten Tage hätte er nun von seinem Erlebnis niemand etwas erzählen dürfen. Da er es aber tat, mußte er bald darauf sterben. Die Nixen trauerten über seinen Tod, und das Wasser des Teiches färbte sich schwarz zum Zeichen der Trauer. Später ist der Teich allmählich ausgetrocknet. (209)

Die Elbjungfer und der Bursche

Gar mancherlei weiß die Sage zu erzählen von den Wassergeistern der Elbe. So berichtet sie auch von einer Elbnixe, die in Gestalt eines Mädchens erschien, so wunderhold und lieblich, daß eine Jungfrau von solcher Schönheit nicht auf zehn Meilen in der Runde zu finden war. Sie trug gewöhnlich ein Kleid von der Farbe der blauen Elbflut, das unten immer eine Hand breit naß erschien, und dazu ein schilfgrünes Mieder, mit blitzenden Demanttropfen besetzt. Zuweilen war sie auch wie die Bürgertöchter gekleidet, nur daß der eine Zipfel ihrer Schürze stets naß war. Dieses seltsame Mädchen kam immer an den Markttagen allein auf den Markt, kaufte Brot, Fleisch und Obst ein, legte alles in ein Körbchen, das sie am Arme trug, und ging wieder zum Stadttor hinaus, ohne daß man erfuhr, woher sie kam und wohin sie ging.

Einst wagte es ein junger Bursche, der schon immer gar großen Anteil an der holden Erscheinung genommen hatte, der Jungfrau durch das Stadttor zu folgen, als sie abermals mit gefülltem Korbe vom Markte wegging, und fragte, ob er sie begleiten dürfe. – Sie gab ihm eine verneinende Antwort und bat ihn, er möge nicht weiter in sie dringen und sie ihres Weges ziehen lassen.

Da sich der Jüngling aber nicht abweisen ließ, so sagte sie ihm, daß sie eine Nixe sei und tief unten auf dem Grunde des Elbstroms bei ihrem Vater und ihren Brüdern wohne, für die sie auf dem Markte einkaufen müsse. – Dadurch ließ sich aber der Jüngling nicht abschrecken, sondern bat sie, ihn zu ihrem Gatten zu nehmen; dann wolle er hinabsteigen von der Erde zu ihr unter die Wellen und dort bei ihr bleiben.

Das hat die schöne Jungfrau dermaßen gerührt, daß sie ihm

versprach, sie wolle ihren Vater und ihre Brüder fragen, ob sie ihn mitbringen dürfe. Er solle am Ufer harren und wohl acht geben, wenn sie ins Wasser gesprungen sei. Wenn nämlich ein Teller mit einem Apfel aus dem Wasser hervorkommen werde, dann sei alles gut, dann könne er getrost nachspringen, und sie werde ihn in ihren Armen auffangen. Färbten sich aber die Fluten rot, so sei es um sie geschehen, sie habe dann mit ihrem Leben das ihm jetzt gegebene Versprechen büßen müssen; denn ihre strengen Brüder hätten sie dann umgebracht. Noch einmal blickte sie ihn zärtlich an, dann tauchte sie in die Flut. Allein nach wenigen Augenblicken wallte es aus dem Wasser wie Blut auf. Da wußte der Jüngling, was ihr geschehen war, und ging tiefbetrübt in die Stadt zurück. (210)

Die Nixe von Trotha und der Fleischer

Zu Trotha wohnte eine Nixe, welche alles, was sie für ihre Wirtschaft brauchte, auf dem Markte in Halle einkaufte. Sie ging auf dem Hin- und Rückwege mit den übrigen Marktleuten und unterhielt sich vertraulich mit ihnen; und sie ahnten nicht, daß es eine Nixe war. Nur fiel ihnen auf, daß ihre Schürze immer naß war.

Als sie nun einst zu Halle in einem Fleischerladen stand, bemerkte der Fleischer, daß sie nur ein Nasenloch hatte. Daran erkannte er sie als Nixe und bat sie, ihm das Stück zu zeigen, von welchem sie zu kaufen wünschte. Und wie sie mit dem Finger darauf wies, hieb er ihr mit dem Beile die Hand ab. Da eilte sie zornig hinweg und schwur, sich zu rächen.

Von nun an hütete sich der Fleischer wohl, in einem Flusse oder Teiche sich zu baden. Doch als er einst aufs Land gegangen war, überraschte ihn ein heftiger Regen, der bald die ganze Gegend überschwemmte, und wie er, um sich vor der Flut zu retten, immer rascher lief, glitt er aus und fiel in einen Graben, in dem er ertrank. So war die Drohung des Nixweibchens in Erfüllung gegangen. (211)

Der beleidigte Nix aus dem Süßen See

Ein alter Aseleber erzählte folgendes: Auf dem Klausanger am Süßen See bei Aseleben hat in der Gegend der langen Weiden vor Zeiten ein Dorf gelegen, in welchem sich der Nix aus dem Süßen See, der bei den langen Weiden wohnte, öfter sehen ließ.

Eines Tages sah ein Schäfer aus diesem Dorf den Nix auf einer Weide sitzen. Derselbe hatte ganz rote Kleidung an, sonnte und kämmte sich. Näher gekommen, schrie der Schäfer dem Nix zu: »Nun, du alter Halunke, was machst du denn da?« Und schlug zugleich mit seinem Hakenstock nach ihm. Jedoch der Nix wich dem Schlage aus und entwischte. Im Verschwinden rief er dem Schäfer drohend zu: »Von nun an soll auch alle Jahre jemand von deiner Familie in mein Reich kommen!«

Der Schäfer ließ sich diese Drohung wenig zu Herzen gehen und ging heim. Einige Tage später mußte seine Tochter die Schafe am See weiden, bekam dabei Durst und ging an den See, um zu trinken. Kaum hatte sie sich zum Wasser niedergebogen, da fuhr auf einmal der Nix heraus, erfaßte sie am Genick und zog sie hinab. – Darum sagen die Leute, wenn jemand im See ertrunken ist: »Den hat der Nix geholt!« (212)

Der Nickelmann und der Knabe

Bei Hadmersleben (Kr. Oschersleben] waren einmal ein Paar Knaben hinausgegangen an die Bode, um Wurzeln, die das Wasser freigespült hatte, abzuhauen, damit sie Holz zur Feuerung hätten. Wie sie dabei beschäftigt sind, taucht auf einmal die Wassernixe schnell wie der Blitz empor und setzt sich auf die Wiese ihnen gegenüber am untern Ufer und kämmt ihre schönen langen Haare; aber ebenso schnell, wie sie kam, ist sie auch wieder verschwunden.

Die Knaben sind noch ganz verwundert über den Anblick und schicken sich an, eben wieder ans Werk zu gehen. Da taucht plötzlich der Nickelmann empor und schnappt nach einem der Knaben, und eh der andere noch schreien kann, ist er schon mit ihm hinunter in die Flut, und das Wasser schlägt über ihnen wie ein Kreisel zusammen. Da läuft denn der andere schnell nach Hause, und die Eltern und gute Nachbarn kommen sogleich mit Stangen und Netzen, aber nirgends ist eine Spur mehr von dem Kinde, so daß sie endlich von fruchtlosem Suchen abstehn. – Endlich am dritten Tage kam das Kind von selbst wieder zum Vorschein und – wunderbarerweise – war am ganzen Leibe tief kornblau. (213)

Die versunkene Brautkutsche

Auf den Wiesen bei Obernessa [Kr. Weißenfels] befindet sich die Quelle der Nessa. Früher floß sie viel stärker als jetzt. Die Wiesen waren dort sehr sumpfig, und nur in trockenen Jahren konnte man bis an die Quelle heran. Alte Leute erzählten, daß in der Quelle der Wassergeist, der Nix wohne. Er versuche, sich in den Besitz eines reinen, frommen Mädchens zu setzen und sie mit seinen grünen Froschfingern in sein Wasserschloß hinabzuziehen. Dann könne er in Menschengestalt unter die Menschen gehen. Aber die jungen Leute hielten das für eine Mär der Alten und glaubten es nicht.

Einmal hatte eine schöne, fromme Jungfrau Hochzeit. In der geschmückten Brautkutsche fuhr man zur Kirche. Wie es seit altersher Sitte war, benutzte man zur Heimfahrt einen andern Weg, denn der Rückweg muß ein anderer sein als der Hinweg. Er führte an den Nessawiesen entlang. Mittlerweile aber waren dunkle Gewitterwolken am Himmel aufgestiegen. Unerwartet zuckte ein greller Blitz auf, und sogleich folgte ein gewaltiges Donnerrollen. Hoch bäumten sich die Rosse und rasten mit dem entsetzten Brautpaar über die Wiese gerade auf die Quelle zu. Dort versank plötzlich die Kutsche mit Pferden, Kutscher und Brautleuten in dem Sumpf und ward nicht wieder gesehen. Sonntagskinder behaupteten später, sie hätten die Braut weinend auf dem Grunde der Quelle sitzen sehen. (214)

Schlangen und Kröten

Der Schlangenkönig

Es ist schon lange her, da beobachtete einmal ein Graf von der Asseburg unweit des Falkensteins den Schlangenkönig. Das Tierchen tummelte sich unter einem Mispelstrauche und hatte sein Krönchen neben sich ins Gras gelegt. Der Graf baute nun mit seinem Bruder einen Plan auf, wie sie sich in den Besitz des Krönchens setzen könnten. Sie schlachteten ein Rind und nahmen das Fleisch mit sich aufs Pferd. Am Mispelstrauche angelangt, stiegen sie ab und breiteten ein schwarzseidenes Tuch auf den Rasen. Nun warteten sie der Dinge, die da kommen sollten. Nach einiger Zeit erschien der Schlangenkönig und bezüngelte das Tuch – es schien sein Wohlgefallen zu haben, denn er legte sein Krönlein darauf nieder und kroch dann weiter. In dem Augenblick sprangen die Grafen zu, ergriffen Tüchlein und Krone, schwangen sich hurtig auf die Pferde und jagten davon.

Aber schneller als sie war der Schlangenkönig. Durchdringende Pfiffe gellten durch den Wald. Da glitten von allen Seiten, aus allen Schlupfwinkeln die Schlangen herbei, stellten sich den Fliehenden in den Weg, sprangen an den Pferden hoch und suchten sie durch Pfeifen und Zischen aufzuhalten, ehe sie ein Wasser zwischen sich und die Verfolger legen konnten. Wohl warfen die Grafen ein Stück Fleisch nach dem andern den Schlangen zu, aber diese ließen sich nicht beirren. Immer dichtere Kreise schlossen sie um die Räuber, bis diese endlich die Krone fortschleuderten. Mit Mühe und Not erreichten sie die Burg.

Von der Zeit an hatten die Grafen kein Glück mehr. Die Schlangen vermehrten sich ungeheuerlich in den Wäldern und belagerten den Falkenstein, so daß er unbewohnbar wurde. Erst Graf Ludwig I., dem Großvater des jetzigen Grafen, ist es gelungen, die Schlangen zu versöhnen und die Burg wieder als Wohnstätte herzurichten. (215)

Der Falkenstein um 1850

Die Schlangenburg

Auf dem hohen Ufer der Elbe, zwischen Roßlau und Klieken und ganz nahe der Schlangengrube, steht heute in großem Park ein heiteres Fürstenschloß und spiegelt sich in den Wellen. Es hat weder Wälle noch Gräben, noch Mauern, noch einen Turm, in dessen Verlies arme Gefangene schmachten müssen. Es ist ein Haus freudigen Lebens und keines finsterer Gewalt, wie es die Burg war, die einst nicht fern von hier gelegen hat.

Der Ritter darin war ein böser Geselle, der Kaufleute und andere Reisende überfiel, hinter den Jungfrauen her war und die Bauern drückte bis aufs Blut. Da kam auch über ihn die Strafe des Himmels. Eines Tages drang ein ganzes Heer von Schlangen gegen die Burg an. Man suchte sie abzuwehren, aber je mehr die Knechte erschlugen, um so mehr wurden es, bis sich der Ritter und seine Knechte ihrer gar nicht mehr erwehren konnten. Da flohen sie entsetzt von der dem Verderben geweihten Stätte, die so viel Unrecht und Gewalt gesehen hatte, und wagten sich nicht wieder dahin zurück. Die Burg verfiel, und heute sieht man nichts mehr von ihr.

Der Ritter aber zog in fremde Lande und fiel bald danach in der Schlacht. (216)

Die verzauberte Schlange an der Elbbrücke

Zu der Zeit, da über den Elbstrom bei Wittenberg noch eine hölzerne Brücke führte, das war noch vor Luthers Zeiten, ließ sich dort öfter eine weiße Schlange sehen. Davon ging die Sage, daß eine schöne Prinzessin von einem bösen Zauberer in eine Schlange verwandelt worden wäre. Wer sie erlöste, den würde sie zum Gemahl nehmen und sehr reich machen. Die Erlösung könne aber nur der vollbringen, der drei Tage und drei Nächte wache und nach dieser Frist der Schlange den Kopf küsse.

Ein junger Schuhmacher aus Wittenberg erklärte sich zu diesem Unternehmen bereit. Wirklich gelang es ihm auch, sich drei Tage und Nächte lang wach zu halten. Am dritten Tage ging er in der Nacht mit einigen Freunden zur Elbbrücke. Es dauerte nicht lange, so wand sich die weiße Schlange an einem der hölzernen Pfeiler aus dem Wasser herauf und streckte den Kopf nach dem Schuhmacher aus. Da erschrak dieser mutige Geselle heftig und rief voll Abscheu: »Was, dich greuliches Tier soll ich küssen? Nein, lieber will ich mein Lebtag Schuster bleiben!« Darauf stieß die Schlange einen lauten Schmerzensschrei aus und sank ins Wasser zurück. Seitdem ließ sie sich nie wieder sehen. (217)

Die Kröte am Brachborn bei Unterrißdorf

Am Brachborn, auf dem Wege von Unterrißdorf nach Wormsleben [Kr. Eisleben] zu, saß einmal ein Schäfer auf dem Raine und spielte seine Klarinette. Schlag zwölf Uhr mittags war es, da kam ein hübsches Fräulein und forderte ihn auf mitzukommen. Er ging auch mit, und nun führte sie ihn bis an das Kesselholz. Dort blieb sie vor einer Eiche stehen und schlug daran. Da tat sich die Erde auseinander, und in ihrem Schoße flimmerte und flammerte es von Gold, Edelsteinen und anderen Kostbarkeiten. »Morgen mittag um zwölf«, sagte das Fräulein, »komme ich wieder zu dir, aber in einer andern Gestalt. Wenn du mir dann einen Kuß gibst, so bin ich erlöst, und all dieser Reichtum ist dein.«

Anderntags saß der Schäfer wieder am Brachborn und spielte seine Klarinette, und wie es zwölf Uhr schlug, da kam eine große Kröte und bot ihm das Maul zum Kusse dar. – Der Schäfer aber schrak zurück und sagte: »Nei, su ä Bieste jäbe ich dach keinen!« – Da tat es einen furchtbaren Quieck, und alsbald war die Kröte verschwunden. Der Schäfer aber hatte Gehör und Sprache verloren. (218)

Schätze und Schatzsucher

Das Geldfeuer und die Mühle bei Aschersleben

Vor der Stadt Aschersleben, in dem Tale, das die Eine durchfließt, stand noch vor fünfzig Jahren [um 1800] eine Mühle, welche dem Einsturz nahe war. Doch der Müller war arm und konnte sie nicht neu aufbauen. Des Müllers Sohn und seine Magd liebten sich seit manchem Jahre gar treu, und sie klagten oft, daß sie so arm seien und sich wohl nie würden heiraten können.

Da wachte die Magd einst bei Nacht auf und sah ein helles Licht, das in die Fenster schien, und sie meinte, die Sonne gehe schon auf, und sprang aus dem Bett, um das Frühstück zu kochen. Doch ihr Feuerzeug wollte nicht fangen, obgleich sie erst am Abend vorher frischen Zunder gebrannt hatte. Sie ging ans Fenster und sah über dem Weg auf der Wiese drei Männer um ein mächtiges Kohlenfeuer liegen. Da dachte sie: »Hier kann ich mir wohl meinen Schwefel anzünden«, und ging zu dem Feuer. Doch hielt sie den Schwefel vergeblich an die Kohlen; er brannte nicht. Sie raffte darum einige Kohlen auf den Ring des Leuchters; aber als sie wieder ins Haus trat, waren sie ausgelöscht. Verdrießlich nahm sie eine Schippe und holte neue Kohlen; doch auch diese erloschen, als sie ins Haus kam. Da eilte sie mit einem großen, eisernen Becken zum dritten Mal an das Feuer und füllte das Becken bis zum Rand. Und als sie wegging, rief einer der Männer ihr nach: »Nun aber nicht mehr!« Kaum war sie über die Schwelle des Hauses, so waren die Kohlen wiederum schwarz. Und als sie noch nachdachte, was sie nun tun sollte, schlug die Uhr. Sie zählte, und es war erst zwölf. Mit dem letzten Schlage verschwanden die Männer und das Kohlenfeuer.

Die Magd aber legte sich, da es noch nicht später war, wieder zu Bett. Und als sie am Morgen aufstand, sah sie die hellen Goldstücke auf dem Boden ihrer Kammer und auf dem Hausflur umherliegen: Das waren die Kohlen, die sie von dem Feuer geholt hatte. Sie gab den Schatz ihrem Bräutigam, und sie bauten die große, stattliche Mühle, die noch jetzt bei Aschersleben zu sehen ist, und hielten fröhlich Hochzeit. (219)

Der vergrabene Schatz

In den alten Zeiten war vieles besser als heut, doch wer kein Geld hatte, der war auch damals schon übel dran. Davon konnte ein Bursch erzählen. Der wäre der glücklichste im ganzen Dorfe gewesen, wenn er seines Nachbars Tochter hätte freien dürfen. Doch der Nachbar war sehr reich und so übermütig, daß er seine Tochter niemand geben wollte, der nicht viertausend Taler mit in die Wirtschaft brächte. Und weil der Bursch die nicht hatte, saß er oft einsam und weinte, und seine Liebste half ihm weinen; und sie überlegten oft miteinander, wie sie es anfangen sollten, die viertausend Taler zu bekommen, doch es wollte ihnen nichts einfallen.

Da legte sich der Bursch einst traurig auf seines Herrn Bortenne ... Doch kaum hatte er eine Weile gelegen, so kam ein Bauer mit einer großen Mulde von Goldgulden, grub ein Loch in die Tenne und schüttete das Gold hinein. Dann ging er wieder weg, und der Bursch sprang hinab, raffte einige Hände voll Gold zusammen, legte sich wieder in sein Versteck und dachte: »Gott wird's vergeben. Er weiß, daß ich es gut anwenden will. Ist's doch wahrhaftig besser, daß ich damit Hochzeit halte, als daß es hier in der Erde umkommt.« Da kam der Bauer schon wieder und brachte eine zweite Mulde mit Gold; und weil das Loch noch lange nicht voll war, ging er noch mehrere Male und kam mit immer schöneren Goldstücken zurück. Und jedesmal, wenn er weg war, brachte der Bursche etwas von dem Schatze auf die Seite.

Als nun das Loch fast bis zum Rande gefüllt war, deckte es der Bauer mit Erde zu und sprach einen mächtigen Zauber darüber, diesen Schatz solle nur ein Knabe von neun Jahren heben können, der am neunten Tage eines Monats früh um neun Uhr geboren sei, und der müsse auf einem schwarzen Bocke mit weißen Füßen und weißer Blesse auf die Tenne geritten kommen, den Bock über dem Schatze schlachten und sich mit dem Blute besprengen.

Der Bauer ging weg, und der Bursch dachte dem Zauberspruche nicht weiter nach, sondern zählte sein Geld und verwunderte sich selbst, als es grade viertausend Taler waren, keiner mehr und keiner weniger. Da sprang er denn zu seiner Geliebten und erzählte ihr, wie glücklich er gewesen war, und daß sie nun bald seine Frau sein werde. Und er ging zu ihrem Vater, zählte die viertausend Taler auf und bestellte die Fiedler zur Hochzeit, die schon drei Tage darauf gefeiert wurde.

Das junge Paar lebte gar fröhlich; und als ein Jahr vorüber war, bekamen sie einen Sohn, der wurde grade an einem Neunten früh um neun geboren. Da fiel dem Vater der Zauberspruch des Bauern wieder ein, und er erzählte seiner Frau davon und sagte: »Wenn unser Sohn neun Jahr alt ist, suchen wir einen schwarzen Bock mit weißen Füßen und weißer Blesse, heben den Schatz und sind die reichsten Leute im Dorfe.« – Die Frau aber meinte, solch einen Bock würden sie wohl nicht finden.

Doch was geschieht nicht alles auf Erden. Als der Knabe neun Jahr alt war, schickten sie im Lande umher und fanden richtig einen solchen Bock, gewannen den großen Schatz, und nun saßen sie nie mehr und weinten über ihre Armut. (220)

Der Schatz für den Armen

Es sind in Irxleben [Kr. Haldensleben] einmal zwei Brüder gewesen. Der eine ist ein reicher Bauer gewesen, der andere hat bei ihm als Tagelöhner sauer sein Brot verdienen müssen. Einst bittet der Arme seinen reichen Bruder um einen Scheffel Roggen, es gehe ihm gar zu knapp und kärglich. – Der Reiche weist ihn aber hart ab.

In den folgenden Nächten klopft es bei dem Armen immer an das Fenster, er sollte mitkommen und einen Schatz heben. Aber der Arme fürchtet sich und geht nicht mit. Schließlich erzählt er es seinem Bruder, und der sagt, er solle ihn nur rufen, wenn es wiederkäme. – In der nächsten Nacht klopft es wieder. Der Arme weckt seinen Bruder.

Dieser geht mit und findet ein totes Pferd. Wütend darüber, daß er so angeführt ist, schneidet er eine Keule ab und denkt: »Davon kann sich der Hungerleider einmal satt essen.« Er wirft die Keule durchs Fenster in die Kammer des Bruders. Doch am andern Morgen geht er in aller Frühe hin, damit sich sein Bruder nicht zu viel täte mit dem Braten. Doch wie er durch das Fenster schaut, sieht er seinen Bruder einen großen Haufen Louisdors zählen. Nun will er dem Bruder gerne einen Scheffel Roggen schenken, aber nun braucht der es nicht mehr.

Als sie nach der Stelle hingehn, wo das Pferd gelegen hat, finden sie auf dem ganzen Wege noch Louisdors, wohin die Blutstropfen gefallen waren, das Pferd war aber fort. (221)

Der Schatz für den Knecht

Einem Dienstknecht in Irxleben hat es Nacht für Nacht zugerufen, er solle mitkommen, da und da brenne Geld, das sei für ihn bestimmt. Er kann sich jedoch nie entschließen mitzugehn. Da erzählt er es den Mägden. Die sagen, er solle es nur ihnen sagen, wenn die Stimme wiederkäme, sie wollten schon mitgehn.

Als sich die Stimme wieder hören läßt, weckt der Knecht die Mägde. Sie gehen mit, finden aber nur einen großen Haufen Pferdemist. Sie denken, der Knecht habe ihnen einen Possen gespielt. Um sich zu rächen, nehmen sie die Schürzen voll Mist und werfen ihn dem Knecht auf das Bett. Am andern Morgen treten sie neugierig an das Bett. Da will der Knecht fast ersticken unter der Last Geld, die auf seinem Bette liegt. Der Mist ist ganz zu Goldstücken geworden – aber erst bei dem Knechte, dem der Schatz zugedacht war. (222)

Schatzgräber im Kloster Kaldenborn

Zwischen Blankenheim und Emseloh [Kr. Sangerhausen] begegnete einst ein alter Mann einem Fuhrwerke und bat den Knecht, ihn eine Strecke weit mitzunehmen, was dieser auch bereitwillig tat. Als nun der Alte in der Gegend von Emseloh den Wagen wieder verließ, bedeutete er dem gutherzigen Führer desselben, er könne ihm kein Trinkgeld geben, werde ihn aber auf andere Weise entschädigen. Er solle nur um die zwölfte Stunde der Nacht zu den Trümmern des Klosters Kaldenborn gehen, wo ihm ein brennendes Licht erscheinen werde. Wenn er da nachgrabe, werde er einen Schatz finden.

Nun hatte auch ein Bergmann mit auf dem Wagen gesessen und darum alles mit angehört. Der stieg bald darauf unter einem Vorwande ab, eilte nach dem bezeichneten Orte, sah das Licht, grub nach und fand den Schatz. Als er aber nach demselben greifen wollte, biß ihm ein großer schwarzer Hund die fünf Finger der rechten Hand ab, und er mußte unverrichteter Sache wieder abziehen. Als nach einiger Zeit auch der Fuhrmann kam und nachgrub, gelang es diesem, den Schatz zu heben. (223)

Kohlen für die Pfeife

In der Nähe von Ladekath [Kr. Salzwedel] sieht man an einer gewissen Stelle oft ein Feuer brennen. Da liegt ein Schatz begraben, und wer's nur versteht, kann ihn heben. Allein nicht jeder weiß das.

So kam einmal einer die Straße gezogen, und da es in der Nacht war, sah er auch das Feuer glimmen. Nun hatte er aber seine Pfeife vorgenommen und wollte rauchen, und in dem Wahne, es seien gewöhnliche Kohlen, nimmt er eine derselben, um die Pfeife damit anzustecken. Allein es brennt nicht, und die Kohle verlischt. Da wirft er sie fort und nimmt eine zweite. Doch geht's ihm mit der ebenso, desgleichen mit einer dritten und mehreren. Endlich riß ihm die Geduld, und er begann zu fluchen. Da ward ihm der Stock aus der Hand geschlagen, obgleich niemand zu sehen war; und soviel er auch suchte, er konnte ihn nicht wiederfinden.

Weil er ihn nun ungern verlor, ging er des andern Morgens an dieselbe Stelle und fand ihn auch glücklich wieder. Wie er sich nun bückte, ihn aufzuheben, sieht er etwas im Grase blinken, und als er es aufhebt, ist's ein Goldstück. Daneben lagen links und rechts noch einige. Das waren die Kohlen, die er in der Nacht fortgeworfen hatte. (224)

Prinzessin und Pferdejunge am Ilsestein

Einem Heijungen (Pferdejungen) waren einmal ein Paar Pferde fortgelaufen, und wie er nun ausgeht, um sie zu suchen, und sich dabei am Ilsestein hinsetzt und weint, daß er sie nicht finden kann, öffnet sich auf einmal der Berg, und vor ihm steht die Prinzessin und fragt ihn, weshalb er weine. – Da klagt er ihr sein Leid, und sie heißt ihn folgen.

Darauf gehen sie in den Berg hinein und kommen in einen großen Stall. Darin stehen eine Menge Pferde und auch seine Braunen, die er suchte. Da war er gar froh und wollte sie hinausführen. Die Prinzessin sagte ihm aber, er könne sie nicht wiederbekommen. Indes wolle sie ihm so viel Gold dafür geben, daß er wohl hundert andere dafür kaufen könne. Und damit füllt sie ihm sein Ränzel, befiehlt ihm aber, es nicht eher zu öffnen, als bis er über die dritte Ilsebrücke fort sei.

Er war aber ein neugieriger Bursche und wollte gern wissen, wieviel sie ihm gegeben, und als er an die zweite Brücke kommt, kann er es nicht länger aushalten, öffnet das Ränzel und – findet nichts als Pferdemist darin. »Was«, denkt er, »sollst du damit«, und schüttet alles in die Ilse. Aber da geht's kling kling! Da sieht er schnell nach, ob nicht noch etwas im Ränzel geblieben, und da saß auch noch etwas, das sind lauter Pistolen [Geldstücke] gewesen. (225)

Das Weizenhühnchen

Der Vater des Nachtwächters in Spickendorf hat diesem erzählt, daß einstmals ein Arbeiter von Landsberg nach Brehna ging: Auf dem Heimwege fand er ein gackerndes Hühnchen. Ihm tat das Tier leid, und er nahm es mit sich. Daheim sagte er seiner Mutter, sie solle das Hühnchen gut mit Weizen füttern, daß es Eier lege. Das Hühnchen legte denn auch täglich nicht nur ein Ei, sondern es mehrte sich der Weizen unter dem Tisch auch so, daß es bald ein Scheffel voll war.

Da ward der Arbeiter doch bedenklich. Er ging zum Pastor und erzählte diesem alles. – Der Pastor gab ihm den Rat, er solle das Hühnchen wieder dahin tragen, wo er es gefunden habe, und dazu sagen: ›In Gottes Namen bleib in Ruh!‹ – Der Mann tat auch so. Plötzlich war denn auch aller Weizen weg.

Der Vater des Nachtwächters hat die Erzählung mit den Worten geschlossen: »Sieh dich also vor!« (226)

Der Geldsarg im »Kessel«

In der Nähe der Butterkuppe [bei Sangerhausen] befindet sich auch ein Erdloch, vom Volke gemeinhin der »Kessel« genannt. Dasselbe ist vor gar nicht langer Zeit erst entstanden. Auf dieser Stelle nämlich sahen sehr oft Leute, welche nachts den Weg von oder zu der Stadt zurücklegten, einen Sarg, von Trägern umstanden. Kamen die Leute näher, so huckten die Träger den Sarg auf und folgten den Vorübergehenden. Im Schreck hierüber irrten dieselben dann gewöhnlich weit vom Wege ab. Verschiedene beherzte Leinunger jedoch, welche diese Erscheinung schon öfter gesehen hatten, beschlossen, in einer der nächsten dunklen Nächte auf der Stelle, wo der Sarg zu stehen pflegte, nachzugraben, um zu sehen, ob da nicht ein Schatz verborgen sei.

Die Nacht kam heran, und zwischen elf und zwölf Uhr gingen sie, jeder mit einem Spaten versehen, stillschweigend dem Orte zu und begannen schweigend ihre nächtliche Arbeit. Bald stießen sie auf etwas Hartes und erblickten nach Wegräumung der Erde einen eisernen Kasten in Gestalt des ihnen wohlbekannten Sarges. Vereint griff man nun zu, um mittels der Ringe den Sarg emporzuheben. Schon war er fast bis zur Oberfläche der Erde gehoben, da brach der Tischler W. freudig in die Worte aus: »Donnerwetter, jetzt haben wir ihn!« Kaum hatte er das gesagt, so entglitt der Sarg ihren Händen und sank mit Krachen in die Tiefe zurück, in welcher er vor ihren Augen verschwand. – Seit der Zeit hat niemand den Sarg und die Träger wieder gesehen. Das Loch aber ist heute noch vorhanden. (227)

Die beiden Schatzgräber zu Kerkau

In dem etwa drei Stunden südlich von Arendsee gelegenen Dorfe Kerkau wohnten einst zwei Bauern, mit Namen Luks und Mette. Eines Tages kam zu dem letzteren ein junger Schweinehirt und erzählte ihm, daß an jedem Sonnabend, wenn er seine Schweine nach Hause treibe, hinter dem Hofe von Asmus Schulze Feuer aus der Erde brenne.

Mette forderte nun den Jungen auf, er solle, wenn er das Feuer wieder brennen sehen würde, ihm dies sofort sagen und den betreffenden Ort mit einem Stock bezeichnen. – Der Junge versprach, dies zu tun; und als er am nächstfolgenden Sonnabend an derselben Stelle wieder das Feuer brennen sah, steckte er einen Stock dorthin, lief eiligst zu Mette und meldete es ihm.

Da nun Mette sich fürchtete und deshalb den Schatz nicht allein heben wollte, so ging er am Sonntag früh zu seinem Nachbarn Luks und forderte denselben auf, ihm beim Herausgraben des Schatzes behilflich zu sein. Dieser erklärte sich hierzu sofort bereit, und nun machten sich die beiden Bauern daran, den Schatz zu heben.

Kaum hatten sie damit begonnen, so fingen die Glocken vom Kirchturm an zu läuten, um die Gemeinde zum Gottesdienst zu rufen. Da sagte Luks zu Mette: »Du Mett', weetst d' wat, loat uns beid' man ierst to Kirch goahn, noaher will'n w' beid' wä' up't Frisch anfang'n.« – Mette ging nun auch wirklich sofort hin. Luks aber, welcher den Schatz allein heben wollte, blieb zurück und freute sich, den Nachbar angeführt zu haben.

Als die Kirche aus war, wollte Mette weitergraben, aber der Schatz war weg. Da lief er entrüstet zu Luks, weil er bestimmt glaubte, der müßte denselben schon weggeholt haben. Als er in dessen Haus trat, hörte er, derselbe sei plötzlich krank geworden. Und so war es auch: Denn als er dessen Kammer betrat, fand er ihn im Sterben liegen, und »Wat helpt't mi nu?« waren seine letzten Worte, ehe er die Augen zum Tode schloß.

Luks hatte während des Gottesdienstes wirklich den Schatz aus der Erde gegraben. Aber als er sich damit durch die hintere Pforte seines Hauses schleichen wollte, um ihn in Sicherheit zu bringen,

Der Breite Weg zu Magdeburg um 1840

war er von einer wilden Sau angefallen worden, welche ihm das Geld wieder geraubt hatte. Die Folge des großen Schrecks, den er dabei bekommen, war die gewesen, daß er sofort in ein hitziges Fieber gefallen war, welches seinen schnellen Tod herbeiführte. (228)

Das goldene Pflugeisen

Das Haus »Zum Pflugeisen« auf dem Breiten Weg in Magdeburg, in dem jetzt [1923] eine Mädchenschule ist – es trägt die Hausnummer 86 –, war früher ein Gasthof. Dort kehrte einmal ein armer Handwerksbursche ein, der kein Geld mehr hatte, aber vor Müdigkeit nicht weiterkonnte. Er wollte sich nur während der Nacht in einem Winkel der Toreinfahrt schlafen legen, um am andern Morgen Arbeit zu suchen. Aber wie er das leckere Abendessen sah, das sich die reichen Kaufleute auftragen ließen, bestellte er sich auch ein Gedeck, ohne an seinen Geldmangel zu denken. Als es nun ans Bezahlen ging, stellte es sich heraus, daß er nicht bezahlen konnte. Da wurde der Wirt zornig und wollte ihn hinauswerfen. Der Wirt hatte ein Töchterchen, die hatte alles mit angehört und sagte nun zu ihrem Vater, er solle das dem armen Menschen nicht übelnehmen. Und sie schenkte ihm auch noch ein Butterbrot für die Weiterwanderung. Da sagte der Handwerksbursche hocherfreut: »So sollst du denn zum Dank das Letzte haben, was ich besitze« und gab ihr ein Pflugeisen, das er von seinen Eltern geerbt hatte. Dann wanderte er weiter, und das Mädchen stellte das Pflugeisen auf den Boden.

Ein paar Jahre später starben die Eltern des Mädchens, und der Gasthof ging an eine geizige, alte Tante über, die das junge Mädchen häßlich behandelte. Da kam eines Tages ein stattlicher Reiter nach der Herberge – es war der Handwerksbursche, der ins Heer eingetreten war und durch kühne Waffentaten erreicht hatte, daß er befördert wurde. Er scherzte mit dem Mädchen über das Pflugeisen, und sie holte es vom Boden herunter. Als gute Haustochter wischte sie es mit einem Tuche ab. – Da glänzte es plötzlich hell auf, und als sie näher hinsahen, erkannten sie, daß es von Gold war. Nun verkauften sie es für vieles Geld an einen Goldschmied, zahlten die alte Tante aus, machten fröhliche Hochzeit und ließen sich an derselben Stelle ein schönes neues Wohnhaus bauen, das sie zum Andenken an das Ereignis »Zum goldenen Pflugeisen« nannten. Über der Eingangstür ist heute noch eine Nachbildung des goldenen Pflugeisens zu sehen. (229)

Zway liebhabende, 15. Jahrhundert

Glocken

Die alte Glocke in Koblake

Unweit Stendal ist eine wüste Feldmark, die »Kobbellake« genannt. Vor Zeiten hat hier ein großes Kirchdorf gestanden, das denselben Namen geführt, das aber schon lange vor dem Dreißigjährigen Kriege zugrunde gegangen ist. Man sieht nur an dem Orte, wo früher die Kirche gestanden, einige wenige Mauerstücke aus der Erde hervorragen.

Vor vielen Jahren war einem Hirten aus dem nahen Dorfe Groß Möringen, der dort in der Gegend das Vieh hütete, eine Sau entkommen. Er suchte sie überall und fand sie endlich an jenen Mauerstücken, wo sie ein tiefes Loch in die Erde gewühlt und darin Junge geworfen hatte. Als der Hirt diese nun aufnehmen wollte, so fand er, daß sie in einem großen, weiten Kessel lagen, und als er weiter nachsah, da entdeckte er, daß dies eine schöne alte Kirchenglocke war.

Der Fund wurde bald bekannt, und die Domgemeinde zu Stendal glaubte, weil sie die älteste Gemeinde in der Altmark sei, so müsse die Glocke keinem anderen gehören als ihr. Sie schickte also einen großen Wagen hin, mit sechzehn Pferden bespannt, der sollte sie nach Stendal holen. Allein die Stendaler konnten sie nicht von der Stelle rücken, so viele Gewalt sie auch gebrauchten.

Das Dorf Groß Möringen hatte zu derselben Zeit auf seinem Kirchturme keine Glocke. Ein Bauer aus dem Dorfe fuhr daher nach der alten Mauer, um zu sehen, ob er die Glocke nicht losmachen und bekommen könne. Er fuhr ganz allein hin und hatte nur ein einziges Pferd vor dem Wagen. Doch konnte er sie ohne Mühe aus der Erde aufheben und auf seinen Wagen heben, und das Pferd jagte im Galopp damit zum Dorfe. Daselbst wurde sie mit vielen Feierlichkeiten auf den Kirchturm gehangen, wo sie denn ein gar wundersam schönes Geläute gab.

Besonders ärgerte und neckte sie die Stendaler. Denn wenn es nun in Groß Möringen läutete, so klang das noch in der Stadt Stendal so hell, daß die Leute nicht anders glaubten, als es werde zum Dome geläutet, und sie eilten nun, in die Kirche zu kommen. Und doch ist Groß Möringen eine starke Meile von der Stadt entfernt. Die hochmütigen Stendaler ließen daher auf dem Turme zu Möringen nach der Stadtseite hin die Schallöcher vermauern, wie das noch jetzt zu sehen ist. Allein das half ihnen nichts, und die Glocke betrog sie wie früher, bis sie zuletzt, weil das Dorf arm war und Geld nötig hatte, Anno 1649 für 290 Taler nach Magdeburg verkauft wurde. In Magdeburg soll sie noch sein [1839]. (230)

Die Kirchenglocke zu Stapel

Die Kirche des nahe bei Krevese gelegenen Dorfes Stapel [Kr. Stendal] besitzt außer einem alten Fenster im Chor mit schöner Glasmalerei auch eine sehr alte Glocke mit herrlichem Geläut. Gar zu gern hätte einst das Kloster zu Crevese diese in seinen Besitz gebracht, und der langgehegte Wunsch wurde immer aufs neue bei den Klosterjungfrauen lebendig, sooft der liebliche Glockenklang vom Stapeler Kirchturm zu ihnen herüberdrang.

Endlich schien aber doch der klösterliche Wunsch in Erfüllung gehen zu sollen. Denn auf einmal zeigten sich die Stapeler, welche sonst für alle Bitten nur taube Ohren gehabt hatten, willfährig, die begehrte Glocke herauszugeben. Es währte denn auch nicht lange, so schickte das Kloster einen mächtigen Wagen, welcher mit vielen Pferden bespannt war. Darauf wurde die Glocke, nachdem dieselbe mit vieler Mühe vom Turm herabgeschafft war, geladen. Voll Freude zogen die Creveser von dannen; aber die Freude sollte nicht lange währen. Als nämlich der Glockenwagen an die Grenze kam, welche die Feldmarken von Stapel und Crevese scheidet, war derselbe nicht mehr von der Stelle zu bringen. Sooft und soviel auch die Klosterfuhrleute die Pferde antrieben, es half nichts; über die Grenze wollte die Glocke nun einmal nicht. Unmutig spannten die Creveser endlich ihre Pferde vom Wagen ab und riefen voll Zorn: »Ihr Stapeler mögt eure Glocke behalten!«

Diese ließen sich das nicht zum zweiten Male sagen. Eilig holten sie Pferde aus dem Dorf und spannten vor, und siehe da, die Glocke ließ sich so leicht nach Stapel zurückfahren, als ob sie nur einige Pfund schwer gewesen wäre. Glücklich, ihre Glocke wiederzuhaben, hängten sie dieselbe an ihren gewohnten Fleck. Dort hängt sie noch heute und ruft die Stapeler Gemeinde noch immer zum Gottesdienst. (231)

Die versunkene Glocke von Erdeborn

Es war am Freitag vor Pfingsten; nach langen Regengüssen ging die Sonne zum ersten Male wieder an einem heitern Himmel auf. Die ganze Gemeinde von Erdeborn [Kr. Eisleben] versammelte sich vor der Kirche, denn es sollte die neue Glocke aufgehängt werden, damit unter ihrem Klange das Pfingstfest würdigen Einzug halte. Schon stundenlang warteten die Bauern auf den Wagen, welcher die Glocke herbeischaffen sollte und längst unterwegs sein mußte. Allerdings war er auf dem Wege, schon seit dem vorigen Tage. Aber die Straße war so aufgeweicht, daß er nur langsam vorwärts kommen konnte, und augenblicklich saß er ganz fest in Kot und Schlamm.

Vergebens schlugen die Fuhrleute auf die vier kräftigen Pferde ein; der Wagen regte sich nicht. Flüche und Peitschenhiebe fielen eben wieder hageldicht, da stand plötzlich, wie aus dem Boden emporgewachsen, ein altes Mütterchen unter den Fuhrleuten und redete sie mit zahnlosem Munde also an: »Pfui, schämt euch doch, so zu wettern! Sollen denn gleich beim ersten Läuten eure Flüche aus den Glockentönen wiederklingen? Und meint ihr, die Peitsche feuert die Pferde an? Laßt die Tiere ein wenig ausruhen und versucht es dann ohne Schläge! Ihr werdet sehen, es geht besser.« – Tollere Flüche, ärgere Schläge waren die Antwort. – »Wenn ihr mir nicht folgt, bringt ihr die Glocke nie und nimmer in das Dorf!« rief jetzt die Alte zornig. Da wandte sich der eine der Knechte um und holte mit der Peitsche nach ihr aus. Er schlug ins Leere; die Frau war plötzlich verschwunden. Der Wagen aber sank tiefer und tiefer. Bald waren die Räder nicht mehr zu sehen, und kaum hatte man den Pferden die Stränge durchschneiden können, so schlug

Stolberg um 1840

der Schlamm über dem Gefährt zusammen. Bestürzt standen die Fuhrleute da; verblüfft hörten die Bauern den Bericht von dem Vorfalle an. Nachgrabungen ergaben nichts; Glocke und Wagen waren und blieben verschwunden. (232)

Der Glockenguß zu Stolberg

In Stolberg am Harz wohnte einst ein gar geschickter Glockengießer, und weit und breit erklang von manchem Turm ein lieblich Geläute zur Ehre Gottes, das aus seiner Werkstatt hervorgegangen war. Nun bestellte auch die Stadt Stolberg bei ihm eine Glocke, und voller Freude darüber, daß er seinem Heimatorte ein Werk seiner Hände hinterlassen konnte, machte er sich an die Vorbereitung zum Guß, um eine Glocke herzustellen, die alle anderen, die er geschaffen hatte, weit übertreffen sollte. Aber diesmal wollte ihm der Guß, soviel er auch sann und versuchte, durchaus nicht nach Wunsch gelingen.

Verdrießlich unterbrach er seine Arbeit und machte sich auf, um seinen Vater, der ein berühmter Glockengießer in Nordhausen war, um Rat zu fragen. Seinem Gesellen aber befahl er, auf den Tag seiner Rückkehr, den er ihm bezeichnete, alles zur Wiederaufnahme des Gusses bereit zu halten.

Damit war der Geselle nun bald fertig, und er sann und zerbrach sich den Kopf, warum der Meister, mit dem er schon so manche schöne Glocke gegossen hatte, diesmal die Arbeit nicht gelungen war. Nach langem Grübeln glaubte er, den Grund erkannt zu haben, und nun arbeitete er rastlos Tag und Nacht, um den Meister freudig zu überraschen, und siehe, der Guß gelang vortrefflich.

Doch jetzt mischte sich in seine Freude und Genugtuung auch die Besorgnis, ob der Meister seine Eigenmächtigkeit gutheißen werde, und er beschloß, ihm entgegenzugehen und ihn zu besänftigen. Er traf ihn am Hardtwalde bei Steigerthal, wie er sich da niedergelassen hatte, um sich von dem anstrengenden Marsch zu erholen. Verwundert schaute der Meister auf, als er den Jüngling wider Verabredung ihm entgegenkommen sah, und erkundigte sich nicht ohne Besorgnis, wie es zu Hause stände. Da konnte dieser das Geheimnis nicht länger bewahren, und er erzählte dem Meister, wie alles gekommen war, und daß die Glocke nun fertig und wohlgelungen zu Hause stehe. Je weiter er sprach, desto dicker schwollen dem sonst so milden Meister die Zornesadern, die Scham, von seinem Gesellen übertroffen zu sei, wurde zur grimmen Wut darüber, und ohne zu wissen, was er tat, sprang er auf, ergriff seinen Knotenstock und versetzte dem Jüngling einen so gewaltigen Hieb über das Verzeihung bittend gesenkte Haupt, daß er lautlos zusammenbrach.

Als er den unglücklichen Gesellen blutüberströmt und brechenden Blickes am Boden liegen sah, da erwachte er aus seinem Zornestaumel. Das Entsetzen ob der gräßlichen Tat, die seine Hand verübt hatte, packte den starken Mann, und von Gewissensangst gejagt, eilte er von dannen. Doch bald kehrte er wieder um und lief denselben Weg zurück: Vielleicht war der Unglückliche noch zu retten, der Blutstrom noch zu stillen. Vergebliche Hoffnung! Er lag schon starr und kalt, mit gebrochenem Auge da.

Nun irrte er wieder die ganze Nacht unstet und flüchtig im Walde umher. Als aber der Morgen anbrach, wurde er ruhiger in seinem Gemüt, denn er wußte nun, was er zu tun hatte. Er ging nach Stolberg und stellte sich dem Gericht, und da er selbst alles, ohne zu beschönigen, eingestand, so bedurfte es keiner langen Untersuchung. Er wurde zum Tode verurteilt und nach der Hinrichtung an der Stelle eingescharrt, wo er zum Mörder geworden war. Der erschlagene Jüngling aber wurde auf dem Kirchhof des jetzt wüsten Dorfes Grumbach begraben. (233)

Verurteilter auf dem Weg zur Richtstätte, 16. Jahrhundert

Riesen

Ein Riesenstreit

Bei Kläden und Steinfeld [Kr. Stendal] liegen gewaltig große Steinhaufen, die sollen so dahin gekommen sein:

Vor Zeiten haben an beiden Orten Riesen gewohnt und haben zusammen einen Backofen in Kläden gehabt; und wenn der heiß gewesen ist, hat der Klädensche an den Backtrog geklopft. Dann ist der Steinfeldsche mit seinem Teig herübergekommen und hat gebacken. Das ist lange Zeit ganz gut gegangen. – Aber eines Morgens ist's noch früh. Da kratzt der Klädensche seinen Backtrog aus, und da gerade eine Fliege drin sitzt, schlägt er sie tot (wie andere sagen, hat er sich am Hintern gekratzt). Das gibt einen solchen Schall, daß es der Steinfeldsche hört; und da er glaubt, der Backofen sei heiß, kommt er mit seinem Teig herüber, erzürnt sich aber sehr, als er sich getäuscht sieht, und gerät mit dem Klädenschen in großen Streit.

Zankend trennen sie sich, und als der Steinfeldsche zu Hause ist, beginnt er jenen mit großen Steinen zu werfen, und der läßt sich das auch nicht bieten, wirft mit noch größeren auf ihn, und seit der Zeit sind denn die gewaltigen Blöcke an beiden Orten liegengeblieben. (234)

Der Riesenstein bei Dequede und der Fischteich bei Seehausen

Zwei Riesen, von denen der eine in Wittenberge, der andere in Seehausen wohnte, lebten schon seit langer Zeit in bitterer Feindschaft. Wo auch nur die beiden einander begegnen mochten, konnten sie es nicht lassen, sich gegenseitig zu necken, zu beschimpfen oder auch einen Schabernack zu spielen. Zum öftern arteten ihre wüsten Schimpfreden sogar in arge Raufereien und blutige Prügeleien aus. Einstmals hatte der Seehauser Riese seinem alten Feinde zu Wittenberge einen besonderen Schabernack gespielt. Darüber war der Wittenberger so erbost, daß er voll Rachegedanken einen großen Stein aufhob, um damit den Seehäuser totzuwerfen.

In seiner Wut hatte er aber den Stein mit so großer Wucht fortgeschleudert, daß derselbe weit über die schönen hohen Türme der Stadt Seehausen wegflog und eine ganze Strecke südlich davon zur Erde fiel. Obwohl er nun beim Fallen ein ziemlich großes und tiefes Loch aufgewühlt hatte, blieb er darin jedoch nicht liegen, sondern schurrte, weil er immer noch im guten Schuß war, noch ein Stück weiter bis kurz vor das Dorf Dequede, welches in gerader Linie südlich von Wittenberge und Seehausen liegt. Das von dem Riesenstein in der Erde aufgewühlte Loch füllte sich alsbald mit Wasser, und es entstand an dieser Stelle ein schöner Teich, in welchem viele Fische lustig umherschwammen. Dieser Teich ist noch heute vorhanden und den Bürgern der Stadt Seehausen unter dem Namen »Fischteich« wohlbekannt. Der Riesenstein aber, dem der Fischteich sein Entstehen verdankt und der die Form eines riesigen Backofens hatte, ist von der Feldmark Dequede nun auch schon seit vielen Jahren verschwunden; und fragst du nach dem Steine, du findest ihn nicht mehr. (235)

Das Hünenblut

Nicht weit vom Hakel, zwischen Egeln und Westeregeln [Kr. Aschersleben] steht ein Wassertümpel, der ist beständig rot. Das soll noch aus der Zeit der Hünen herrühren, von deren ungeheuerlicher Größe des Volkes Phantasie sich die kühnsten Bilder schuf. Zwei Hünen bekämpften und verfolgten einander. Der eine fliehende schritt über die Elbe, wie ein Kind über einen Graben schreitet, und so war er mit wenigen Schritten in der Gegend von Egeln. Da hob er den einen Fuß nicht hoch genug auf, stieß sich damit an der Turmspitze der alten Burg, stolperte und fiel mit der Nase gerade auf einen Feldstein bei Westeregeln, und zwar mit so großer Heftigkeit, daß er das Nasenbein brach und eine große Lache Blutes ihm entströmte. Das ist das Hünenblut.

Roßtrappe und Bodetal um 1850

Andere sagen, ein Hüne, der bei Westeregeln gewohnt habe, sei zum Spaß oft über das Dorf hinüber- und herübergesprungen und habe sich endlich bei einem Sprung an der Turmspitze die Zehe aufgeritzt. Da sei aus der kleinen Wunde in großem Bogen das Blut niedergeflossen und habe jene noch immer rote Lache gebildet, die man noch heute [1853] das »Hünenblut« nennt. (236)

Die Roßtrappe

Vor vielen Jahren war das Land um den Harz rings von Riesen bewohnt. Einer dieser Riesen, mit Namen Bodo, warb um die Tochter eines Königs in Böhmen, welche Emma hieß. Weil der Riese so stark war, sagte sie ihm der König zu. Emma liebte aber einen andern und weinte, als sie des Königs Befehl hörte. Die Hochzeit sollte gleich am nächsten Tage stattfinden. Emma klagte es ihrem Geliebten, der zu einer Flucht riet. Sie standen des Nachts auf und eilten in die Marställe des Königs, aber diese waren verschlossen. Des Riesen Pferd stand in einem andern Stall. Aber wie sollten sie da raufkommen? Da stellte sich der Geliebte eine Leiter an das Pferd, schlug die Kette mit seinem Schwert entzwei und stieg getrost mit Emma in den Sattel. Von den Sporen getrieben, flog das Pferd über Berge, Klippen und Wälder in die Gebirge des Harzes.

Während sie forteilten, fiel es dem Riesen ein, in dieser Nacht auszureiten. Er wollte sogleich sein Pferd satteln. Erstaunt sah er den Stall leer. Als man nachsah, merkte man, daß die Königstochter spurlos verschwunden war. Ohne sich lange zu besinnen, bestieg der Bräutigam das erste beste Roß und jagte über Stock und Stein. Ein großer Hund witterte bald die Spur, den die Entflohenen genommen hatten. Als Emma ihren Verfolger sah, sprengte sie waldein. Plötzlich steht sie vor einem Abgrund. Angstvoll blickt sie in die Tiefe, aber schon naht der Verfolger. Da stößt sie dem Roß die Sporen in die Seiten, und es springt glücklich über den Abgrund. Sein Huf schlug tief in den Felsen ein. Das ist die Roßtrappe bei Thale.

Emma war gerettet; aber die Königskrone fiel in die Tiefe. Bodo setzte ihr nach, stürzte aber wegen seiner Schwere in den Abgrund. Daher erhielt die Bode ihren Namen. Im Kessel liegt die Krone heute noch und wird von einem großen Hund bewacht. Viele Schwimmer haben es schon mit ihrer eigenen Lebensgefahr versucht, sie zu heben; aber keiner von ihnen ist wieder zum Vorschein gekommen. (237)

Der Mägdesprung

Im Selketale zwischen Ballenstedt und Harzgerode steht auf einem steilen Felsenhorste ein zehn Fuß hohes, gegossenes eisernes Kreuz, bei welchem sich eine Vertiefung im Gestein findet, die einige Ähnlichkeit mit der Fußstapfe eines Menschen hat, und achtzig bis hundert Fuß weiter ist eine zweite Fußstapfe. Dieselben sind auf folgende Weise entstanden:

Eine Hünin oder Riesentochter wollte sich einst, vom Petersberge kommend, auf dem Rücken des Harzes ergehen. Als sie die

Felsen erreicht hatte, die jetzt über den Hüttenwerken stehen, erblickte sie ihre Gespielin, ihr winkend, auf der Spitze des Ramberges. Lange stand sie zögernd, denn ihren Standort und den Ramberg trennte das breite und tiefe Selketal. Wie sie so stand, drückte sich ihr Fuß ellentief in den Felsen, wovon heutzutage freilich nur noch die schwachen Spuren zu sehen sind. (Nach anderen sind sie von Erde und Moos bedeckt.)

Ihres Zögerns spottete höhnisch ein Bauer, der in der Nähe, bei Harzgerode, pflügte. Aber schnell mußte er seinen Spott büßen, denn die Hünin, die es gemerkt hatte, streckte ihre Hand aus, hob den Bauer samt Pflug und Pferden in ihre Schürze und sprang mit ihnen in einem Sprunge über das Tal zu ihrer Freundin hinüber. Im Felsen ließ sie die gewaltigen Fußspuren zurück, die dort noch zu sehen sind. Der Bauer aber entwand sich nun glücklich den Falten ihrer Schürze und war froh, wohlbehalten den Erdboden wieder zu berühren. (238)

Der Riese Eitel

In einer Höhle bei Walbeck [Kr. Eisleben] unweit Arnstein hauste der Riese Eitel, welcher der Schrecken der ganzen Umgegend war, weil ihm alle Jahre zwölf goldhaarige Jungfrauen geliefert werden mußten. Schon lange hatte man mit Ingrimm und unter Tränen diesen verhaßten Tribut gegeben, da traf es sich einmal, daß die zwölf Jungfrauen, welche dem Riesen geopfert werden sollten, mit zwölf sächsischen Rittern verlobt waren. Diese wollten ihre Bräute dem Ungetüm nicht überlassen, zogen vor seine Höhle, umschanzten sie mit Reisig, steckten es an und schmauchten den Riesen so lange, bis er erstickte. Da war man die Landplage los. (239)

Der Teufel

Der Teufelsstein zu Halberstadt

Auf dem Platze vor dem Halberstädter Dom liegt ein großer Granitblock, an dem befindet sich nach unten hin eine rundliche Vertiefung, daß man wohl zwei Fäuste hineinlegen kann. Als nämlich der Dom gebaut wurde, überlistete man den Teufel, daß er mithalf, indem man ihm sagte, das Gebäude werde ein Wirtshaus. Ein solches baute man nämlich dicht neben dem Dom zu gleicher Zeit. Als aber der Teufel sah, daß das Hauptgebäude eine Kirche würde, da nahm er wütend den Stein und schleuderte ihn gegen den Dom. Aber er hatte zu kurz geworfen, und der Stein fiel auf dem Domplatz nieder, wo er heute [1848] noch liegt. (240)

Der Teufelsstein von Wadendorf

Auf der Spitze des Petersberges stand ein Mönch des dortigen Klosters und blickte vergnügt gen Wadendorf [Kr. Bitterfeld], wo die Kirche gebaut wurde. Da gesellte sich der Teufel zu ihm und suchte ihm seine Freude zu verderben. »Freue dich nicht zu früh, Mönchlein«, begann er, »denn ich habe noch Gewalt über jene Kirche und kann sie im Augenblick zertrümmern; es müßte denn sein, daß ein Mensch mir freiwillig seine Seele dafür opferte. Willst du dies etwa tun?« fügte er höhnisch hinzu. – »Ich wäre gern bereit«, erwiderte unerschrocken der fromme Mann, »meine Seele hinzugeben, wenn die Kirche erhalten würde. Aber ich kann dir nicht glauben. Wie wäre es möglich, daß du Macht über einen Kirchenbau hättest, ein so gottgefälliges Werk?« – Darüber stritten sie eine Weile hin und her, bis der Teufel, durch den Widerspruch gereizt, auf ein daliegendes riesiges Felsstück wies und ausrief: »Ehe du drei Ave-Marias sprechen kannst, will ich die ganze Kirche mit diesem Felsblock zerschmettert haben! Mache ich dies nicht wahr, so soll sie auf immer stehenbleiben, und deine arme Seele magst du auch behalten.« – »Es gilt«, sagte der Mönch.

So ergriff der Teufel den Felsblock, schwang ihn zum Wurfe und schleuderte ihn mit furchtbarer Kraft nach der Kirche hin. Der Mönch aber sprach rasch, indem er das ganze Ave-Maria-Gebet in drei Worte zusammenzog: »Ave-Maria, amen, Ave-Maria, amen, Ave-Maria, amen.« Und bei der letzten Silbe hatte das Felsstück sein Ziel noch nicht erreicht, sondern stürzte aus der Luft nieder und schlug zwischen Löberitz und Zehmitz zur Erde.

Ave-Maria, miracula.
Und grimmig stand der Teufel da. (241)

Der Teufelsstein bei Zerbst

Der Teufel kam einmal zu einem Fürsten von Anhalt, der in Zerbst wohnte, und verlangte, daß er ihm die Stadt Zerbst abtreten solle. Der Fürst weigerte sich anfangs, allein der Teufel ließ nicht nach. Und da der Fürst sah, daß er dem Verlangen nicht werde ausweichen können, so bequemte er sich endlich dazu, machte aber noch die Bedingung, daß der Teufel zuvor einen am Hainholz bei Zerbst liegenden großen Stein dreimal um die Stadt herumtragen müsse. – Der Teufel war das zufrieden, hieb mit einer Axt gewaltig in den Stein, daß sie darin steckenblieb, nahm dann den Stein auf die Schulter und trat den Marsch um die Stadt an.

Der Fürst war unterdessen in der größten Angst. Er betete inbrünstig zu Gott um Abwendung des der Stadt bevorstehenden großen Unglücks, und sein Gebet wurde erhört. Zweimal hatte der Teufel die Stadt schon umgangen, da fiel ihm beim Hainholz der Stein von der Axt. Ergrimmt darüber, verschwand der Böse, und die Stadt war gerettet. Im Stein blieb ein Stück von der Axt des Teufels stecken, das man noch heutigen Tages [1814] sieht. (242)

Der Teufel und der Abt Anselmus

Halle hatte in alten Zeiten mit den benachbarten Fürsten, Grafen und Herren, ja selbst mit den Erzbischöfen von Magdeburg und seinen eigenen Bischöfen manche Fehde zu bestehen, und es war daher durchaus nötig, daß die Stadt mit Mauern, Zwingern, Gräben, Wällen und Türmen befestigt wurde. Man säumte denn auch nicht, dieses zu tun. Doch als nur noch das Stück zwischen dem Rannischen und dem Neustädter Tor übrig war, fehlte es plötzlich an Geld, und trotz aller Beratschlagungen der Ratsherren und Viertelsmeister wollte sich kein Mittel oder Weg zeigen, solches herbeizuschaffen.

Da erbot sich der Teufel, der damals noch häufig mit den Menschen verkehrte, binnen drei Tagen das fehlende Mauerstück herzustellen, wenn man ihm zwei Kinder, die er näher bezeichnete, überlassen wolle.

In diese Forderung einzuwilligen, das schien den hoch- und wohlweisen Herren doch zu bedenklich. Man machte daher dem Meister Urian andere Vorschläge.

Allein der wollte weder rechts noch links von seiner Forderung abweichen; und so nahm man seine Zuflucht zum Abte des Franziskanerklosters, Anselmus, und fragte ihn um seinen Rat. – Gegen alle Erwartung erklärte dieser, man möge dem Teufel bewilligen, was er verlange, doch ausbedingen, daß ihm die Kinder nur dann ausgeliefert werden sollten, wenn er das übernommene Werk zur bestimmten Zeit vollendet haben würde.

Der Teufel ging ohne weiteres darauf ein, und jetzt sah man ihn vom letzten bis zum ersten Hahnenschrei – die einzige Zeit, in welcher er auf Erden bauen darf – gewaltige Steine herbeischleppen, die sich dann von selbst ineinanderfügten, so daß die Bürger am Morgen staunend den Bau sahen, der über Nacht aufgeführt worden war, und mit Schrecken an das Ende dachten, das die Geschichte zuletzt nehmen mußte. Nur Anselmus blieb ruhig bei dem geschäftigen Treiben des Teufels, denn er war seiner Sache gewiß. Er hatte nämlich, um seine Mönche zu jeder Zeit wecken zu können, einen Hahn so gewöhnt, daß dieser krähte, sobald und so oft es Anselm wollte. So nahte der dritte Tag. Da stieg der Abt mit seinem Hahn auf die Hausmannstürme und schaute aus nach dem Teufel. Dieser kam einmal und noch einmal. Als er aber zum dritten Male kam und die Schlußsteine herbeitrug, da befahl Anselm dem Hahne zu krähen. Dieser tat's, und sogleich krähten alle Hähne der Stadt mit.

Da ergrimmte der Teufel und warf wütend die Steine hierhin und dorthin, daß sie prasselnd niederfielen und die Bewohner der Stadt erschrocken aus den Betten fuhren, meinend, daß die Welt untergehe. Einer dieser Steine fiel auf der Brunoswarte nieder, ein anderer auf dem Neumarkte beim Botanischen Garten, und ein dritter vor dem Hamstertore, wo man sie vor einiger Zeit noch hat in Augenschein nehmen können. (243)

Die Teufelsspitze im Salzigen See

Ein Graf von Seeburg hatte einen Bund mit dem Teufel auf bestimmte Jahre. Der Teufel hatte ihm gelobt, in dieser Zeit alles zu tun, was er fordern werde. Dagegen hatte ihm der Graf seine Seele versprochen.

Der Graf tat nun durch den Beistand des Teufels manches Wunder und fuhr unter anderm immer von Rollsdorf nach Wansleben und zurück mit seiner Kutsche quer über den Salzigen See, und die Pferde näßten nur ihre Hufe im Wasser, und die Räder schnitten nur so tief ein, wie der eiserne Reif, der sie umschloß, breit war.

Als aber der Vorabend des Tages kam, an welchem der Graf dem Teufel gehören sollte, sann er auf ein recht schweres Stück, welches der Teufel nicht ausführen könnte. Er befahl ihm, zwischen Mitternacht und dem ersten Hahnenschrei einen Damm durch den See von Rollsdorf nach Wansleben zu bauen, damit die Leute künftig nicht immer den weiten Umweg rings um den See zu fahren brauchten.

Der Teufel eilte auf eine Höhe bei Rollsdorf und warf zwei Schippen Erde ins Wasser, und noch jetzt ist das Loch zu sehen, wo er die Erde ausgestochen hat. Als er aber die dritte Schippe ausstach, kam grade eine alte Frau von Rollsdorf, welche einen Korb mit Hühnern auf dem Rücken trug und sie nach Halle auf den

Markt bringen wollte. Und wie sie vorbeiging, begann ein Hahn im Korbe zu krähen. Da schwang sich der Teufel ergrimmt in die Luft und rief: »Ein altes Weib geht über den Teufel.« So war der Graf von Seeburg gerettet.

Der unvollendete Damm aber ist noch heute [1846] zu sehen und wird die »Teufelsspitze«, bisweilen auch die »Teufelsbrücke« genannt. (244)

Die Teufelsmühle auf dem Ramberge

Vor grauen Jahren wohnte unten am Ramberge ein armer Müller, dessen Windmühle von jeher baufällig und schlecht war und zuletzt gar nicht mehr gehen wollte. Dadurch wurde der Mann immer dürftiger, und je mehr die Not wuchs, desto schneller nahm auch sein Gottvertrauen ab. In solcher verzweifelnden Herzensangst erstieg er einst den Ramberg, über welchen der Wind mit lustiger Kraft wegstrich. Da meinte der Unglückliche, daß es doch schön sein müßte, hier oben auf freier Bergeshöhe eine neue Windmühle zu besitzen, die immer gut im Gange wäre.

Wie er bis zur Abenddämmerung so dasaß und statt des Gebetes nur Flüche ausstieß und wünschte, daß der Teufel ihn holen möge, trat ein kräftiger Bursch zu ihm, gab sich durch seine Priamel und sein Müllersprüchlein als Handwerksgenoß zu erkennen und versprach, vor dem ersten Hahnenschrei am nächsten Morgen die schönste Mühle just hierher zu setzen, wofern nur der Müller ihm, dem Bauherrn, sich mit seinem Blute verschreiben und nach dreißig Jahren mit Leib und Seele ausliefern wolle. – Der böse Pakt wurde abgeschlossen, und alsbald erhob sich auf dem Ramberge ein höllisches Spektakel von tausend geschäftigen schwarzen Gesellen, die mit gräßlicher Eile den Bau angriffen.

Aber je höher die Mühle ward, desto ängstlicher wurde es dem Müller. Schon fing der Morgen an zu dämmern, aber die Mühle stand auch vollendet da. Nur der eine Mühlstein fehlte noch, der jetzt oben hinaufgerollt wurde. Da stieß der Müller in seiner Todesangst den letzten Stein von den Rollhölzern hinunter, daß der den weiten Berg hinabrannte. Mit fürchterlichem Zorne stürzte der Böse dem rollenden Mühlsteine nach, um ihn einzuholen. Aber schon krähte der Hahn in der alten Talmühle, und der Teufel hatte also sein Versprechen nicht gehalten. Da ergriff er den ungeheuren Granitblock, schwang sich damit hoch in die Lüfte, ließ ihn fallen und zerschmetterte damit den Müller und die Mühle. (245)

Der »starke Hans« in der Teufelsmühle

Zwischen Querfurt und Obhausen liegt am Ufer der Querne eine Mühle, welche 1473 unter dem Namen »Teufelsmohl« erwähnt wird, und nach welcher von dem Dorfe Döcklitz aus der »Teufelsrain« führt. Über die Entstehung des Namens geht folgende Sage:

In der Mühle an der Querne wohnte ein hochverschuldeter Müller, dem seine Lage hoffnungslos erschien, weil die Mühle ganz verfallen war. Da traf er mit dem Teufel ein Abkommen, wonach sich dieser verpflichtete, dem Müller die Mühle neu zu bauen. Nur behielt der Teufel sich vor, daß ihm die Mühle von zwölf bis ein Uhr nachts allein zur Verfügung stehen sollte. Unter dieser Bedingung ward die Mühle gebaut, und nun glaubt der Müller, es könne ihm nicht mehr fehlen. Allein der Teufel trieb es in der ihm eingeräumten Zeit so arg, daß bald kein Mensch mehr in der Stunde nach Mitternacht mahlen, ja nur in der Mühle sich aufhalten wollte. Der Müller geriet darob in üblen Ruf und in Folge davon in große Not.

Nun aber wohnte zu der Zeit in Querfurt ein Mann, der »starke Hans« genannt. Der hörte von dem Spuk in der Teufelsmühle, und da ließ es dem zu Hause keine Ruhe mehr, denn er sehnte sich, seine Kräfte mit dem Teufel zu messen. Er nahm deshalb einen Sack Weizen auf die Schulter, ging nach der Teufelsmühle und begehrte nachts zu mahlen. Der Müller warnte ihn zwar, war aber innerlich doch recht froh, daß der »starke Hans« auf seinem Vorhaben bestand.

Kaum hatte die ferne Schloßuhr in Querfurt die Mitternachtsstunde verkündet, so erschien der Teufel in der Mühle und versuchte zuerst durch freundliches Zureden und, als dieses nicht verschlug, durch Drohungen und Schreckmittel den tapfer weitermahlenden Hans zu verdrängen. Dieser aber verstand den Spaß falsch, ergriff den bösen Feind und drückte ihn rücklings so fest auf den in vollem Gange begriffenen Mühlstein, daß ihm das Gesäß halb abgeschliffen wurde. Heulend verließ der Teufel die Mühle und hat sie nie wieder betreten. Keiner war darüber froher als der Müller. Der Teufel aber hinkt seit der Zeit auf einer Seite. (246)

Jakob Philipps und der Teufel

Jakob Philipps in Hüttenrode [Kr. Wernigerode] sagte dem Teufel, er solle ihm soundso viel Geld bringen, und wenn das Laub von den Bäumen fiele, so wolle er ihm gehören. – Als nun im Herbst die Bäume kahl wurden, kam der Teufel und wollte ihn holen. Da sagte Philipps, sie wollten einmal in den Wald gehen und sehen, ob's auch wirklich herunter wäre. Da führte Jakob Philipps den Bösen in junge Buchen. Deren Laub fällt nicht eher ab, bis im Frühjahr wieder das junge kommt.

Jakob Philipps ritt aber auf einem Schimmel. Da sagte Philipps, er sähe wohl, daß das Laub noch nicht von den Bäumen herunter wäre. Jedoch solle der Böse vier Gössel (junge Gänse) vor eine Kutsche spannen, und wenn er mit diesen so scharf fahren könne als er mit seinem Schimmel ritte, so wolle er doch ihm gehören. Da konnte aber der Teufel mit seinen Gösseln geschwinder fort als er auf seinem Schimmel, faßte ihn und schlug ihn um einen Eichbaum, daß der Kopf weit hinflog. (247)

Der Teufel und der Mönch

Hoch oben auf dem Dach des nördlichen Domturms [zu Magdeburg] befinden sich zwischen dem gotischen Blattwerk zwei in Stein gehauene Figuren, von denen die eine einen Mönch, die andere den Teufel in Gestalt einer Schlange mit aufgesperrtem Rachen darstellen soll [1894].

Der Sage nach lebte nämlich vor vielen, vielen Jahren in Magdeburg ein gottloser Mönch. Dieser vermaß sich einst, als er des

Weines voll war, daß er mit Pantoffeln an den Füßen die Spitze des Domturms ersteigen könne, und schwur, daß ihn der Teufel holen möge, wenn er es nicht fertigbrächte. Nachdem er nun wirklich den größten Teil des Weges glücklich zurückgelegt hatte, da sah er auf einmal den Teufel über sich, und vor Schreck entglitt ihm der eine Pantoffel. Schnell bückte er sich, um ihn noch zu erhaschen, verlor aber dabei das Gleichgewicht und stürzte herab. Der Teufel aber zerbrach ihm in der Luft den Hals und verschwand mit ihm.

Zum Andenken an diese Begebenheit brachte man die erwähnten Figuren an, die man noch heute von der oberen Galerie des nördlichen Domturms aus sehen kann. (248)

Der Teufel und der Turmwächter

Der Sage nach soll ein Wächter, der im Anfang des 17. Jahrhunderts auf dem Turm der [Magdeburger] Sankt-Johannis-Kirche wohnte, seine Seele dem Teufel verschrieben haben, wofür dieser den geizigen Mann in den Besitz eines Schatzes von hundert Dukaten brachte. Als nun die Lebensfrist, die der Teufel dem Turmwächter gewährt hatte, abgelaufen war, verfiel der Geizhals in eine tödliche Krankheit, begehrte aber dennoch, daß man ihm seine Goldstücke in einer zinnernen Schüssel auf sein Sterbelager bringen solle. Da er nun mit den zitternden Händen in den klingenden und blinkenden Dukaten gewühlt, sprach er: »O ihr lieben Rotfüchschen, möchte ich doch noch eine Zeitlang bei euch leben!« Mit diesen Worten gab er seinen Geist auf und wurde dann in einen Sarg gelegt.

Als in der nächsten Nacht eine Wärterin an der Leiche wachte, kam eine große schwarze Gestalt und wollte den Körper aus dem Sarge nehmen. Die Wächterin erschrak zwar, rief aber doch laut Gott und Menschen um Hilfe und warf sich über den Sarg, worauf die schwarze Gestalt verschwand.

Am andern Morgen erzählte das Weib von dem nächtlichen Abenteuer, und als der Sarg geöffnet wurde, fand man statt des Verstorbenen einen abgenutzten Besen darin. Der Sarg wurde mit Steinen gefüllt und begraben, um kein Aufsehen zu erregen. Aber bald war dennoch die Kunde in Magdeburg verbreitet, daß der Teufel auf dem Turm der Johanniskirche gewesen sei und den Leichnam des geizigen Turmwächters entführt habe. (249)

Der Jäger und der Teufel

Ein Jägersmann ging einst mit seiner geladenen Flinte in den Wald und rauchte dabei sein Pfeifchen Tabak. Da begegnete ihm plötzlich der Teufel, welcher rief: »Laß mich doch auch einmal probieren, wie das Rauchen schmeckt!« – »Das Vergnügen sollst du haben«, sagte der Jäger. »Aber meine kleine Pfeife ist sogleich aus, ich will dir meine große Pfeife geben.« Und mit diesen Worten nahm er seine Flinte von der Schulter und steckte dieselbe dem Teufel ins Maul. Dieser fing an zu ziehen, aber er konnte aus dem Flintenrohr keinen Rauch bekommen. Da wurde er ärgerlich und fing an zu schreien: »Jägersmann, du hast mich angeführt, die große Pfeife brennt ja nicht!« – »Warte«, sagt darauf unser Jäger, »ich will dir Feuer geben«, und drückte die Flinte ab. O wie konnte da der Teufel prusten! Er schüttelte sich gewaltig, warf die große Flintenpfeife weit fort und schrie: »Höre, lieber Jäger, mit dir mag ich nicht rauchen, dein Tabak ist mir zu stark!« Als er das gesagt hatte, war er plötzlich verschwunden. (250)

Der Tod und die Toten

Der »Schwarze Tod«

Vor vielen, vielen Jahren wütete in Köthen die Pest, der »Schwarze Tod« genannt. Alltäglich forderte die furchtbare Seuche ihre Opfer, und es war da kein Unterschied von Stand, Alter und Geschlecht. Dabei fehlte es an Lebensmitteln, an Ärzten und Krankenwärtern. Die Kranken konnten nur wenig oder gar keine Hilfe bekommen, ja es ging so weit, daß die Leichen nicht einmal beerdigt wurden. Geistliche zogen singend und betend durch die Straßen der Stadt und flehten den Himmel um Errettung von der fürchterlichen Krankheit an.

Als das große Sterben immer mehr zunahm und die Not am höchsten war, erschien ein Priester, den man zuvor nie gesehen hatte, mit Kreuz und Fahne und stimmte religiöse Lieder an. Er zog zum grünen Plane, der jetzigen Landwiese, wo eine alte hohle Ulme am Wege stand, und in diese hinein beschwor er den Schwarzen Tod, inbrünstig betend. Die Ulme ward sodann mit Schloß und Riegel versehen, und von nun an nahm die Krankheit mehr und mehr ab, bis sie schließlich ganz verschwand. (251)

Das Totenhemd

In einem Dorfe bei Leitzkau [Kr. Zerbst] lebten einst zwei Schwestern. Es ging ihnen kümmerlich, denn sie spannen um Lohn für andere Leute. Das hatten sie viele Jahre hindurch getan und waren dabei alt und grau geworden. Aber ganz ehrlich waren sie nicht gewesen. Denn wenn sie von dem Flachse, welcher ihnen zum Spinnen gegeben war, etwas hatten beiseite bringen können, so war das geschehen. Aus diesem so gewonnenen Flachs hatten sie das feinste Garn gesponnen und sich daraus Leinewand weben lassen, die so fein war, wie sie niemand im Dorfe hatte.

Eines Tages war eine von diesen Schwestern gestorben. Ihr Sterbehemd wurde aus dieser feinen Leinwand gefertigt. Am dritten Tage wurde sie begraben. Allein die Tote fand keine Ruhe im Grabe. Jeden Tag um die Zeit, wo es schummerig ward, öffnete sich leise die Tür zu dem Zimmer, in welchem ihre Schwester saß und spann, und dann sah dieselbe deutlich, wie ihre verstorbene Schwester im weißen Totenhemde in das Zimmer trat und in demselben unruhig auf- und abging. Nach einem Weilchen verschwand sie dann wieder. Zuletzt vermochte die noch lebende Schwester das nicht mehr zu ertragen. Sie ging zum Pastor und klagte diesem ihre Not. – Der Pastor sagte, er wolle versuchen, der Toten die ewige Ruhe zu verschaffen.

Um die Dämmerungsstunde stellte sich der Pastor bei der alten Spinnerin auch richtig ein. Er hatte die Bibel mitgebracht. Es währte auch nicht lange, so ging die Türe leise auf, und die Verstorbene trat ein in ihrem weißen Totenhemde. Aber der Pfarrer schritt auf dieselbe zu, die Bibel in der Hand und redete sie mit den Worten an: »Irrer Geist, was willst du?« – Darauf antwortete die Tote mit leiser Stimme: »Ich will mein ehrliches Hemd haben.« – Der Pastor stellte dreimal dieselbe Frage, und dreimal antwortete ihm die Tote mit denselben Worten. Darauf ging sie schweigend zur Tür hinaus.

Nun aber gestand die Schwester dem Pastor alles, wie sie von dem Flachs etwas beiseite gebracht hätten und daß auch das Totenhemd aus dem Garn gewebt sei, welches sie aus diesem Flachs gesponnen hätten. Da blieb denn nichts übrig, als daß man das Grab öffnen und die Tote mit einem ehrlichen Hemde bekleiden mußte. – Sobald das geschehen war, hatte die Tote ihre Ruhe im Grabe. (252)

Die Mütze des Toten

Eine Gesellschaft junger Burschen [in Sangerhausen] kam beim Nachhausegehen eines Abends zwischen elf und zwölf Uhr noch über den Sankt-Ulrichs-Platz und sah im Portal der Sankt-Ulrichs-Kirche einen alten Mann stehen, der eine weiße Zipfelmütze aufhatte. Neugierig traten die Burschen hinzu, und einer von ihnen nahm dem Manne lachend die Mütze ab und mit sich nach Hause.

Nachts darauf erschien der alte Mann dem Burschen in seiner Kammer, und nun erkannte dieser in ihm einen unlängst gestorbenen und in der Kirche beigesetzten Pastor. Drohend hob derselbe jetzt die Hände in die Höhe und sprach: »Morgen bringst du mir die Mütze wieder!« – Da der Bursche diesem Befehle nicht nachkam, erschien der Tote in der darauffolgenden Nacht noch einmal und forderte drohender seine Mütze zurück.

Voll Bangens ging der Bursche am darauffolgenden Abend zur Ulrichskirche und fand hier den Pastor schon vor. Mit Zittern setzte er dem stumm Dastehenden die Mütze wieder auf, erhielt aber sofort von demselben eine so derbe Ohrfeige, daß ihm Hören und Sehen verging Am folgenden Morgen sah die Backe, auf welche er die Ohrfeige erhalten hatte, ganz schwarz, wie verbrannt, aus, und drei Tage darauf war er tot. (253)

Die Weihnachtsfeier der Toten

In der Kirche Sankt Sixti zu Ermsleben [Kr. Aschersleben] werden noch jetzt [1891] einige Metten abgehalten, und zwar eine Ostermette am ersten Osterfeiertage morgens drei Uhr und eine Pfingstmette am ersten Pfingstfeiertage morgens fünf Uhr. Die Ostermette hat man vermutlich deshalb in eine so frühe Morgenstunde gelegt, um den altüberkommenen und noch jetzt nicht erloschenen heidnischen Bräuchen (Osterfeuer, Osterwasserholen, Eierkollern) einen christlichen Brauch entgegenzustellen. Die Pfingstmette dagegen sollte wahrscheinlich den seit alters her an diesem Tage üblichen Morgenspaziergängen in Wald und Feld Abbruch tun. Früher gab es aber auch eine Weihnachtsmette, die der Sage nach aus folgendem Grunde in Abgang gekommen ist:

Zur Zeit, als die Weihnachtsmette in Ermsleben noch üblich war, hörte eine Frau, welche im Sattler Hothornschen Hause wohnte, in der Weihnacht läuten. Sie stand auf, zog sich an und begab sich nach der Kirche. Diese war hell erleuchtet und von Andächtigen voll; aber die Gesichter derselben sahen bleich aus, und obwohl ihre Lippen sich bewegten, war doch kein Ton zu vernehmen. Mit Entsetzen erkannte die Frau unter den Anwesenden bereits Verstorbene, die sie im Leben gekannt, und auch der Prediger gehörte zu den Toten.

Von Grausen gepackt, stand die Frau von ihrem Sitze auf und eilte aus der Kirche. Als sie hinausging, schlug die Tür so plötzlich hinter ihr zu, daß ein Stück von ihrem Mantel eingeklemmt wurde und abriß. Es war um die Mitternachtsstunde, als die Geängstigte nach Hause kam. Am andern Morgen verfiel sie in eine schwere Krankheit.

Seitdem wurden die Weihnachtsmetten abgestellt. (254)

Laß die Toten ruhen

Einem Schulmeister aus Predel [Kr. Naumburg], der seinen Sohn auf der Klosterschule in Eisleben besuchte, wurde von diesem die dazu gehörige Kirche gewiesen. Sie kamen an ein steinernes Nonnenbild, welches, wie alle solche Bilder, anzeigte, daß daselbst eine Klosterfrau eingemauert worden ist. »Schade um dich, daß sie dich eingemauert haben!« sagte der Schulmeister, indem er das Bild in die Wange kneipte; und als sein Sohn ihn ermahnte, die Toten in Ruhe zu lassen, machte er es nochmals so.

In der folgenden Nacht um elf, wo er bei seinem Sohn lag und beide noch wachten, kam die Nonne zur Tür herein, trat zum Bette, schaute hinein und ging, nachdem sie den Sohn vorn liegen gesehen, unten herum an die hintere Seite. Dort kneipte sie mit ihrer eiskalten Hand den Vater zweimal in die Backen und verließ dann wieder die Stube. – Nachher hat der Schulmeister nie mehr sich unterfangen, mit den Toten Scherz zu treiben. (255)

Die Wiederkehr der Scheintoten

An dem alten Rundbogenportal des im Renaissancestil errichteten Franklebener Wasserschlosses [Kr. Merseburg] nahe der Kirche, dem sogenannten Unterhof, befinden sich [1933] unter der Jahreszahl 1509 und dem Boseschen Wappen zwei bereits arg zerstörte Menschenköpfe, links vom Beschauer ein Frauenkopf, rechts ein Männerkopf. Von diesen beiden erzählt man sich in Frankleben folgende Sage:

Die Tochter des Besitzers vom Unterhof war plötzlich gestorben. Da im Tode ihre Finger arg geschwollen waren, konnte man die kostbaren Ringe nicht abstreifen. Da schlich sich in der Nacht vor dem Begräbnis der rauhe Totengräber zu der Leiche, um die Ringe zu stehlen. Doch auch er vermochte nicht, diese abzuziehen. Kurzerhand nahm der gefühllose Mann sein Messer und versuchte die Finger eiligst abzuschneiden. Das Edelfräulein war aber nur scheintot und erwachte deshalb bei dieser Verwundung. Der Totengräber lief erschrocken davon, ließ aber sein Licht zurück.

Die Totgeglaubte aber begab sich, matt und bleich, im Sterbekleid und mit dem Licht in der Hand, zu ihrem Vater in den nahegelegenen Unterhof und bat um Einlaß. Der Vater aber vermutete einen Geist und erklärte, die Tür nicht eher zu öffnen, bis auch seine verstorbenen Geschwister am Fenster ihrer Zimmer erschienen. Als er nun seine Blicke an den Fenstern des Schlosses herumschweifen ließ, schauten beide heraus. Jetzt öffnete er der dem Leben wiedergegebenen Tochter die Tür und führte sie, Freudentränen in den Augen, in die Wohnung zurück. Zur Erinnerung ließ der Edelmann an dem Portal die Köpfe seiner Geschwister anbringen. (256)

Wütendes Heer und Wilde Jagd

Das Wütende Heer

Ich habe neben andern gehöret von dem Würdigen Herrn Johann Kennerer Pfarrherrn zu Mannsfeld / seines Alters über 80. Jahr / dz zu Eißleben und im ganzen Lande zu Mansfeld das wütende Heer (also haben sies genennet) fürüber gezogen sey / alle Jahr auff den Fastnacht Donnerstag / und die Leute sind zu gelauffen / und haben darauf gewartet / nit anders / als solte ein grosser und mächtiger Kayser oder König fürüber ziehen. Vor dem Hauffen ist ein alter Mann hergangen mit einem weissen Stabe / der hat sich selbst den treuen Eckhart geheissen / dieser alte Mann hat die Leute heissen auß dem Wege weichen / hat auch etliche Leute gar heissen heimgehen / sie würden sonst Schaden nehmen. Nach diesem Mann haben etliche geritten / etliche gegangen / und sind Leute gesehen worden / die neulich an den Orten gestorben waren / auch der eins theils noch lebeten. Einer hat geritten auff einem Pferd mit zweyen Füssen; der ander ist auff einem Rade gebunden gelegen / und das Rad ist von ihm selbst umbgelauffen: der dritte hat einen Schenckel über die Achsel genommen / und hat gleiche sehr gelauffen. Ein ander hat keinen Kopff gehabt / und der Stück ohne massen. (257)

Vom Wütenden Heer bei Zeitz

Zwei Frauen aus Braunshain wollten einmal nachts von einem Felde am Hohenkirchener Pfarrholz [Kr. Naumburg] Erbsen stehlen. Sie gingen eben durch den Braunshainer Wald, da vernahmen sie aus der Ferne ein merkwürdiges Klappern und Heulen. Erst meinten sie, im benachbarten Hohenkirchen seien die Leute beim Dreschen. Doch kam ihnen das sonderbar vor; denn es war ja Nacht. Sie standen noch und überlegten, woher das seltsame Ge-

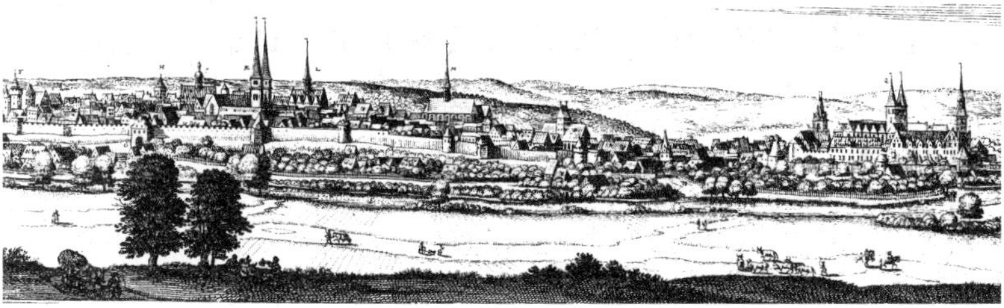

Zeitz um 1650

räusch wohl komme. Da schraken sie zusammen und rannten davon, so schnell sie konnten, um sich in Sicherheit zu bringen. Aber das Wütende Heer war schon über ihnen, und es brauste und heulte fürchterlich. Deutlich erkannten sie einen wild aussehenden Mann, dem eine Meute kläffender und heulender Hunde folgte. Die beiden Frauen hielten sich ängstlich im Dunkel des Waldes verborgen, bis der Spuk in einem nicht weit entfernten Haus verschwunden war.

Solcher Besuch war den Leuten, die in diesem Haus wohnten, gar nicht angenehm. Schon öfters war das Wütende Heer bei ihnen eingekehrt, und sie vermochten nichts zu tun, ihm den Eintritt zu verwehren, so gern sie das auch getan hätten. Da wurde ihnen eines Tages der Rat erteilt, sie sollten das Wütende Heer um eine Gabe bitten. Leicht gesagt; aber wer hatte den Mut dazu?

Endlich faßte sich ein Mann ein Herz und sprach die Bitte aus. Sie wurde erfüllt, aber nicht zur Freude der Hausbewohner; denn eine unsichtbare Hand warf ein Stück verdorbenes Fleisch auf den Eßtisch. Die geplagten Leute überwanden ihren Ekel und gruben es auf dem Düngerhaufen ein; aber noch bevor sie in die Stube zurückgekommen waren, lag das Fleisch schon wieder auf ihrem Tisch. So sehr sie sich auch mühten, es fortzuschaffen, es gelang ihnen nicht. In ihrer Verzweiflung wandten sie sich noch einmal an den Mann, der ihnen den Rat erteilt hatte, und fragten ihn, wie sie wohl von ihrer Plage befreit werden könnten. – Der riet ihnen, sie sollten zum Fleisch noch Salz verlangen. Er wußte genau, daß das Wütende Heer kein Salz bringen kann und daß das Fleisch vom Tisch verschwinden wird. – So geschah es auch. Als der Besitzer des Hauses die Bitte um Salz ausgesprochen hatte, verschwand das ekelhafte Fleisch. Seit dieser Nacht kehrte das Wütende Heer nicht wieder in diesem Hause ein.

Aber noch oft ist es in der Zeitzer Gegend beobachtet worden. Als einst ein Mann aus dem Kieferngraben bei Kayna heraustrat, hörte er es heranbrausen. Er wußte aber, wie er sich vor ihm schützen konnte, und legte sich der Länge lang hin, das Gesicht auf den Erdboden gepreßt. Es wurde auch höchste Zeit; denn kaum lag er, da spürte er den Spuk schon über sich. Es war ihm, als ob harte Besen seinen Rücken fegten und zerkratzten. Aber trotz der Plakkerei hütete er sich, seinen Kopf zu heben, sonst wäre es ihm auch schlimm ergangen. Das tobte und heulte und fegte, daß er meinte, die Felder müßten ganz kahl gekehrt sein. Erst als das Wütende Heer sich weit entfernt hatte, wagte der Mann sich zu erheben und nach Hause zu gehen. Am andern Tag ließ es ihm keine Ruhe, bis er wieder auf der Stelle stand, wo er den nächtlichen Spuk erlebt hatte. Er besah sich die Felder, konnte aber nicht den geringsten Schaden entdecken. (258)

Der Spruch des Wilden Jägers

Der Wilde Jäger zieht bei Wettin oft durch den Grund, welcher die »Pfaffenmat« heißt. Da geht es »Kläff, kläff! Hede, hede, hede!«

Einst lag ein Hirte in seiner Hürde und hörte das Bellen und Hetzen. Da fragte er, ob er nicht mitjagen dürfe. – »Nur zu!« rief der Wilde Jäger, und der Hirt jagte mit. – Als die Jagd zu Ende war, bekam er als Anteil an der Beute eine Pferdekeule, die er essen sollte. Und weil er dies nicht wollte, tanzte die Keule drei Nächte hintereinander auf der Weide rings um die Schafe und mitten durch sie hindurch, daß die Tiere sehr scheu wurden.

Da wandte sich der Hirt an den Prediger und klagte ihm seine Not. Und der Prediger zitierte den Wilden Jäger und gebot ihm die Keule zurückzunehmen. – Doch der Wilde Jäger sagte, das sei alter Brauch bei ihm und seinen Jägersleuten: wer mit jage, der müsse auch mit essen; daher komme noch das alte Sprichwort:

»Hast du geholfen jagen,
Mußt du auch helfen nagen.«

Da mußte sich der Hirt bequemen, ein kleines Stück von der Keule zu essen, welche hierauf verschwand . . . (259)

Der Wilde Jäger in Polleben

Ein Polleber hat den Wilden Jäger einmal gesehen, als er von Heiligenthal [Kr. Eisleben] aus der Mühle vom Mahlen zurückkam. Das schon von weitem zu hörende Gekläff der Hunde veranlaßte ihn, sich in ein Haus zurückzuziehen, in welchem versteckt er den Wilden Jäger in Mannesgestalt, auf schwarzem Rosse reitend, den Kopf unter dem Arm tragend, erblickte. Umgeben war derselbe von etwa einem Schock Jagdhunde, groß und klein, Windhunden, Dachshunden und anderen Arten mehr. Begleiter in Menschengestalt waren nicht zu sehen. Von dem Brausen und Kläffen der Hunde wurden die auf den benachbarten Weiden sitzenden und schlafenden Raben scheu und flogen davon. – Der Wilde Jäger erscheint vorzüglich in der Fastenzeit und nach Martini. (260)

Der »Wilde Reiter«

Der alte Heckevogt Oe. aus Pansfelde [Kr. Aschersleben] ging einmal zur Nachtzeit seiner Heimat zu. Graue Wolken trieben in wunderlichen Gestalten über den Himmel. Da tauchte plötzlich vor dem Wanderer ein gespenstischer Reiter auf. Der alte Herr kannte sonst keine Furcht, aber hier kam ihm doch ein Grausen an, zumal er beim näheren Zusehen erkannte, daß der Reiter keinen Kopf trug, wohl aber eine Laterne in der Hand hielt. Zu wenig abergläubisch, um sich vor dem Wilden Jäger in den Staub zu werfen, wie er wohl hätte tun müssen, trat er vielmehr dem Spuk aufrecht entgegen. Da fühlte er sich wider Willen der Erscheinung nachgezogen; er mochte wollen oder nicht, er mußte folgen. Nun wußte er, bald kommt ein Kreuzweg. Hier rief er laut den Namen der Heiligen Dreifaltigkeit. Kaum hatte er sein Stoßgebet beendet, so fuhr mit wildem Hui der Reiter in die Wolkendecke empor und verschwand.

Der Alte hatte kurz vor seinem Tode ein weiteres, überraschendes Erlebnis. Er ging zu nächtlicher Stunde von Degenershausen nach Pansfelde. Mitten im Forste hörte er plötzlich ein Geräusch. Es klang gerade, als wenn jemand Reifstöcke abschnitt und auf einen Haufen warf. Eine Weile lauschte der Mann, dann aber rief er: »Zum Donnerwetter, was ist denn hier los!« In dem Augenblicke sprang ihm eine Gestalt auf den Rücken und krallte sich an ihm fest. Er eilte der Heimat zu.

Schweißgebadet kam er endlich zu Hause an; immer noch hatte er das Gefühl, als säße ihm etwas auf dem Rücken. Daheim mußte er sich sogleich ins Bett legen. Nach drei Tagen war er tot. (261)

Totenspuk, 15. Jahrhundert

Spuk und Spukerscheinungen

Die Weiße Frau und der Soldat

Im Schloß zu Wittenberg erschien von Zeit zu Zeit um Mitternacht die Weiße Frau. Viele hatten sie schon gesehen, aber noch niemand hatte gewagt, sie anzureden oder ihr zu folgen. Endlich beschlossen mehrere Soldaten, dies zu tun. Am Abend setzten sie sich in ein Zimmer, das auf dem Gange lag, der zur Schloßkirche führt, und vertrieben sich die Zeit bis Mitternacht mit Kartenspiel. Als die Turmglocke die Mitternachtsstunde schlug, da fiel einer der Soldaten nach dem andern in tiefen Schlaf. Nur einer, der ein Sonntagskind war, blieb munter. Dieser sah, wie sich leise die Tür öffnete und die Weiße Frau hereintrat. Sie winkte dem Soldaten mit der Hand, ihr zu folgen. Dann führte sie ihn durch mehrere Gänge des Schlosses zu einer verborgenen Kammer. In derselben stand eine große Truhe, die mit Gold- und Silbermünzen angefüllt war. Die Weiße Frau füllte einen großen Beutel mit diesen Münzen und reichte ihn dem Soldaten. Doch mußte er ihr versprechen, niemand etwas davon zu sagen. Hierauf führte sie ihn zu seinen Kameraden zurück und verschwand. Sorgfältig verbarg der Soldat den Beutel und weckte dann die anderen...

Nach Beendigung seiner Dienstzeit blieb jener, dem die Weiße Frau erschienen war, in Wittenberg und heiratete bald darauf. Am Abend des Hochzeitstages, als alle in fröhlicher Stimmung waren, drangen die Gäste in den Bräutigam, er möge doch erzählen, woher sein Reichtum stamme. – Anfangs sträubte er sich wohl, aber der genossene Wein ließ ihn das Versprechen, welches er der Weißen Frau gegeben hatte, vergessen. So begann er denn, jenes Erlebnis zu erzählen. Kaum aber hatte er damit angefangen, so klopfte es dreimal heftig gegen das Fenster. »Das war die Weiße Frau«, flüsterte der Bräutigam erbleichend und schwieg still. – Seit der Zeit aber kränkelte er; nichts wollte ihm mehr gelingen, und er starb bald darauf als ein armer Mann. (262)

Neugattersleben im 17. Jahrhundert

Der Cölbigker Heele Christ

In den Dörfern der Umgegend von Cölbigk [siehe Text Nr. 79], wie in Ilberstedt und Giersleben, erzählte man früher, besonders in der Weihnachtszeit, viel vom Cölbigker Heele Christ (auch der »Cölbigker Spukegeist« genannt). Zwischen Cölbigk und Bullenstedt liegt eine Wiese mit Namen die »Nachthute«. Hier treibt alljährlich am Weihnachtsheiligabend der Cölbigker Heele Christ sein Wesen. Es ist ein tanzlustiger Geist aus dem alten Kloster Kölbigk, der hier seiner Lust frönt und die Vorübergehenden zum Tanz auffordert. Wer sich weigert zu tanzen, den nimmt er mit sich in den Turm von Cölbigk und von dort in den unterirdischen Gang, der nach der Warte bei Neugattersleben führt. Die aber nicht gutwillig folgen, ertränkt er in der Wipper an einer breiten und tiefen Stelle, welche man den »Sauwinkel« nennt.

Auf der Nachthute soll das Cölbigker Spukeding auch mit anderen Geistern Zusammenkünfte haben, besonders mit der Bläsejungfer, einer ehemaligen sündhaften Nonne [siehe Text Nr. 27]. Auch soll es Leute, die lustig und singend an Cölbigk vorbei kamen, im dortigen Teiche ertränkt haben. Furchtsame vermeiden daher abends den Weg von Cölbigk nach Bullenstedt.

Dieser böse Geist, der auch die Kinder, welche ihr Weihnachtsgebet nicht sprechen können, umbringt, zeigt sich aber auch von der menschenfreundlichen Seite, indem er für artige Kinder auf dem Turme zu Cölbigk die Weihnachtsgeschenke bereithält und dort die Wunschzettel entgegennimmt. (263)

Der Schäfer mit dem feurigen Hunde

Zwischen Martinsrieth und Sangerhausen geht [1880] ein Schäfer um, welcher von einem großen feurigen Hunde begleitet wird. Beide tun den Leuten nichts zuleide, nur darf man nicht von ihnen sprechen, sonst stirbt man.

Eine Frau aus Sangerhausen war gegen Abend noch zur Hüttenmühle gegangen, um Korn mahlen zu lassen. Sie hatte sich hier etwas aufgehalten, und so war der Abend hereingebrochen. Obwohl der Müller ihr anbot, sie solle in der Mühle über Nacht bleiben, ging die Frau doch nach Hause. Kaum aber war sie einige hundert Schritte gegangen, als sie plötzlich dicht hinter sich einen Schäfer mit einem ganz feurigen Hunde erblickte, welchem der erstere zurief: »Suck, suck, suck!« Angstvoll lief die Frau, ohne sich umzusehen, weiter, immer aber hörte sie wieder in ihrer unmittelbaren Nähe die Worte: »Suck, suck, suck!« In der Nähe der Stadt verschwanden plötzlich Schäfer und Hund.

Wie »gerädert« kam die Frau nach Hause und wurde recht krank. Sie erzählte aber von dem Geschehenen nichts und erreichte ein hohes Alter; erst auf dem Totenbette teilte sie ihr Erlebnis mit.

Zwei Frauen aus Sangerhausen, die noch spät von Martinsrieth zur Stadt zurückgingen, erschien der Schäfer mit seinem Hunde an der Kärnerbrücke, begleitete sie gleichfalls unter dem Rufe »Suck, suck, suck!« bis zur Stadt und verschwand dann. Dieselben erzählten zu Hause sofort die gehabte Erscheinung und die von ihnen ausgestandene Angst, legten sich krank zu Bett und waren nach drei Tagen tot. (264)

Der Mann mit der Laterne

Vor gar nicht langen Jahren gingen der Schulze von Hackpfüffel [Kr. Sangerhausen] und dessen Frau noch spätabends von Brücken weg, wo sie einige Scheffel Korn hatten mahlen lassen. Er hatte das Korn auf einem Schiebekarren, und sie trug einen gefüllten Tragekorb. Auf der Hälfte des Weges ruhten sie aus, und da gewahrte die Frau, daß hinter ihnen jemand mit einer Laterne kam, und sprach daher zu ihrem Mann: »Wir wollen warten und recht langsam gehen. Dann bekommen wir Gesellschaft, und der Mann, der hinter uns mit einer Laterne kommt, kann uns bei dieser Finsternis leuchten.« Bald kam auch das Licht näher, und vor ihnen stand ein Mann, der eine Laterne trug. Aber das Gutenabendbieten blieb beiden Eheleuten in der Kehle stecken, denn nun sahen sie erst, daß der Mann keinen Kopf hatte.

Schnell gingen sie ihres Weges. Der Mann mit seiner Laterne aber blieb ihnen stets zur Seite. Bald troff ihnen der Angstschweiß vom Leibe, und sie zitterten so, daß sie sich ausruhen mußten. Doch auch der Mann blieb stehen und begleitete die Weitergehenden bis an einen Bach. Da verschwand plötzlich die Laterne von ihrer Seite und erschien unmittelbar darauf hoch oben auf dem Kyffhäuserturme. Zum Tode ermattet und in Schweiß gebadet, kamen beide in Hackpfüffel an, als es eben eins vom Turme schlug. (265)

Der dreibeinige Hase

Zu einem Dorfe bei Magdeburg gehört auch eine Wassermühle, welche etwa zehn Minuten davon entfernt liegt. Von diesem Dorfe führte früher ein Weg nach der Mühle hin, auf dessen einer Seite eine Wiese liegt...; auf der andern Seite des Weges befand sich Unland. Auf diesem Unlande haben viele Leute, wenn sie des Abends zur Mühle gingen, dicht neben dem Wege einen dreibeinigen Hasen sitzen sehen. Da mit solchen Tieren kein Spaßen ist, so gingen die Leute immer schweigend daran vorüber und taten so, als ob sie den dreibeinigen Hasen nicht bemerkten.

Auch die Magd eines Bauern hatte öfters des Abends den Gang nach der Mühle zu machen. Die Magd ärgerte sich nun aber über das Tier so sehr, daß sie eines Abends einen tüchtigen Knüppel mit sich nahm. Sobald sie den dreibeinigen Hasen sah, nahm sie den Knüppel und warf ihn mit aller Kraft nach dem Hasen. Im nächsten Augenblicke kam aber der Knüppel schon wieder angeflogen, und die Magd erhielt einen furchtbaren Schlag in die Seite und auf den Arm. Da kehrte sie schnell um und lief weinend nach Hause.

Als sie dem Bauer, bei welchem sie als Magd diente, alles erzählt hatte, sagte ihr dieser: »Da siehst du, was du nun davon gehabt hast. Laß fortan den dreibeinigen Hasen in Ruhe, und er wird dir auch nichts tun.« – Das Mädchen merkte sich das, und so ist ihr denn auch nichts mehr auf dem Gange zur Mühle geschehen. (266)

Der Kuhberg bei Hohenmölsen

Wenn in den Herbstnächten aus den Wäldern und Wiesen des sumpfigen Rippachtales der Nebel in dicken Schwaden die Höhen emporstieg, erschien jedesmal eine gespentisch große Kuh mit feurigen Augen auf dem Berg. Sie richtete an den Bäumen und an Kräutern viel Schaden an und verschwand mit dem Schwinden des Nebels genauso unheimlich geisterhaft, wie sie gekommen war. Da wollte der Rat der Stadt [Hohenmölsen] diesem nächtlichen Treiben ein Ende machen. Er befahl dem Häscher, das war der Gerichtsdiener und Schinder, diese Geisterkuh zu vernichten.

Der Häscher war ein gewandter Mann. Er verstand Krankheiten zu besprechen, Salben für das Vieh aus allerlei Kräutern zu bereiten, ja sogar Feuersbrünste konnte er beschwören und zum Stillstand bringen. Er wollte das Gespenst in drei Nächten vernichten. Doch mußte ihm der Rat das Versprechen geben, ihn, falls sein Unternehmen gelingen würde, zum Dank in die Reihen der Bürger aufzunehmen und ihn zum Bader zu machen.

Nach drei Tagen aber fand man den Häscher tot an der Stelle liegen, an der man sonst die Gespensterkuh grasen sah. Seine Leiche wies weder Stoß- noch Schlag- noch Bißwunden auf. Man verweigerte dem Toten ein Grab auf dem Friedhof an der Kirche und scharrte ihn dort ein, wo man die Leiche gefunden hatte. Seitdem hat man die böse Kuh nicht wieder gesehen. Der Berg aber heißt noch heute der »Kuhberg«. (267)

Die wandelnde Laterne

Eine halbe Stunde südlich von Sangerhausen liegt am Rande einer kleinen, etwas hochgelegenen Ebene das Pfaffenholz, ein kleines Gehölz, zur Pfarre in Oberröblingen gehörig; über eine Stunde davon entfernt in südwestlicher Richtung das Dörfchen Martinsrieth. Auf der Landstraße zwischen Dorf und Holz wandelt eine Laterne.

Ein Jäger war dort einmal bis Mitternacht auf dem Anstand. Da kommt bei mattem Mondlicht statt des erwarteten Fuchses weit unten im Felde von Martinsrieth her ein Licht auf ihn zu. Obwohl ihm alsbald die Sage von der Laterne einfiel, wartete er doch zu sehen, was es wäre. Näher und näher kommt das Licht, und als es nicht mehr weit entfernt ist, ruft er es an. Keine Antwort. Es kommt immer näher, und der Jäger ruft nochmals. Keine Antwort. Je näher aber das Licht kommt, desto deutlicher wird die Gestalt einer etwa eine Elle hohen Laterne, die oben von einer Hand gehalten wird. Endlich ist die Erscheinung etwa noch zehn Schritte von dem Jäger entfernt. Davonlaufen scheint ihm ebenso gefährlich als stehenzubleiben. Er legt also das Gewehr an, ruft zum dritten Male »Wer da?«, und weil er wieder keine Antwort erhält, drückt er in Gottes Namen ab und – weg ist die Laterne. Alsbald eilte der Jäger nach Hause.

Der Jäger hat dies Erlebnis nachher vielen Leuten erzählt und stets versichert, daß er weder geschlafen noch geträumt habe; er könne stets die Wahrheit dieser Begebenheit behaupten. – Auch andere Leute sagen, daß sie diese Laterne gesehen haben. (268)

Der Spuk am hohlklingenden Weg

Zwischen Garsena [Kr. Bernburg] und der ehemaligen Dornitzer Hütte ist ein hohlklingender Weg. Das Volk erzählt sich, daß ein unterirdischer Gang von der Garsenaer Kirche nach der Dornitzer Hütte geführt haben soll. Noch heutigen Tages [1922] soll man zur Mitternachtszeit feurige Lichter an diesem Wege auf- und niedersteigen sehen.

Einstmals, so erzählte eine Frau daselbst, mußte sie als junges Mädchen noch des Nachts, da sie sich verspätet hatte, diesen unheimlichen Weg nach Hause gehen. Schaudernd kommt sie der nicht geheuerlichen Spukstätte nah und näher; und wirklich, da erscheinen dicht am Wege die flammenden Lichter, die auf- und niedersteigen, ohne daß irgendwo ein Mensch zu sehen oder zu hören ist. Entsetzt kehrt sie um, läuft zu dem Bahnwärterhäuschen und klopft den Bahnwärter heraus, daß er sie über die Spukstelle geleite. Aber siehe da, es war ein glimmender Queckenhaufen gewesen, der, wenn der Wind hineinstieß, aufloderte. (269)

Die Ziegenbocksgrund bei Bösenburg

Wer bei Nacht den Ziegenbocksgrund bei Bösenburg [Kr. Eisleben] durchwandert, dem begegnet nicht selten ein schwarzer Ziegenbock, der dem Ahnungslosen auf den Rücken springt und sich eine Strecke weit von ihm tragen läßt.

Einmal ging ein Bauer, welcher sich auf dem Heimwege befand, bei Nacht durch den unheimlichen Grund. Beim Überspringen eines Grabens fühlte er sich plötzlich von hinten gepackt und festgehalten, und nur mit Mühe gelang es ihm, sich loszureißen. Schweißtriefend und vor Angst halb tot kam er zu Hause an, in der Meinung, der Bock habe ihm aufgehuckt. – Jedoch als er am andern Morgen seinen nach der Tracht jener Zeit sehr langen Rock wieder vor Augen bekam, da sah er, daß er bei dem nächtlichen Sprunge einen seiner langen Rockschöße mit seinem Gehstock in dem weichen Boden gleichsam festgenagelt hatte. Nur seine Zaghaftigkeit also hatte ihm den üblen Streich gespielt. (270)

Magnet Kyffhäuser

Der Kyffhäuser

In den Kyffhäuser ist Kaiser Friedrich, der Rotbart, verwünscht. Der sitzt mit all seinen Rittern und Knappen um einen großen Tisch, durch den sein Bart hindurchgewachsen ist. Unten im Berg ist's herrlich, und alles strahlt von Gold und Edelstein; und ob's auch eine unterirdische Höhle ist, so ist's doch hell drin wie am sonnigsten Tage. Die prächtigsten Bäume und Sträucher stehen da, und mitten durch dies Paradies fließt ein Bach. Wenn man aus dem eine Handvoll Schlamm nimmt, so wird er sogleich pures Gold. Hier jagt nun ein Reiter zu Pferde fortwährend auf und ab. Andere aber sagen, er sitze auf einem Hahn und möge wohl der Böse selber sein, der alles dies verzaubert habe.

Ein Hirt ist mal am Johannistag, als der Berg offen stand, hineingekommen und hat staunend die ganze Herrlichkeit gesehen. Da hat ihm der Reiter gewinkt, er solle die Pferdesemmeln einstecken. Das hat er getan, und als er zu Hause ankam, ist's Gold gewesen. (271)

Die goldnen Flachsknoten

Vor vielen, vielen Jahren ging einst ein ganzer Schwarm Knaben aus Kelbra auf den Kyffhäuser, um da Nüsse zu pflücken. Sie gehen in die alte Burg, kommen an eine Wendeltreppe, steigen hinauf und finden ein kleines Gemach mit schönen achteckigen roten und blauen Fenstern. In der einen Ecke liegt eine Spindel mit Flachs, in der andern ein Haufen Flachsknoten. Von diesen Knoten nimmt jeder der Knaben einen Hutkopf voll; und so laufen sie lustig hinunter und streuen auf dem Wege die Flachsknoten aus.

Als die Knaben nach Kelbra kamen, war es schon Abendbrotzeit. Der ärmste unter den Knaben findet seine Eltern gerade bei dem Tischgebet. Er nimmt seinen Hut ab, und klingelnd fällt etwas Glänzendes auf die Erde, und bald noch ein Stück, und noch sieben andere. Die Mutter läuft hinzu – und siehe, es waren goldne Flachsknoten, womit ein verzaubertes Hoffräulein oder gar die Kaiserin sebst dem armen Mann ein Geschenk gemacht hatte, der seinen Knaben nun ein Handwerk lernen lassen konnte.

Die Nachbarinnen liefen herzu, die wunderbaren Flachsknoten zu sehen. Den folgenden Tag ging ganz Kelbra auf den Kyffhäuser. Alle suchten, aber keiner fand die roten und blauen Fensterscheiben, keiner die aufgehäuften goldnen Flachsknoten. (272)

Der Ritterkeller auf dem Kyffhäuser

Ein armer, aber guter und immer lustiger Mann aus Tilleda [Kr. Sangerhausen] richtete einst eine Kindtaufe aus; es war schon die achte. Den Gevattern mußte er, nach der Sitte, einen Schmaus geben. Der Landwein, den er seinen Gästen vorsetzte, war bald ausgetrunken, und sie forderten mehr. – »Geh«, sagte der lustige Kindtaufsvater zu seiner ältesten Tochter, einem hübschen sechzehnjährigen Mädchen, »geh und hole uns noch besseren Wein aus dem Keller!« – »Aus welchem Keller denn?« – »Je«, sagte im Scherz der Vater, »aus dem großen Weinkeller der alten Ritter auf dem Kyffhäuser!«

Das Mädchen ging, unbefangen in seiner Einfalt, mit einem kleinen Eimer in der Hand, den Berg hinan. In der Mitte des Berges findet sie, am verfallenen Eingang eines großen Kellers, eine bejahrte Schaffnerin sitzen, in ganz ungewöhnlicher Tracht, mit einem großen Schlüsselbunde an der Seite. Das Mädchen verstummt vor Erstaunen. Doch freundlich fragte die Alte: »Gewiß willst du Wein holen aus dem Ritterkeller?« – »Ja«, sagte schüchtern das Mädchen, »aber Geld habe ich nicht.« – »Komm mit mir«, sprach die Schaffnerin, »du sollst umsonst Wein haben, und besseren Wein, als dein Vater je gekostet hat.«

Sie gingen nun beide durch einen halbverschütteten Gang, und das Mädchen mußte erzählen, wie es jetzt in Tilleda aussähe. – »Einst«, sagte die Alte hierauf, »einst war auch ich so jung und schmuck wie du, als mich die Ritter des Nachts durch einen Gang unter der Erde aus dem Hause in Tilleda wegholten, das jetzt deinem Vater gehört. Kurz vorher hatten sie, am hellen Mittag, die vier schönen Jungfern, die hier noch zuweilen auf den prächtig aufgeschirrten Pferden herumreiten und dann wieder verschwinden, mit Gewalt aus Kelbra entführt, da sie eben aus der Kirche kamen. Mich machten sie, als ich alt wurde, zur Aufseherin des Weinkellers; und das bin ich noch.«

Jetzt standen sie vor der Kellertür, und die Schaffnerin schloß auf. Es war ein großer geräumiger Keller, und auf beiden Seiten lagen die Stückfässer. Die Schaffnerin klopfte an die Fässer. Die meisten waren halb oder ganz voll. Sie nimmt den kleinen Eimer, zapft ihn voll trefflichen Weins und sagt: »Da, das bring deinem Vater! Und so oft ein Fest in eurem Hause ist, kannst du wiederkommen; aber keinem als deinem Vater sage, woher du den Wein hast. Auch dürft ihr keinen Wein verkaufen; umsonst bekommt ihr ihn; umsonst sollt ihr ihn geben! Kommt einmal einer her, der Wein holen will, um damit zu wuchern, dessen letztes Brot ist gebacken!« – Das Mädchen brachte seinem Vater den Wein, der den Gästen trefflich schmeckte, ohne daß sie erraten konnten, woher er kam.

So oft nachmals in dem Hause ein kleines Fest war, holte Ilsabe Wein vom Kyffhäuser in dem kleinen Eimer. Aber lange dauerte die Freude nicht. Die Nachbarn wunderten sich, woher der arme Mann den herrlichen Wein bekam, der in dem ganzen Lande so gut nicht war. Der Vater sagte es keinem, Ilsabe auch nicht.

Aber gegenüber wohnte der Schenkwirt, der mit verfälschtem Wein handelte. Dieser hatte den Ritterwein einmal gekostet und dachte: »Den Wein könntest du mit zehnfachem Wasser verdünnen und doch teuer verkaufen.« Er schlich dem Mädchen nach, als es zum vierten Mal mit dem kleinen Eimer nach dem Kyffhäuser ging, versteckte sich unter dem Gebüsch, als es stehenblieb, und sah es nach einiger Zeit aus dem Gange, der zu dem Keller führte, mit dem gefüllten Eimer herauskommen.

Den nächsten Abend ging er selbst den Berg hinauf und schob auf einer Karre die größte leere Tonne, die er hatte auffinden können, vor sich her. Diese dachte er mit dem trefflichen Ritterwein zu füllen, sie des Nachts den Berg herunterrollen und dann alle Tage wiederzukommen, solange noch Wein im Keller wäre.

Als er an den Ort kam, wo er den Tag zuvor den Eingang zum Keller gesehen hatte, wurde mit einem Mal alles dunkel um ihn her. Der Wind fing an, fürchterlich zu heulen, und das Ungetüm warf ihn und seine Karre und seine leere Tonne von einer Felsenmauer zur andern. Er fiel immer tiefer und tiefer – und kam endlich in eine Totengruft. Da sieht er vor sich hertragen einen schwarz behangenen Sarg; und seine Frau und vier Nachbarinnen, die er an ihrer Kleidung und ihrem Wuchs deutlich erkannte, folgten der Bahre nach. Vor Schrecken fällt er in Ohnmacht.

Nach einigen Stunden erwachte er wieder, sieht sich zu seinem Entsetzen noch in der schwach beleuchteten Totengruft und hört, gerade über seinem Kopf, die ihm wohlbekannte Turmglocke in Tilleda zwölf schlagen. Nun wußte er, daß es Mitternacht war und daß er sich unter der Kirche und dem Begräbnisplatz seines Dorfes befand. Er war mehr tot als lebendig und wagte es kaum zu atmen. Siehe, da kommt ein Mönch und trägt ihn eine lange, lange Treppe hinan, schließt eine Tür auf, drückt ihm schweigend etwas Geld in die Hand und legt ihn am Fuß des Berges nieder. Es war eine kalte eisige Nacht.

Allmählich erholt sich der Schenkwirt und kriecht, ohne Tonne und Wein, seinem Hause zu. Es schlug eins, als er es erreichte. Er mußte sich sogleich ins Bette legen – und nach drei Tagen war er tot. Das Geld, das ihm der verzauberte Mönch gegeben hatte, reichte gerade zu seiner Beerdigung hin. (273)

Die Wunderblume am Kyffhäuser

Ein Schäfer aus Sittendorf [Kr. Sangerhausen] trieb einst am Fuß des Kyffhäusers. Er war ein hübscher Mensch und mit einem guten, aber armen Mädchen verlobt. Doch weder er noch sie hatten ein Hüttchen oder Geld, ihre Wirtschaft einzurichten. Traurig stieg er den Berg heran, aber je höher er kam (es war ein schöner Tag), desto mehr verlor sich die Traurigkeit. Bald hatte er die Höhe des Berges erreicht. Da fand er eine wunderschöne Blume, dergleichen er noch nie gesehen hatte. Die pflückte er und steckte sie an seinen Hut, um sie seiner Braut mitzunehmen.

Oben auf der Burg findet er ein offenes Gewölbe, dessen Eingang nur etwas verschüttet war. Er geht hinein und findet viele kleine, glänzende Steine auf der Erde liegen und steckt so viele ein, als seine kleinen Taschen fassen konnten. Nun wollte er wieder ins Freie. Da rief ihm eine dumpfe Stimme zu: »Vergiß das Beste nicht!« – Er wußte nicht, wie ihm geschah und wie er herauskam aus dem Gewölbe. Kaum sah er wieder die Sonne und seine Herde, so schlug die Tür, die er vorher gar nicht gesehen hatte, hinter ihm zu. Er faßt nach seinem Hut; und – die wunderschöne Blume, die er seiner Braut hatte geben wollen, war fort. Sie war herabgefallen beim Stolpern. – Urplötzlich stand vor ihm ein Zwerg: »Wo hast du die Wunderblume, die du fandest?« – »Verloren«, sagte traurig der Schäfer. – »Dir war sie bestimmt«, sagte der Zwerg, »und sie ist mehr wert als die ganze Rothenburg!«

Traurig geht der Schäfer am Abend zu seiner Braut und erzählt ihr die Geschichte von der verlorenen Wunderblume. Beide weinen, denn Hüttchen und Hochzeit waren wieder verschwunden. Endlich denkt der Schäfer an seine Steine und wirft sie scherzend seiner Braut auf den Schoß. Und siehe, es waren lauter Goldstücke. – Nun kauften sie sich ein Hüttchen und ein Stück Acker dazu, und in einem Monat waren sie Mann und Frau.

»Und die Wunderblume?« – Die ist verschwunden und wird von Bergleuten noch bis auf den heutigen Tag gesucht, in den Gewölben des Kyffhäusers nicht allein, sondern auch, da verborgene Schätze rucken, auf der Questenburg und selbst auf der Nordseite des Harzes. Bis jetzt soll der Glückliche, dem sie bestimmt ist, noch kommen. (274)

Handel im Kyffhäuser

Ein Bauer wollte einmal mit Getreide nach Nordhausen fahren. Da trat, als er beim Kyffhäuser vorbeifuhr, ein greises Männchen an ihn heran, das fragte ihn, wo er denn hinwolle. Als er nun sagte, daß er zu Markte fahren wolle, da fragte es ihn, ob er nicht mit ihm kommen wolle, er solle auch guten Lohn haben. – Das ließ sich der Bauer gefallen.

Das Männchen ging voran, und der Bauer folgte ihm mit seinem Wagen. Darauf kamen sie an ein großes Tor, durch das fuhr er, und darauf ging's immer weiter und weiter in den Berg hinein, bis sie endlich an ein großes Schloß kamen, wo das greise Männchen dem Bauer den Wagen und die Pferde abnehmen ließ und ihn in einen großen Saal führte, der herrlich erleuchtet und voll von Leuten war, so daß es dem Bauer da ganz wohl gefiel.

Endlich aber sagte das greise Männchen, es wäre nun Zeit, daß er heimginge, beschenkte ihn reichlich und führte ihn wieder hinaus, wo er auch seinen Wagen und seine Pferde wieder erhielt. – Aber als er nun zu Hause ankam, da machte seine Frau große Augen, weil sie ihn längst für tot gehalten, denn er war gerade ein Jahr lang fortgewesen. (275)

Der verschollene Ziegenhirt

Ein Ziegenhirte aus Sittendorf [Kr. Sangerhausen] trieb auch gern seine Herde ganz hoch hinauf in die Turmnähe, und nahm wahr, daß eine seiner Ziegen sich stets von der Herde verlor und zuletzt nachkam, wenn er schon hinweg war und heimwärts trieb. Da beobachtete der Hirte die Ziege und fand, daß sie durch eine Mauerspalte verschwand. Und als er dies sah, zwängte er sich ebenfalls hindurch und hinab. Drunten stand die Ziege in einem Gewölbe und fraß begierig Haferkörner, die von der Wölbung der Decke herabrieselten. Auch hörte der Hirte über sich Stampfen und Wiehern von Pferden und merkte wohl, daß er unter einem Pferdestalle stehe, verwunderte sich aber bloß, woher hier die Pferde und der frische Hafer kommen sollten.

Gleich darauf erschien ein Knappe, der winkte dem Hirten, ihm zu folgen, und führte ihn über einen ummauerten Hof. An diesem Orte erblickte der Ziegenhirte zwölf Ritter beim Kegelspiele . . ., und der Knappe bedeutete ihm, den Spielenden die Kegel aufzusetzen, was auch der Hirte, Peter Klaus war sein Name, tat und sich aus einer Kanne voll Weines stärkte, die nicht leer wurde, er mochte trinken, soviel er wollte. Und als das Spiel vorüber war, hatte der Peter Klaus sich so mächtiglich gestärkt, daß er eingeschlafen war.

Endlich wachte Peter Klaus auf, und fand sich außerhalb auf der Trümmerstätte liegen, da war das Gras höher denn sonst, und kleine Sträuchlein waren Bäume geworden. Peter Klaus pfiff seine Hunde, aber es kam kein Hund. Er sprang auf vom Boden und sah nach seiner Herde, aber es war keine Herde da. Nun stieg er hinab nach Sittendorf, wo ihm bald Leute begegneten, die er aber nicht kannte, und sie schienen ihn auch nicht zu kennen, denn er sah nichts weniger als jung und anständig aus und hatte einen Bart wie der Ewige Jude. Er kam sich vor wie verhext, und ging auf das Hirtenhaus zu. Dort saß ein Hirtenknabe vor der Türe, der ihn nicht kannte, und ein alter, magerer, knurrender Hund. Leute umdrängten ihn, und er fragte nach alten Bekannten. Die waren längst gestorben oder weggezogen.

Endlich erblickte er ein junges Weib mit ein paar Kindern, und da stellte sich heraus, daß das seine Tochter war und ihre Kinder seine Enkel, und daß er, der Peter Klaus, vor zwanzig Jahren zum letzten Male die Herde auf den Kyffhäuser getrieben habe und seitdem nicht wiedergekommen sei. (276)

Das gealterte Brautpaar

In Tilleda [Kr. Sangerhausen] wohnte ein armer, aber frommer Tagelöhner. Seine Tochter war Braut von einem ebenso dürftigen und redlichen Handwerker. Morgen sollte die Hochzeit sein. Die Gäste waren eingeladen. Aber kein Mensch hatte daran gedacht, daß im ganzen Haus nur ein Topf, eine Schüssel und zwei Teller waren. »Was machen wir?« sprachen alle, und keiner wußte Rat. Endlich sagte der Vater, halb im Scherz, halb im Ernst: »Ei, geht auf den Kyffhäuser, vielleicht leiht euch die Prinzessin alles.«

Das Brautpaar geht wirklich hin. Vor der Öffnung des Berges steht die Prinzessin. Sie nahen sich ihr mit Knicksen und Bücklingen und bringen ihr Anliegen schüchtern vor. Die kaiserliche Hoheit lächelt und befiehlt zu folgen, worüber Hans und Grete außer sich vor Freude sind. Die Prinzessin gibt ihnen nun erst zu essen, und dann packt sie ihnen mit ihren höchsteigenen unverwelklichen Händen einen großen Tischkorb voll Teller, Schüsseln, Löffel usw. – Hans und Grete bedanken sich schönstens, versprechen, morgen alles unversehrt zurückzuliefern und auch etwas Reisbrei und Hochzeitskuchen mitzubringen.

Wie eilten sie, nach Tilleda zu kommen, so schwer auch der zugedeckte Tischkorb war. Aber wie wurde ihnen, als sie ein ganz neues Tilleda vor sich sahen. An der Stelle, wo ihres Vaters Hütte stehen mußte, fanden sie einen großen Ackerhof. Kein Nachbarhaus war ihnen mehr kenntlich; kein Baum, kein Garten war mehr da, wo sie sonst dergleichen gesehen hatten. Lauter fremde Menschen, die sich um das Brautpaar versammelten und es mit eben der Verwunderung und Neugierde ansahen, als dieses die Gaffenden betrachtete.

Sie setzten ihren Korb an die Erde und überlegten ihr Schicksal. Da kam der Prediger. Grete ging auf ihn zu, klagte, daß sie beide wie verraten und verkauft unter den Leuten wären, erzählte ihm, daß sie gestern auf den Kyffhäuser gegangen sei . . ., kurz, sie machte ihn mit dem ganzen Abenteuer bekannt. – Der Herr Pastor nahm darauf das Brautpaar mit in sein Haus, schlug das Kirchenbuch nach und fand, daß Hans und Grete nicht länger als zweihundert Jahre in dem Kyffhäuser gewesen waren. (277)

Die Musikanten am Kyffhäuser

Da kommen einmal Musikanten von einer Hochzeit und ziehen über den Kyffhäuser nach Hause. Es ist so ein recht Toller unter ihnen, der sagt: »Hört, ihr Gesellen, haben wir soviel gespielt, wollen wir auch noch dem alten Kaiser Friedrich eins aufspielen.« Da wollen's die anderen zwar erst nicht tun, da sie müde sind, aber er redet ihnen doch so lustig zu, daß sie zuletzt allesamt anstimmen. Als sie fertig sind, tritt eine Mamsell aus dem Erfurter Tor, die bringt ihnen schönen Dank vom alten Kaiser und verehrt jedem von ihnen zum Andenken einen Pferdekopf. Den sah noch jeder von ihnen staunend an, als die Mamsell schon wieder verschwun-

Der Kyffhäuser um 1840

den war. Und nun schalten sie auf den Tollen, daß er sie so schnöden Lohnes halber aufgehalten, und warfen ihre Pferdeköpfe weit von sich.

Der Tolle aber war lustig wie immer, behielt den seinen und sagte: »Ist's nichts weiter, so gibt's doch daheim einen Spaß mit meiner Alten!« Und so zogen sie denn nach Hause, wo der Tolle seiner Frau den Pferdekopf heimlich unters Kopfkissen legte und, als sie am Morgen aufwachte, zu ihr sagte: »Guck e'mal hin, was ich dir Schönes mitgebracht, das hat mir der alte Rotbart verehrt!« Da hob sie das Kopfkissen auf; und nun dachte er, sie würde recht erschrecken, aber sie zog einen großen Goldklumpen hervor, so schwer, daß sie ihn kaum heben konnte. (278)

Der goldne Kelch

Eine Schar munterer Bauernburschen aus Tilleda war eines Sonntags hinauf auf den Kyffhäuser gegangen, sich lustig zu machen. Sie hatten Bier mit auf den Berg genommen und lagerten an kühler Stelle. Zuletzt rief einer lustig den Kameraden zu: »Hört, habt ihr nicht noch eine Flasche Bier? Wir wollen Kaiser Friedrichen seine Gesundheit trinken!« Es fand sich auch noch ein voller Krug, und sie tranken.

Da war auf einmal ein kleiner Kellner mitten unter ihnen. Der trug einen goldenen Becher und zwei Flaschen besonderen Weines, schenkte ein und hieß sie trinken. Zuletzt gab er den Goldpokal jenem Jungen, der die Gesundheit ausgebracht hatte, und sagte, sie möchten jedes Jahr an diesem Tag und um diese Stunde wieder heraufkommen, jedoch den Becher mitbringen.

Aber die Burschen sind nicht wieder an demselben Tag auf den Berg gegangen, denn es grauste sie, und der Empfänger des Kelchs schenkte diesen der Kirche zu Tilleda, wo er sich noch befinden soll. (279)

In der Unterwelt

Der Schäfer und der Alte aus dem Berg

Nicht weit von der Stadt Wernigerode befindet sich in einem Tale eine Vertiefung in steinigem Erdboden, welche das »Weinkellerloch« genannt wird und worin große Schätze liegen sollen. Vor vielen Jahren weidete ein armer Schäfer, ein frommer und stiller Mann, dort seine Herde. Einmal, als es eben Abend werden wollte, trat ein greiser Mann zu ihm und sprach: »Folge mir, so will ich dir Schätze zeigen, davon du dir nehmen kannst, soviel du Lust hast.« Der Schäfer überließ dem Hunde die Bewachung der Herde und folgte dem Alten. In einer kleinen Entfernung tat sich plötzlich der Boden auf, sie traten beide ein und stiegen in die Tiefe, bis sie zu einem Gemach kamen, in welchem die größten Schätze von Gold und edlen Steinen aufgetürmt lagen. Der Schäfer wählte sich einen Goldklumpen, und jemand, den er nicht sah, sprach zu ihm: »Bringe das Gold dem Goldschmied in der Stadt, der wird dich reichlich bezahlen.« Darauf leitete ihn sein Führer wieder zum Ausgang, und der Schäfer tat, wie ihm geheißen war, und erhielt von dem Goldschmied eine große Menge Geldes. Erfreut brachte er es seinem Vater. Dieser sprach: »Versuche noch einmal in die Tiefe zu steigen.« »Ja, Vater«, antwortete der Schäfer, »ich habe dort meine Handschuhe liegengelassen; wollt Ihr mitgehen, so will ich sie holen.«

In der Nacht machten sie sich beide auf, fanden die Stelle und den geöffneten Boden und gelangten zu den unterirdischen Schätzen. Es lag noch alles wie das erste Mal, auch die Handschuhe des Schäfers waren da. Beide luden so viel in ihre Taschen, als sie tragen konnten, und gingen dann wieder heraus, worauf sich der Eingang mit lautem Krachen hinter ihnen schloß. Die folgende Nacht wollten sie es zum dritten Mal wagen, aber sie suchten lange hin und her, ohne die Stelle des Eingangs oder auch nur eine Spur zu entdecken. Da trat ihnen der alte Mann entgegen und sprach zum Schäfer: »Hättest du deine Handschuhe nicht mitgenommen, sondern unten liegengelassen, so würdest du auch zum dritten Mal den Eingang gefunden haben, denn dreimal sollte er dir zugänglich und geöffnet sein; nun aber ist er dir auf immer unsichtbar und verschlossen.« Geister, heißt es, können das, was in ihrer Wohnung von den irdischen Menschen zurückgelassen worden, nicht behalten und haben nicht Ruh, bis es jene wieder zu sich genommen. (280)

Der Burghof bei Schollene

Dicht bei dem Dorfe Alt Schollene [Kr. Stendal], das in früheren Zeiten ein Städtchen war, liegt eine Insel, welche durch mehrere Gräben und ein Wasser gebildet wird, das den Schollener See mit der Havel verbindet. Diese Insel steht durch eine Brücke mit dem Dorfe in Verbindung.

Auf ihr steht jetzt [1868] eine Ziegelei. Früher stand darauf eine feste Burg, mit starken Mauern umgeben; und durch eine Zugbrücke nur konnte man hineingelangen. Die Burg ist nun schon lange zerstört. Als sie aber noch stand, wohnte hier einst ein furchtbarer Raubritter, der die ganze Gegend unsicher machte, und dem man doch nichts anhaben konnte. Denn wenn er mit seinen Knechten ausgeritten war, so glaubte man gerade, er wäre in der Burg, weil er den Pferden die Hufeisen hatte verkehrt aufschlagen lassen. Endlich wurde die Burg aber doch zerstört; und die Leute erzählten, es wären dabei große Schätze verschüttet worden.

Hiervon hörte auch ein Barbier, der im Dienste eines Herrn von Wartensleben (des späteren Besitzers von Schollene) stand, und die Geldgier reizte ihn, nach den Schätzen zu suchen. Er fand einen verborgenen, noch wohlerhaltenen Gang, dem folgte er. Und wenn ihm die Furcht vor Gespenstern und bösen Geistern den Mut zum Weitergehen rauben wollte, so trieb ihn der Gedanke an die großen Schätze, welche er gewinnen könnte, wieder weiter, bis er am Ende des Ganges an eine schwere eiserne Tür kam.

Hier trat ihm plötzlich eine Frauengestalt von himmlischer Schönheit entgegen und suchte ihm den Eingang zu verwehren,

Der Marktplatz zu Wittenberg um 1840

indem sie ihn mitleidig anblickte. Als aber der Barbier, immer wieder durch die Schätze angelockt, dennoch weiterdringen wollte, warnte sie ihn mit lieblicher Stimme, riet ihm zur Umkehr und schenkte ihm viel Gold und Kostbarkeiten. – Er kehrte um und war froh, als er wieder im Freien war.

Mit dem erhaltenen Golde kaufte der Barbier sich in Rathenow an und machte dort sein Glück, und Nachkommen von ihm sollen noch jetzt im besten Wohlstande daselbst leben.

Der Gang im Schollener Burghof aber ist verschüttet, und die liebliche Jungfrau hat sich auch nicht wieder gezeigt. (281)

Die Mönche im Apollensberge

Vor vielen Jahren gingen mehrere Burschen aus dem Dorf Apollensdorf [Kr. Wittenberg] an einem Sonntagnachmittag auf den nahen Apollensberg. Sie wanderten um den Berg herum und kamen an die Stelle, auf welcher einst die Marienkapelle gestanden hatte. Im Scherz schlug einer der Burschen dem andern die Mütze vom Kopf. Dieselbe rollte den Abhang hinab und in ein verfallenes Gewölbe. Da dieses ziemlich tief war, so holte einer von daheim ein Seil. An diesem ließ sich der Bursche, dem die Mütze gehörte, hinunter, um sie wieder heraufzuholen. Er fand sie in einer dunklen Ecke des Gewölbes liegen. Als er sich danach bückte, bemerkte er einen Gang, der sich nach der Stadt Wittenberg hin erstreckte. Der Bursche teilte seinen Kameraden dies mit und ging ein Stück in dem Gange vorwärts.

Plötzlich schimmerte ihm ein Licht entgegen. Zu seinem Erstaunen sah er in einem gewölbten Raum drei Männer in Mönchskleidern sitzen, die an einem Tisch eifrig Würfel spielten. Jeder hatte vor sich einen Haufen Gold- und Silbermünzen liegen. Freundlich winkte einer der Mönche den erschrockenen Burschen an den Tisch. Zitternd folgte dieser der Aufforderung. Jeder der Mönche tat ihm eine Handvoll Münzen in seine Mütze. Doch befahlen sie ihm streng, niemand etwas von seinem Erlebnis zu erzählen.

Eilig entfernte sich der Bursche und ließ sich von seinen Kameraden wieder emporziehen. Oben angekommen, rief er ihnen voller Freude zu: »O wenn ihr wüßtet, was ich gesehen habe! Wenn ihr wüßtet, was ich in meiner Mütze habe!« Kaum hatte er das gesagt, so vernahm man im Berge ein lautes Poltern. Als der Bursche erschrocken seine Mütze öffnete, so fand er darin statt der Gold- und Silbermünzen nur Unrat. Der geheimnisvolle Gang aber war seit jener Zeit verschwunden. (282)

Die Quittung des Gutsherrn von Schochwitz

In dem Dorfe Schochwitz [Saalkreis] hatte ein Schäfer seinem Gutsherrn den jährlichen Pachtzins gegeben, doch noch keine Quittung darüber erhalten, als der Gutsherr einige Tage darauf plötzlich starb. Die Frau forderte nun den Zins noch einmal, und da ihn der Schäfer nicht zahlen konnte, wollte sie ihn ins Gefängnis werfen.

Da ging er einst traurig umher und dachte über sein Unglück nach; und als er in das Lupphölzchen bei Schochwitz kam, begegnete ihm ein graues Männchen mit langem weißen Bart. Das gab ihm einen Stab und führte ihn zu einer Tür, welche der Schäfer nie zuvor bemerkt hatte. Hier hieß ihn das Männchen anklopfen und sagte ihm, er werde den Gutsherrn finden; doch solle er ihn nur mit dem Stabe, nicht mit der Hand anrühren und eine Quittung von ihm fordern.

Als der Schäfer an die Tür klopfte, sprang sie auf, und er fand den Gutsherrn, wie er mit drei anderen an einem Tisch saß und Karten spielte. Sobald er ihn mit dem Stab berührte, sprühten Flammen um die Spitze des Stabes; denn der Gutsherr war im Fegefeuer. – »Ich weiß, weshalb du kommst«, sprach er zu dem Schäfer. »Geh zu meiner Frau und sag ihr, die Quittung steckt hinter dem Spiegel; und damit man dir besser glaube, nimm meine Mütze zum Wahrzeichen mit.« Er gab ihm die Mütze, und der Schäfer machte sich fröhlich auf den Heimweg.

Er traf das graue Männchen wieder, dankte ihm für den guten Rat und gab ihm den Stab zurück. Die Witwe des Gutsherrn aber fand die Quittung richtig hinter dem Spiegel. Doch während sie dieselbe las, legte der Schäfer die Mütze auf einen Tisch, und kaum berührte sie das Holz, so brannte sie ein Loch und fiel durch. Da ließ man die Stube zumauern, und sie soll bis heut [1846] noch nicht wieder aufgemacht sein. (283)

NACHWORT

Zur Sagenüberlieferung in Sachsen-Anhalt

Die Anfänge der Sagenüberlieferung im heutigen Sachsen-Anhalt gehen zurück bis in die Chronistik des Mittelalters. Denn die Nachrichten, die seit dem 10. Jahrhundert über die turbulente frühe Geschichte des Landes zusammengetragen wurden, beruhten großenteils auf bloßem Hörensagen. Das zeigen noch die kompilatorisch angelegten Geschichtswerke des 16. Jahrhunderts, die »Beschreibung der Sachsen« (1563) von Albert Krantz, die »Chronica der Sachsen und Niedersachsen« (1589) von Johannes Pomarius oder Cyriacus Spangenbergs Chroniken über Mansfeld (1572) und Querfurt (1590), in die mancherlei sagenhafte Berichte aus grauer Vorzeit eingegangen sind. Manche geschichtliche Sage, die wir kennen, dürfte hier ihren Ursprung haben. So hätten etwa die Historien von einstigen Herrschern und Kriegswirren (vgl. Nr. 1, 5f., 9f. usw.) kaum über Jahrhunderte in Erinnerung bleiben können, wenn sie nicht aufgeschrieben worden wären. Es ist jedoch schwierig, im nachhinein zu entscheiden, hinter welchen chronikalischen Nachrichten sich historische Sagen, zumal aus mündlichen Quellen, verbergen (vgl. Nr. 17, 20, 22, 31, 38 usw.).

Im 17. Jahrhundert fanden auch die mythischen Sagen zunehmend literarisches Interesse. Die religiösen Ansichten seit dem Mittelalter ließen dem Glauben an Wunder, Magie und Teufelskünste breiten Raum; und vieles davon ging in das umlaufende Erzählgut ein, aus dem der gelehrte Vielschreiber Johannes Praetorius (1630–1680) den Stoff für seine Kompendien »Anthropodemus plutonicus« (1666f.) und »Blockes-Berges Verrichtung« (1669) entnahm. Er besaß, wie die Brüder Grimm im ersten Band ihrer »Deutschen Sagen« (1816) bemerkten, »Sinn für Sage und Aberglauben«; die Nachwelt verdanke ihm »die Kenntnis und Beziehung mannigfacher Sagen, welche den Lauf der Saale entlang und an den Ufern der Elbe..., im Magdeburgischen und in der Altmark bei dem Volke gehen« (Grimm/Uther I, S. 22). Genannt seien nur die von Praetorius mitgeteilten Hexen-, Zwergen- und Nixensagen, die einen ersten Eindruck von dieser Überlieferung gaben (vgl. Nr. 201, 205, 257). Parallel dazu entstanden verschiedene Reisebeschreibungen über den Harz, deren Autoren ihre Schilderung von Land und Leuten durch den Einschub »passender« Sagen (über den Brocken, das Bodetal usw.) illustrierten. – Die geisterhafte, geheimnisumwitterte Über- und Unterwelt, die hier wie da aufscheint, ist gelegentlich literarisch stilisiert, spiegelt jedoch offenbar weitgehend Anschauungen der Zeit wider, die im Volksglauben weit darüber hinaus Bestand hatten.

So nahm der naturwissenschaftlich interessierte Geistliche Georg Henning Behrens (1662–1712), der 1703 die Harzbeschreibung »Hercynia curiosa oder Curiöser Hartz-Wald« vorlegte, immer wieder auch auf die Volksüberlieferung Bezug. Bei der Beschreibung des Hochstädter Sees etwa heißt es: »Es berichten die Einwohner derer benachbarter Oerter von dem Ursprung dieses Erd-Falles / wie sie von ihren Eltern gehöret hätten...« Dann folgt die entsprechende Sage (Nr. 142), und zwar mit dem ausdrücklichen Zusatz: »Dieses sind nun die Gedancken des gemeinen Mannes / welche er von dem See hat / und solte derselbe eher einen Eyd schweren / als zugeben / daß derselbe auf eine andere als ietzt gemeldete Art könte entstanden seyn.« (S. 85f.). Im Unterschied zu Praetorius stand Behrens solchen Erzählungen zum Teil distanziert gegenüber, gab sie jedoch anscheinend ohne Ausschmückungen wieder, wie er sie gehört hatte (vgl. auch Nr. 23, 198).

Das bewußte Sammeln von Sagen im Gebiet Sachsen-Anhalts setzte mit der Anthologie »Volcks-Sagen« ein, die der Halberstädter Superintendent Johann Carl Christoph Nachtigal (1753 bis 1819) im Jahre 1800 unter dem Pseudonym Otmar herausgab. Sie bringt, wie er eingangs betont, »wirkliche Volkssagen, mit Mühe gesammelt... und so treu, als es möglich war, nacherzählt« (vgl. Nr. 179, 199, 272ff.). Besonders die Texte des Sagenkreises um den Kyffhäuser beeindrucken. Außerdem fügte Otmar eine Abhandlung über die Gattung Sage bei, die bis heute lesenswert ist. Selbst die kritischen Brüder Grimm urteilten: »In Absicht auf

Treue und Frische verdient Otmars Sammlung der Harzsagen so viel Lob, daß dieses den Tadel der hin und wieder aufgesetzten unnötigen Bräme und Stilverzierung zudeckt. Viele sind aber auch selbst den Worten nach untadelhaft...« (Grimm/Uther I, S. 22f.). Und tatsächlich haben die Grimms, wie schon die Werke von Praetorius, so auch die Sammlung Otmars ausgiebig für ihre »Deutschen Sagen« herangezogen.

Unter dem Eindruck der Grimmschen Sagenausgabe fanden sich auch bald Sammler, die es unternahmen, die älteren schriftlichen Quellen ihrer Region auf Sagen hin durchzusehen, oder aber über Land zogen, um unmittelbar aus »Volkes Mund« neue Sagen aufzuschreiben. So brachte z. B. der Jurist Jodocus Deodatus Hubertus Temme (1798–1881) in seiner Stendaler Amtszeit »Die Sagen der Altmark« heraus (1839), zu denen er im Vorwort anmerkt: »Das Meiste ist aus Chroniken geschöpft, deren die Altmark viele hat. Von dem übrigen verdanke ich Vieles Männern, die eine Reihe von Jahren lang unmittelbar unter dem Volke gelebt haben...« (S. V). Temmes Sammlung umfaßt dementsprechend vor allem historische Sagen aus der Altmark und dem Magdeburgischen, die er sich angelesen oder zugesandt erhalten hatte (vgl. Nr. 20, 40, 43, 59f. usw.). Sein Bemühen war, »nur solche Sagen aufzunehmen, die aus dem Volke hervorgegangen oder sein Eigenthum geworden«. Daher habe er bei denen, die er »aus Chroniken schöpfte, aus ihrer Quelle und Beschaffenheit sorgfältig erwogen, ob sie für ächte Volkspoesie... zu halten seien« (S. VI). Daß dennoch reine Chronikberichte mit hineingelangten, änderte nichts daran, daß die Sammlung grundlegend für die Kenntnis über die Sagen der Region wurde.

Ähnliche Bedeutung erlangten die »Sagen, Märchen und Gebräuche aus Sachsen und Thüringen« (1846), die Emil Sommer, vermutlich ein Hallenser Lehrer, im wesentlichen in der Gegend um Halle aufzeichnete. Er gibt an, er habe sich den größten Teil der überwiegend mythischen Sagen auf Landstraßen und in Dorfschenken erzählen lassen und die Form, in der sie ihm mitgeteilt wurden, beibehalten. Und tatsächlich merkt man den Sagentexten ihre mündliche Herkunft zum Teil noch an (vgl. Nr. 127, 163, 177, 187, 189 usw.). Sommer war damit einer der ersten Sammler, die sich gezielt der oralen Erzähltradition zuwandten, wobei er wirklich »lebendiges Erzählgut« zusammentrug. Leider begnügte er sich damit, die Herkunft der Sagen als »mündlich« zu kennzeichnen, und ließ trotz ausführlicher Anmerkungen zu den Texten seine Erzähler anonym. Als Textsammlung jedoch ist die kleine landschaftliche Sagenausgabe informativ und von hohem Reiz.

Wesentlich weitgespannter waren die gleichzeitigen Bemühungen der Berliner Gymnasiallehrer Adalbert Kuhn (1812–1881) und Wilhelm Schwartz (1821–1899), die auf ihrer volkskundlichen Wanderung durch ganz Norddeutschland auch weite Teile der damaligen Provinz Sachsen absuchten. Ihre »Norddeutschen Sagen, Märchen und Gebräuche« (1848) enthalten bereits annähernd hundert Sagentexte aus dem Raum zwischen Arendsee im Norden und Sangerhausen im Süden. Sie sind größtenteils Erzählern aus dem »Volke« nachgeschrieben, wobei zum Teil vermerkt ist, wo das geschah. Und gelegentlich, etwa bei der Sage vom Räuber Danneil, werden auch die erzählbereiten Gewährsleute, nämlich ein Schäfer, ein Kuhhirt und ein Bürger, genannt (vgl. Nr. 55). Beide Sammler waren bestrebt, das Gehörte möglichst »getreu« festzuhalten: »Wir haben deshalb fast immer unmittelbar, nachdem wir eine Sage gehört hatten, uns die Grundzüge derselben aufgezeichnet und sie in der Regel noch am selbigen Tage vollständig aufgeschrieben, wobei wir mit der äußersten Genauigkeit in Bezug auf besonders wichtige Ausdrücke verfuhren und jeder die Durchsicht deßen, was der andere aufgeschrieben hatte, übernahm«, heißt es in der Vorrede (S. XV). So überliefern uns Kuhn und Schwartz zweifellos wirkliche »Volkssagen«, teils geschichtlichen, teils mythischen Inhalts (vgl. etwa Nr. 24, 56, 138, 200, 202 usw.), auch wenn im Wortlaut der meist einfachen Texte gelegentlich die Diktion der Sammler durchklingt, die das überwiegend in Mundart Gehörte hochdeutsch nachformulierten.

Das gilt auch für die Sagentexte, die der rührige Pädagoge und Schriftsteller Heinrich Pröhle (1822–1895) als Frucht wiederholter Harzwanderungen in seinen »Unterharzischen Sagen« (1856) veröffentlichte. Was ihm von den Leuten an Sagen mitgeteilt wurde, stimmte im Inhalt vielfach mit dem überein, was schon in der populären Harzliteratur zu lesen war, umfaßte jedoch weit mehr

Themen. Zwar wirken viele der von Pröhle gebotenen Texte karg, ja fragmentarisch, aber das weist auf eine letztlich behutsame Bearbeitung hin. Der Band stellt damit, obwohl er kaum Quellenangaben enthält, die verläßlichste Sagendokumentation dar, die es für den Ostharz gibt (vgl. Nr. 65, 130, 149, 158f. usw.), und diente nicht zufällig als Grundlage für »neue« Sagenbücher.

Diese frühen Sagensammler waren mehr oder minder bewußt dem Sagengut der unteren Sozialschichten auf der Spur, dessen mündliche Überlieferung ihnen als Beweis galt, daß es sich wirklich um »Volkssagen« handelte. So betonten etwa Kuhn und Schwartz: »Die niederen Stände sind es nämlich vorzugsweise, an die wir uns bei unsern Forschungen gewandt haben, da in ihnen die Sage sich in einer oft bewundernswürdigen Reinheit fortpflanzt. Dieselben Wörter und Wendungen gehen hier meist von Geschlecht zu Geschlecht, und man hält mit einer Treue daran fest, daß man oft glauben möchte, alle hätten ihre Erzählung nach einem gemeinsamen Berichte auswendig gelernt.« (1848, S. XIIf.).

In manchen Gegenden, vor allem im Harz, waren die heimischen Sagen jedoch bereits in der ersten Hälfte des 19. Jahrhunderts zu bürgerlichem Bildungsgut geworden. Ein sprechendes Zeugnis dafür sind die geschönten »Sagen des Unterharzes« (1842) von Gustav Adolph Leibrock, einem Blankenburger Kaufmann. Dieser beschreibt in seiner Einleitung begeistert die Schönheit des Harzes, um dann fortzufahren: »Was aber von alle dem sich dem Wandrer nicht unwillkürlich aufdrängt, das vernimmt er aus dem Munde des Volkes, in dessen Seele von Jugend auf jener Geist der Gebirge seine Eindrücke prägte und dem schon Vater und Großvater all das Wunderbare von den umgebenden Naturgegenständen erzählte, was es jetzt Söhnen und Enkeln wieder überliefert. So in allen Gebirgen, so auch an unserm Harze, wo ebenfalls die Sage überall geschäftig ist, Punkte, die schon an sich interessant sind, durch eine daran geknüpfte Begebenheit, die allerdings auch oft auf historischen Thatsachen beruht, noch anziehender zu machen.« (S. 10). Diese Sätze geben nicht nur die eigene Ansicht des Autors wieder, sondern drücken aus, wie die Sage damals von der interessierten Bildungsschicht gesehen wurde: als poetisches Spiegelbild der Landschaft und der Menschen, die in ihr lebten.

Das mag es erklären, daß in manchen neuen Sammlungen, die nun erschienen, die Sagen nicht als schlichte Kurzprosa, sondern novellistisch ausgeschmückt (Weihe 1840, Relssieg 1846) oder in Versen (Giebelhausen 1857, Teickner 1862) dargeboten wurden. Spätere Sagenherausgeber, die der Überlieferung ihrer Gegend nachspürten, versuchten dann jedoch, diese individuellen Dichtungen »sagengerecht« umzuerzählen.

Zu ihnen gehörte der Eislebener Gymnasialprofessor Hermann Größler (1840–1910), dessen »Sagen der Grafschaft Mansfeld und ihrer nächsten Umgebung« (1880) allerdings vornehmlich auf Chroniken und auf schriftlichen Mitteilungen seiner ehemaligen Schüler basierte. Auf sie und andere Vertreter des Bildungsbürgertums ist denn auch die beachtliche Reichhaltigkeit der Sammlung zurückzuführen, die das historische und mythische Sagengut im ganzen Süden des Landes erfaßte (vgl. Nr. 49ff., 57, 76 usw.). – Das erste lesbare Sagenbuch über die Landeshauptstadt kam hingegen nur dadurch zustande, daß die Lehrer Wilhelm Leinung und Rudolf Stumvoll die weitschweifigen Sagennovellen ihrer Vorgänger für die geplante Schrift »Aus Magdeburgs Sage und Geschichte« (1894) rigoros einkürzten (vgl. Nr. 13f., 16, 26, 70 usw.).

Auch in der Folge trat im Gebiet Sachsen-Anhalts kein bedeutender Sammler von Sagen aus dem »Volksmund« mehr hervor. Die »Sagen der Stadt Halle und des Saalkreises« (1922), von dem Historiker Siegmar von Schultze-Gallera als gültige Sagenedition angelegt, enthalten neben bekanntem lokalem Erzählgut großenteils narrativ umgesetztes Geschichtswissen (vgl. Nr. 34, 36, 52f., 97 usw.). Und das populäre »Anhalter Sagenbuch« (1924) der Brüder Richard und Hermann Siebert, dem wir eine Übersicht über die Sagenüberlieferung der anhaltinischen Lande verdanken, fußte auf älterem verstreutem Schrifttum und Erinnerungen in der Verwandtschaft der beiden (vgl. Nr. 15, 19, 21, 30, 32 usw.). Die weitere Sagenliteratur bringt dann noch manche lokale Sage ans Licht, schöpft jedoch im wesentlichen aus dem schon gedruckt Vorhandenen.

Allerdings klagte bereits Otmar im Jahre 1800, daß die »Volkssagen... immer seltner und seltner unter dem Volke gehört«

würden. Und Johann Gustav Büsching, dessen »Volks-Sagen, Märchen und Legenden« (1812) im Gefolge Otmars standen, ergänzte ihn noch, indem er meinte, daß die Sagen »in dem flachen Lande nicht allein, sondern auch in den Gebirgen, wo sie sonst einen freundlichen Aufenthaltsort fanden«, verschwänden. Zugleich stellte er aber fest, daß »es Mühe kostet, alte Männer und Frauen, die oft reich an denselben sind, zum Erzählen zu bringen, da sie fürchten, verspottet zu werden« (S. 399). Kuhn und Schwartz dagegen fanden gerade unter den Alten ihre dankbarsten Erzähler, wußten also offenbar ihr Vertrauen zu gewinnen. Auch Ludwig Bechstein, der bekannte Sagenpublizist, berichtet von zumindest einem solchen Fall: »Viele der hier mitgetheilten Sagen hörte ich mündlich, denn als ich im Sommer 1837 den Unterharz bereiste, gab mir die Gunst des Glücks den ältesten Mann aus Kelbra zum Geleiter auf die Rothenburg und den Kiffhäuser, der noch mit gläubigem Gemüthe erzählte, erfreut, einen willigen Hörer zu finden.« (IV, 1838, S. IX).

Doch das Sagenerzählen war keineswegs auf die Alten beschränkt. So teilte etwa der Stendaler Lokalpoet Ernst Weihe 1840 zu seinen Sagenfunden mit: »Diese Sagen leben im Munde des Volks und werden noch jetzt gesagt: von den Greisen dem forschenden Jüngling, von den Großmüttern den Enkeln, von den Ammen den Kindern, von den Waschfrauen am Waschfasse, von den Bürgern am Bierkruge, von den Arbeitern beim Vesperbrod, von den Mägden in der Spinnstube.« Wobei auch er hinzusetzte: »Gerade deßhalb, meine ich, sind diese Sagen ganz echte.« (I, 1840, S. VII f.).

Leibrock, mit den Verhältnissen im Harz vertraut, wußte sogar eine solche Erzählsituation näher zu schildern: »Abends sammeln sich im niedern Hüttchen die Nachbarn und Freunde und die Dirnen des Orts und die Kinder, die ängstlich lauschen, wenn, während die Spindeln schnurren und der Dampf der Tabakspfeifen das trübe Lampenlicht noch mehr verdüstert, die Sage von dem unheimlichen Walten der Berggeister von Mund zu Munde geht. Und das kindliche Auge leuchtet in freudiger Verwunderung, wenn sie von den Schätzen hören in dem Innern der Erde, gegen die Kaiserthümer gering erscheinen und von denen irgend ein guter Geist manchem biedern Armen einen Theil überließ, oder wenn der Erzähler holde Mädchengestalten vor ihnen heraufzaubert: Prinzessinnen mit langem, wehendem, goldgesticktem Kleide, die glänzende Krone auf den flatternden Locken, unter sich das sausende, schnaubende Riesenroß und hinter sich die gräuliche Gestalt des Verfolgers..., oder das Burgfräulein, das sich in stiller Mitternacht leise aus den Trümmern emporhebt..., oder den grauen Mönch..., den gepanzerten Ritter und solcher Erscheinungen mehr.« (1842, S. 12f.).

Das Bild, das hier vom Leben der Sage gezeichnet wird, ist zweifellos idealtypisch geraten. Doch zum einen werden die offensichtlich beliebtesten Sagensujets als Erzählinhalt genannt, und zum andern ist zumindest etwas von der Erzählstimmung eingefangen, die nicht nur der Vortrag von Märchen, sondern auch von Sagen schaffen konnte. Man kann sich also das damalige Sagenerzählen »im Volk« – sicherlich nicht als alltägliche Erscheinung, aber doch bei besonderen Erzählgelegenheiten – so oder ähnlich vorstellen. Leider sind die in der Folgezeit notierten Beobachtungen zum Sagenerzählen nur dürftig. Hinweise wie »im Harze erzählt das Volk viel von Berggeistern in Zwerggestalt« (Nr. 123) sagen kaum mehr aus, als die gesammelten Texte vermuten lassen. Zumindest aus der Altmark wissen wir jedoch, daß die Sagen hier noch am Ende des 19. Jahrhunderts das gängigste Erzählgut in der Unterhaltung der bäuerlichen Bevölkerung bildeten; und in den Dörfern der Magdeburger Börde konnte sogar noch in den sechziger und siebziger Jahren des 20. Jahrhunderts eine Sammlung sagenhafter Alltagsgeschichten zusammengebracht werden, wie man sie sich dort erzählte.

Dieses Erzählgut hat freilich nur noch wenig mit den Sagen zu tun, die dort ein Jahrhundert früher das Erzählen bestimmten. Die alten Leute, an die sich Kuhn und Schwartz wandten, standen ganz im Banne der Erzähltradition, und die geschichtlichen und mythischen Inhalte der Sagen waren für Erzähler wie Hörer noch weithin Glaubenswirklichkeit. Wie die Sammler feststellten, gehörten mancherorts »die geisterhaften Gestalten der Sage und des Aberglaubens gewissermaßen mit zum religiösen Bekenntniß« (1848, S. XVIIIf.). Auch Temme berichtet von einem Schäfer, der eine

Koboldsage erzählte und schwor, »daß die Geschichte Wort für Wort wahr sei« (vgl. Nr. 182). Im Laufe der Jahrzehnte änderte sich jedoch die Sagengläubigkeit, und die dämonischen Gestalten der Sage verloren allmählich ihre Schrecken, so daß auch die betreffenden Sagenstoffe in der Erinnerung verblaßten. Die häufigen Einleitungsfloskeln zu den Texten, »man erzählt sich« oder »die Sage erzählt«, zeigen allerdings, daß auch die bekannte Überlieferung mit einem gewissen Abstand betrachtet werden konnte.

Hier äußert sich zum Teil eine andere Sozialschicht. Es war für die Sammler schon im 19. Jahrhundert bequemer, statt auf dem Lande nach Erzählern zu suchen, das bereits Gedruckte zu nutzen sowie im eigenen bürgerlichen Lebensumkreis die Niederschrift erinnerlicher Sagen abzufordern. Wir haben daher namentlich in den späteren Sammlungen aus Sachsen-Anhalt häufig Sagentexte vor uns, die in Inhalt und Sprache nur noch bedingt dem Sagenwissen und Erzählduktus der einfachen Leute entsprachen, sondern vielmehr die Sagenkenntnis und -auffassung eines volkskundlich und literarisch aufgeschlossenen Bürgertums wiedergeben.

Die Bearbeitung der Texte durch die Herausgeber verwischt freilich, inwieweit man sich am Honoratiorenstammtisch andere Sagen oder Sagen anders erzählte als im Kreise von Bauern oder Arbeitern; und da die späteren Ausgaben nicht den jeweils zeitgenössischen Befund, sondern in der Regel einen Querschnitt des bisher Gedruckten enthalten, ohne das im einzelnen auszuweisen, lassen sich auch kaum Veränderungen im zeitlichen Fluß des mündlichen Sagenerzählens ausmachen.

Die Sagen werden daher in dieser Ausgabe in ihren inhaltlich-thematischen Zusammenhängen dargeboten. So heben sich zum einen die dominanten Themenkreise der historischen Sagen heraus: Erzählungen über die »Wendenzeit« und das frühe deutsche Kaisertum, in die vielfach geschichtliches Schulwissen mit eingeflossen ist; Sagen über Ritter, Adlige und Räuber, deren Lokalisation an Burgruinen und einstigen Räuberhöhlen immer wieder zum Erzählen aufforderte; Historien über die Reformation und den vorausgegangenen Katholizismus, die durch die langandauernden konfessionellen Gegensätze ständig aufgefrischt wurden; Sagen über den Dreißigjährigen Krieg, dessen Schrecken sich so eingeprägt hatten, daß sie auch nach Jahrhunderten nicht vergessen waren usw. Und zugleich wird deutlich, welche mythischen Sagenzyklen im Vordergrund der Überlieferung standen: daß Sagen um Hexen und Wundertäter, Kobolde und Nixen weit zahlreicher waren als solche um Mahrt und Werwolf, Zwerge und Schlangen; daß der Teufel auch hier als die zentrale mythische Figur erscheint, während die Sagen um Riesen, Tote und die Wilde Jagd nur eine vergleichsweise untergeordnete Rolle spielten; daß die Wunschphantasie durch kein Erzählgut so beflügelt wurde wie durch die Schatzsagen; daß der Kyffhäuser ebenso wichtig für die Sagenbildung war wie der Brocken, usw. Viele dieser Sageninhalte wurden lange geglaubt und erhoben oder bedrückten die Menschen, die sie erzählten und hörten. Und manches davon mag bei der Lektüre auch wieder wach werden. Vor allem aber wird in diesen Sagen ein Stück Vergangenheit und Heimat wieder lebendig.

Zu dieser Ausgabe

Aus der reichen Sagenüberlieferung Sachsen-Anhalts kann hier nur eine begrenzte Auswahl geboten werden. Sie versucht, eine Übersicht über die im ganzen Land verbreiteten bzw. für die regionale Überlieferung charakteristischen Sagenstoffe zu geben, soweit es die erreichbaren Quellen zuließen. Wert gelegt wurde darauf, keine Sagenbruchstücke, sondern erzählerisch abgerundete Sagentexte zu bringen, die eine Vorstellung von der inhaltlichen Substanz der Stoffe geben und noch heute den Leser anzusprechen vermögen. So wurden nur wenige Texte aus dem 17. und 18. Jahrhundert aufgenommen, die nicht mehr als Beispiele für die damalige Sagenauffassung und -wiedergabe sein wollen. Das Schwergewicht liegt auf dem Sagengut des 19. und frühen 20. Jahrhunderts, dessen Auswahl sicherlich weithin die Überlieferung der betreffenden Zeit wiedergibt, obwohl es in der Wiedergabe die Handschrift des betreffenden Herausgebers zeigt. Von Texten in Mundart wurde abgesehen, sie erscheint nur sporadisch in den Dialogpartien der Sagen.

Die Wiedergabe der Sagen folgt in der Regel wortgetreu der

jeweiligen Vorlage, so daß die Texte nicht nur von Inhalt und Auffassung her, sondern auch sprachlich den Geist der Zeit und den sozialen Umkreis widerspiegeln, in dem die Niederschrift erfolgte. Gelegentliche Zusätze, vor allem Erklärungen und Angaben zu Zeit und Raum der Sagenhandlung, sind durch eckige Klammern, Kürzungen im Text durch drei Punkte gekennzeichnet. So ist die wissenschaftliche Benutzbarkeit der Ausgabe gewahrt.

Auch die Quellenangaben und Anmerkungen zu den Texten sind zunächst für den an Fragen der Erzählforschung Interessierten gedacht, richten sich aber an alle Leser, die etwas über die abgedruckten Sagentexte wissen möchten. Dabei können die notierten Parallelbelege nur Hinweise auf die tatsächliche Überlieferung im Lande sein.

Zu danken habe ich insbesondere den Mitarbeitern der Rostokker Universitätsbibliothek, die die benötigte Literatur beschafften, sowie Frau Thea Luth-Hartmann, die mich bei den technischen Arbeiten am Manuskript und auf dem Wege zur Publikation unterstützte.

ANHANG

Literatur

AaTh = Aarne, Antti/Thompson, Stith: The Types of the Folktale. A Classification and Bibliography. Second Revision Helsinki 1961.

Altmark 1908 = Altmärkischer Sagenschatz. Gesammelt von dem Lehrerverband der Altmark. Leipzig/Berlin 1908.

Bechstein I–IV = Bechstein, Ludwig: Der Sagenschatz und die Sagenkreise des Thüringerlandes. Bd. I–II, Hildburghausen 1835/36; Bd. III–IV, Meiningen/Hildburghausen 1837/38. Neue Ausgabe: Hildburghausen 1862.

Bechstein 1853 = Bechstein, Ludwig: Deutsches Sagenbuch. Leipzig 1853. Neu hrsg. von Karl Martin Schiller. Meersburg/Leipzig 1930.

Bechstein 1858 = Bechstein, Ludwig: Thüringer Sagenbuch. Bd. I–II, Wien/Leipzig 1858. Reprint: Leipzig 1987.

Behrens 1703 = Behrens, Georg Henning: Hercynia curiosa oder Curiöser Hartz-Wald. Nordhausen 1703. Neudruck: Nordhausen 1899.

Beranek, Josef: Altmärkische Sagengestalten. In: Der Altmarkbote 7 (1962) S. 150–152, 180–183, 210–212, 244–246, 278ff., 297–299.

Bernhardt/Schwabe: Lebensbilder und Sagen aus der Geschichte der Provinz Sachsen und der thüringischen Staaten. Leipzig 1910.

Blankenstein 1896 = Blankenstein, vom: Sagen und Märchen des Harzgebirges. Thale 1896.

Bluhm, Lothar/Hölter, Achim: Die »Quedlinburger Sammlung«. Eine quellenkritische Untersuchung zu Grimms Deutschen Sagen. In: Fabula 30, 1989, S. 257–270.

Büsching 1812 = Büsching, Johann Gustav: Volks-Sagen, Märchen und Legenden. Leipzig 1812. Reprint: Hildesheim 1969.

Büttner 1888 = Büttner Pfänner zu Thal, Franz: Aus der Heimat. Sagen und Märchen der Halloren (1888). 3. verm. Aufl. Leipzig 1888.

Burde-Schneidewind, Gisela: Historische Volkssagen zwischen Elbe und Niederrhein. Berlin 1969, 2. verb. Aufl. 1973.

Chronicka 1729 = Alte und Neue Thüringische Chronicka Oder curieuse Beschreibung der vornehmsten Städte, Residentzen ... in der Landgrafschaft Thüringen. Arnstadt/Leipzig 1729.

Deneke, Bernwald: Sage und Geschichte im 19. Jahrhundert. In: Jahrbuch für Volkskunde N. F. 11, 1988, S. 67–82.

Diederichs, Ulf: Wo die schönen Mädchen auf den Bäumen wachsen. Sehenswürdiges und Sagenhaftes von der Wartburg bis zur Insel Rügen. Berlin 1990.

Diederichs, Ulf/Hinze, Christa: Sagen aus Niedersachsen. Düsseldorf/Köln 1977. Neuaufl. München 1993.

Drewitz, Ingeborg: Märkische Sagen. Berlin und die Mark Brandenburg. Düsseldorf/Köln 1979. Neuaufl. München 1992.

Dreyhaupt I, II = Dreyhaupt, Johann Christoph von: Pagvs Neletici et Nvdzici, Oder Ausführliche diplomatisch-historische Beschreibung des ... Saal-Creyses. Bd. I–II, Halle 1755.
Ebermann, Oskar: Elbsagen. Die schönsten Sagen von der Elbe und den anliegenden Landschaften und Städten. Leipzig 1921.
Ecke 1906 = Ecke, H.: Die schönsten Sagen des Bodetals. Quedlinburg o. J. [1906].
Engelien/Lahn 1868 = Engelien, A./Lahn, W.: Der Volksmund in der Mark Brandenburg. Sagen, Märchen, Spiele, Sprichwörter und Gebräuche. Berlin 1868.
Erfurth 1902 = Erfurth, Richard: Heimatkunde des Kreises Wittenberg. Wittenberg 1902.
Erfurth 1938 = Erfurth, Richard: »Er lebt!« D. Martin Luther in der Sage. Leipzig 1938.
Eynatten 1893 = Eynatten, Carola Freiin von: Brandenburger Sagen. Sagen und Geschichten. Leipzig 1893.
Firmenich, Johannes Matthias: Germaniens Völkerstimmen. Sammlung der deutschen Mundarten in Dichtungen, Sagen, Mährchen, Volksliedern usw. Bd. I–III, Berlin 1843–1854.
Förstner, C. [= Clara Johanna]: Aus der Sagen- und Märchenwelt des Harzes. Bd. I: Unterharz. Quedlinburg o. J. [1888].
Frahm, Ludwig: Norddeutsche Sagen von Schleswig-Holstein bis zum Harz. Altona/Leipzig 1890.
Fuhlrott, Otto: Magdeburger Sagen. Magdeburg 1965.
Gebser 1885 = Gebser, Th.: Die Sagen vom Bodfeldt bei Elbingerode. Wernigerode o. J. [1885].
Gerndt, Helge: Zur Frühgeschichte der Sagenforschung. In: Dona Ethnologica Monacensia. Festschrift für Leopold Kretzenbacher. Hrsg. von Helge Gerndt, Klaus Roth, Georg R. Schroubek. München 1983, S. 251–266.
Gerndt, Helge: Sagen und Sagenforschung im Spannungsfeld von Mündlichkeit und Schriftlichkeit. In: Fabula 29, 1988, S. 1–20.
Giebelhausen, Carl Friedrich August: Mansfeldische Sagen und Erzählungen. 3. Aufl. Eisleben 1857.
Gottschalck 1814 = Gottschalck, Friedrich: Die Sagen und Volksmärchen der Deutschen. Bd. I, Halle 1814.
Grässe I–II = Grässe, Johann Georg Theodor: Sagenbuch des Preußischen Staats. Bd. I–II, Glogau 1868, 1871.
Grässe, Johann Georg Theodor: Der Sagenschatz des Königreichs Sachsen. Dresden 1855.
Griepentrog, Gisela: Historische Volkssagen aus dem 13. bis 19. Jahrhundert. Bd. III, Berlin 1975.
Griepentrog, Gisela: Der ewige Faden. Frauen in den Sagen um Harz und Kyffhäuser. Leipzig 1988.
Griepentrog, Gisela: Die Spinnerin im Monde. Frauen in den Sagen der Mark Brandenburg und Berlins. Leipzig 1991.
Grimm, Brüder: Deutsche Sagen (1816/18). 4. Aufl., besorgt von Reinhold Steig. Berlin 1905.
Grimm/Uther I–II = Brüder Grimm: Deutsche Sagen. Bd. I–II, hrsg. von Hans-Jörg Uther; Bd. III, hrsg. von Barbara Kindermann-Bieri. München 1993.

Größler 1880 = Größler, Hermann: Sagen der Grafschaft Mansfeld und ihrer nächsten Umgebung. Eisleben 1880.

Größler I–IX = Größler, Hermann: Nachlese von Sagen und Gebräuchen der Grafschaft Mansfeld und ihrer nächsten Umgebung. In: Mansfelder Blätter 1, 1887, S. 1–52 (= I); 4, 1890, S. 140–159 (= II); 5, 1891, S. 168–175 (= III); 6, 1892, S. 192–207 (= IV); 7, 1893, S. 162–177 (= V); 10, 1896, S. 101–106 (= VI); 11, 1897, S. 13–65 (= VII); 13, 1899, S. 157–164 (= VIII); 21, 1907, S. 223–238 (= IX).

Grosse, Walter: Die Geschichte des Harzes im Spiegel der Sage. Wernigerode 1931.

Grosse, Walter: Die Venetianischen Goldsucher im Harze. In: Zeitschrift des Harz-Vereins für Geschichte und Altertumskunde 64 (1931) S. 105–150; 65 (1932) S. 1–13.

Günther 1893 = Günther, Friedrich: Aus dem Sagenschatz der Harzlande. Hannover-Linden/Leipzig 1893.

Heese 1925 = Heese, Bernhard: Anhaltisches Sagen- und Geschichtenbuch. Dessau 1925.

Heilfurth/Greverus 1967 = Heilfurth, Gerhard/Greverus, Ina-Maria: Bergbau und Bergmann in der deutschsprachigen Sagenüberlieferung Mitteleuropas. Bd. I: Quellen. Marburg 1967.

Höpfner, A.: Sagen und Geschichten der Altmark und Priegnitz. Berlin 1865.

Hoth, R.: Sagen um Ilsenburg. Ilsenburg 1967.

Hülße 1887 = Hülße, Fr.: Sagen der Stadt Magdeburg. Magdeburg o. J. [1887].

Kahlbau, C. G.: Erzählungen und Sagen aus der Altmark. Tangermünde 1845.

Kahlo 1923 = Kahlo, Gerhard: Niedersächsische Sagen. Teil I: Provinz Sachsen, Braunschweig und Anhalt. Leipzig-Gohlis 1923.

Kahlo Harz 1923 = Kahlo, Gerhard: Sagen des Harzes. Leipzig-Gohlis 1923.

Kramer, Karl-Sigismund: Volkssage und Volksglauben, Glaubenssagen und Glaubenswirklichkeit. In: Festschrift Matthias Zender. Studien zu Volkskultur, Sprache und Landesgeschichte. Hrsg. von Edith Ennen und Günter Wiegelmann. Bonn 1972, Bd. II, S. 888–899.

Krüger, J. H. F.: Altmärkische Sagen. In: Jahresberichte des Altmärkischen Vereins für Vaterländische Geschichte 14 (1864) S. 15–25; 15 (1865) S. 24–34.

Kühne, Heinrich: Sagen und Geschichten aus Wittenberg und Umgebung. Göttingen 1992.

Kuhn 1843 = Kuhn, Adalbert: Märkische Sagen und Märchen nebst einem Anhange von Gebräuchen und Aberglauben. Berlin 1843. Reprint: Hildesheim/New York 1973.

Kuhn/Schwartz 1848 = Kuhn, Adalbert/Schwartz, Wilhelm: Norddeutsche Sagen, Märchen und Gebräuche aus Meklenburg, Pommern, der Mark, Sachsen, Thüringen, Braunschweig, Hannover, Oldenburg und Westfalen. Leipzig 1848. Reprint: Hildesheim/New York 1972.

Kupka, P.: Die altmärkischen Kobold- und Drachensagen. In: Beiträge zur Geschichte, Landes- und Volkskunde der Altmark 4 (1915/1924) S. 56–61.

Leibrock I–II = Leibrock, Gustav Adolph: Die Sagen des Harzes und seiner nächsten Umgebung. Bd. I: Die Sagen des Unterharzes. Nordhausen 1842; Bd. II: Die Sagen des Oberharzes. Nordhausen 1843.

Leinung/Stumvoll 1894 = Leinung, Wilhelm/Stumvoll, Rudolf: Aus Magdeburgs Sage und Geschichte. Magdeburg 1894.

Lemmer 1968 = Lemmer, Konrad: Sagen und Märchen aus Berlin und der Mark Brandenburg. Berlin 1968.
Lemmer, Manfred: Der Saalaffe. Sagen aus Halle und Umgebung. Halle 1989, 2. Aufl. 1990.
Mehren: Die Volkssagen der Altmark. Bd. I–II, Tangermünde 1844/45.
Meiner 1927 = Meiner, Max: Sagenschatz von Sangerhausen und Umgegend. Sangerhausen 1927.
Meiner 1929 = Meiner, Max: Sagen aus der Umgebung von Sangerhausen. Als Ergänzung zum Sagenschatz von Sangerhausen. Sangerhausen 1929.
Müller, Gottfried: Der Bischof und sein Hirt. Bilder und Sagen aus dem Land zwischen Harz und Erzgebirge. Berlin 1970.
Müller, Gottfried: Taufwein aus dem Ritterkeller. Bilder und Sagen aus dem Gebiet zwischen Unstrut und Harz. Berlin 1984.
Nachtigall, Werner/Werner, Dietmar: Der mutige Köhler und andere Volkssagen um Stände und Berufe aus dem Anhaltinischen. Berlin 1990.
Neumann, Siegfried: Sagen aus Mecklenburg. München 1993.
Nier 1937 = Nier, Alfred: Das Sagenbüchlein des Kreises Weißenfels. Halle 1937.
Orlamünde, Ingeborg u. a.: Sagen aus Aschersleben und Umgebung. Aschersleben 1983.
Otmar 1800 = Otmar [d.i. Johann Carl Christoph Nachtigal]: Volcks-Sagen. Bremen 1800.
Petzoldt, Leander: Historische Sagen. Bd. I–II, München 1976/77.
Petzoldt, Leander: Deutsche Volkssagen. 2. überarb. Aufl. München 1978.
Petzoldt, Leander: Dämonenfurcht und Gottvertrauen. Zur Geschichte und Erforschung unserer Volkssagen. Darmstadt 1989.
Peuckert 1961 = Peuckert, Will-Erich: Die Sagen der Monathlichen Unterredungen Otto von Grabens zum Stein. Berlin 1961.
Peuckert 1962 = Peuckert, Will-Erich: Deutsche Sagen. Bd. II: Mittel- und Oberdeutschland. Berlin 1962.
Peuckert, Will-Erich: Niedersächsische Sagen. Bd. I–VI, Göttingen 1964–1983, ab Bd. IV hrsg. von Günter Petschel.
Pölzig, A.: Stendal in Sage und Geschichte. Stendal 1887.
Pohlmann 1901 = Pohlmann, Alfred: Sagen aus der Wiege Preußens und des deutschen Reiches, der Altmark. Stendal 1901.
Pohlmann, Alfred: Neue Sagen aus der Altmark. In: Beiträge zur Geschichte, Landes- und Volkskunde der Altmark 2 (1905/1909) S. 29–39, 115–126, 211–215; 3 (1910/1914) S. 186–189.
Praetorius I–II, 1668/77 = Praetorius, Johannes [d.i. H. Schultze]: Anthropodemus plutonicus. Das ist eine Neue Weltbeschreibung ... Bd. I, Magdeburg 1666, 2. Aufl. 1668; Bd. II, Magdeburg 1667, 2. Aufl. 1677.
Praetorius 1669 = Praetorius, Johannes [d. i. H. Schultze]: Blockes-Berges Verrichtung ... Leipzig 1669. Reprint: Hanau 1968. Mit einem Nachwort von Hans Henning.
Pröhle 1856 = Pröhle, Heinrich: Unterharzische Sagen. Aschersleben 1856. Nachdruck: Lindlar 1979.
Pröhle 1886 = Pröhle, Heinrich: Harzsagen, zum Teil in der Mundart der Gebirgsbewohner. 2. Aufl. Leipzig 1886.
Pröhle 1879 = Pröhle, Heinrich: Deutsche Sagen (1863). 2. neubearb. Aufl. Berlin 1879.

Prütting, Hildegunde: Zur Geschichtlichen Volkssage. In: Bayerisches Jahrbuch für Volkskunde 1953, S. 16–26.
Quensel, Paul: Thüringer Sagen. Jena 1926. Reprint: Düsseldorf/Köln 1974. Mit einer neuen Einleitung von Leander Petzoldt. Neuausgabe: München 1991.
Relssieg I, II = Relssieg, W. A. [d. i. Geißler, Wilhelm August]: Sagen und Legenden der Stadt Magdeburg und Umgebung. Bd. I–II, Magdeburg 1846/47.
Reuschert 1933 = Reuschert, A. O.: Heimatliche Sagen (= Heimatkunde des Stadt- und Landkreises Merseburg, Teil 2). 2. verm. Aufl. Merseburg 1933.
Richter, J. W. Otto: Deutscher Sagenschatz. Bd. II: Sagenschatz aus dem mittleren Norddeutschland. Eine Auswahl der schönsten Sagen aus der Provinz Hessen-Nassau, Thüringen, dem Harze und seiner Umgebung, Mecklenburg und den Hansestädten Lübeck und Hamburg. Glogau 1900.
Röhrich, Lutz: Sage. Stuttgart 1966, 2. Aufl. 1971.
Röhrich, Lutz (Hrsg.): Probleme der Sagenforschung. Freiburg i. Br. 1973.
Röhrich, Lutz: Sage und Märchen. Erzählforschung heute. Freiburg i. Br. 1976.
Saal 1969 = Saal, Walter: Die Sagen des Kreises Merseburg (1967). 2. verb. Aufl. Merseburg 1969.
Sagen Halb. 1847 = Sagen und Geschichten aus der Vorzeit von Halberstadt, dem Harze und der Umgegend. Bearb. von mehreren Sachkundigen. Halberstadt 1847.
Samtleben, G.: Geschichte und Sagen der Mansfelder Kreise. Mansfeld o. J. [1900].
Schmidt, Hanns H. F.: Die schönsten Sagen der Altmark, nach alten Überlieferungen neu erzählt. Stendal 1986.
Schmiedecke 1955 = Schmiedecke, Adolf: Sagen der Zeitzer Heimat. Zeitz 1955.
Schmiedecke 1973 = Schmiedecke, Adolf: Die vergrabene Truhe. Sagen und Erzählungen aus den Kreisen Zeitz, Weißenfels und Hohenmölsen. Jena 1973.
Schönermark, Otto: Die schönsten Harz-Sagen aus Thale, dem Bodetal, Treseburg und Altenbrak. 3. verm. Aufl. Braunschweig 1923.
Schönermark, Otto: Die schönsten Harz-Sagen von Blankenburg und dem Regenstein, von Kloster Michaelstein, Heimburg, Hüttenrode, Rübeland und Elbingerode. Braunschweig 1923.
Schrader, Ludwig W.: Die Sage von den Hexen des Brockens. Quedlinburg/Leipzig 1839.
Schramm, Hans-Joachim: Sagen aus dem Saalkreis. Ausgewählte Geschichten und Sagen rund um den Petersberg. Halle o. J. [1988].
Schramm, Rudolf: Venetianersagen von geheimnisvollen Schatzsuchern. Leipzig 1985.
Schroeter 1929 = Schroeter, Otto: Ammendorfer Sagen (1924). 2. Aufl. Halle 1929.
Schultze-Gallera 1922 = Schultze-Gallera, Siegmar von: Die Sagen der Stadt Halle und des Saalkreises. Halle 1922.
Schwartz 1886 = Schwartz, Wilhelm: Sagen und alte Geschichten der Mark Brandenburg. Berlin 1871. 2. erw. Aufl. 1886.
Seidenspinner, Wolfgang: Sagen als Gedächtnis des Volkes? Archäologisches Denkmal, ätiologische Sage, kommunikatives Erinnern. In: Erinnern und Vergessen. Vorträge des 27. Deutschen Volkskundekongresses. Göttingen 1989. Hrsg. von Brigitte Bönisch-Brednich, Rolf Wilhelm Brednich, Helge Gerndt. Göttingen 1991, S. 525–534.

Sieber, Friedrich: Sächsische Sagen von Wittenberg bis Leitmeritz. Jena 1926.
Sieber, Friedrich: Harzland-Sagen. Jena 1928.
Siebert 1924 = Siebert, Richard und Hermann: Anhalter Sagenbuch. Sagen und Legenden aus dem Anhaltlande. Bernburg 1924.
Sommer 1845 = Sommer, Emil: Sagen, Märchen und Gebräuche aus Sachsen und Thüringen. Halle 1846.
Spohr, W.: Heimatsagen und Bilder aus der Geschichte Halberstadts. Ein Heimatbuch für Schule und Haus (1917). 3. erw. Aufl. Quedlinburg 1926.
Stahmann/Züllich 1844 = Stahmann, Friedrich/Züllich, Ludwig: Anhalt's Sagen, Märchen und Legenden. Bernburg 1844.
Stolle, Rudolf: Die schönsten Brocken-Sagen für Jung und Alt. Braunschweig 1920.
Teickner 1862 = Teickner, F. W.: Sagen vom Arnstein. Hettstedt 1862.
Temme 1839 = Temme, Jodocus Deodatus Hubertus: Die Volkssagen der Altmark. Mit einem Anhange von Sagen aus den übrigen Marken und aus dem Magdeburgischen. Berlin 1839. Reprints: Hildesheim/New York 1976, Leipzig 1980.
Thür./Harz I–VII = Thüringen und der Harz mit ihren Merkwürdigkeiten, Volkssagen und Legenden. Red. Friedrich von Sydow. Bd. I–VII, Sondershausen 1839–1845.
Tomaszewski 1987 = Tomaszewski, Rudolf: Sagen und Legenden aus dem Kreis Nebra. Nebra 1987.
Uther, Hans-Jörg: Sächsische Sagen. München 1992.
Uther, Hans-Jörg: Sagen aus dem Harz. München 1994.
Volksüberlieferung. Festschrift für Kurt Ranke. Hrsg. von Fritz Harkort, Karel C. Peeters, Robert Wildhaber. Göttingen 1968.
Vollbrecht, Ursula: Sagen und Geschichten aus dem Harz. Clausthal-Zellerfeld 1971.
VZfVk = (Veckenstedts) Zeitschrift für Volkskunde. 1 ff. Leipzig 1889 ff.
Wagner 1893 = Wagner, Hugo: Wittenberg in Dichtung und Sage. Wittenberg 1893.
Wegener 1880 = Wegener, Philipp: Sagen und Märchen des Magdeburger Landes aus dem Volksmunde gesammelt. In: Geschichtsblätter für Stadt und Land Magdeburg 15, 1880, S. 50–75.
Weihe I, II = Weihe, Ernst: Die Sagen der Stadt Stendal in der Altmark. Bd. I–II, 3. Aufl. Tangermünde 1840.
Werner, Dietmar/Neubert, Eberhard: Bergmannssagen aus dem Harz. Leipzig 1988.
Winckler 1925 = Winckler, Gustav: Die Sagen des Mansfelder Landes. Eisleben 1925.
Wittenberg 1973 = Sagen und Geschichten aus dem Kreis Wittenberg. Bearb. von Günter Göricke und Burkhart Richter. Wittenberg 1973.
Wittenberg 1979 = Die Weiße Frau im Wittenberger Schloß. Sagen und Geschichten aus dem Kreis Wittenberg. Teil I, Wittenberg 1979.
Wittenberg 1983 = Die Hand der Giftmischerin. Sagen und Geschichten aus dem Kreis Wittenberg. Teil II, Wittenberg 1983.
Witzschel 1866 = Witzschel, August: Sagen aus Thüringen. Wien 1866.
Woeller, Waltraud: Volkssagen zwischen Hiddensee und Wartburg. Berlin 1979.
ZfVk = Zeitschrift (des Vereins) für Volkskunde. 1 ff. Berlin 1891 ff.

Ziehnert I–III = Ziehnert, Widar: Preußens Volkssagen, Mährchen und Legenden. Bd. I–III, Leipzig 1838, 1839, 1840.

Die reiche Sagenliteratur des Harzes (für die parallel ein eigener Band in der Reihe erarbeitet wurde) und die zahlreichen kleinen Sagenhefte der letzten Jahrzehnte (die meist nur Nacherzählungen älterer Texte enthalten) sind hier lediglich mit einer Auswahl von Titeln berücksichtigt.

Quellennachweise und Anmerkungen

Die *Quellennachweise* führen jeweils an, was über die Herkunft des betreffenden Textes zu ermitteln war. Das beschränkt sich in der Regel auf die Druckvorlage und deren gedruckte oder mündliche Quellen. Um dem Leser die Lokalisierung der Belege zu erleichtern, ist den erwähnten Aufnahmeorten (außer Städten) der jeweilige Kreis (nach Maßgabe der Kreisgebietsreform von 1994) hinzugefügt.

In den *Anmerkungen zu den Texten* wird jeweils auf ermittelte Parallelbelege aus Sachsen-Anhalt verwiesen. Berücksichtigt sind jedoch im Prinzip nur Erstbelege bzw. deren erster Abdruck in repräsentativen Sammlungen und Zeitschriften. Spätere Abdrucke mit Quellenangabe, ungekennzeichnete Nachdrucke und Bearbeitungen in populären Anthologien bleiben – mit einigen Ausnahmen – außer Betracht.

Die verkürzt zitierten Quellen sind im Literaturverzeichnis gekennzeichnet. An weiteren, nicht allgemein üblichen Abkürzungen und Zeichen werden verwendet:

abw. = abweichend; Bd. = Band; ders. = derselbe; Erz. = Erzähler(in); f., ff. = folgende; Hrsg. = Herausgeber; Kr. = Kreis; lit. = literarisch; mdl. = mündlich; S. = Seite; schriftl. = schriftlich; > = weiter bearbeitet in; < = entnommen aus

Aus alten Zeiten

1 Nier 1937, S. 34, Nr. 34, von Paul Thieme in Weißenfels.

2 Pröhle 1879, S. 72f., Nr. 40, nach P. W. Behrend: Neuhaldenslebener Kreischronik. Bd. II, Neuhaldensleben 1826, S. 512–514. – Vgl. Grimm/Uther II, Nr. 492; Ziehnert I, 1838, Nr. 48; Temme 1839, Nr. 13; Kuhn 1843, Nr. 40; Bechstein 1853, Nr. 415; Größler 1880, Nr. 101, 302; ders. V, 1893, Nr. 17; Reuschert 1933, S. 6.

3 Schmiedecke 1955, S. 39f., »die bekannteste Zeitzer Sage, wiederholt veröffentlicht«. – Vgl. Nier 1937, Nr. 36.

4 Kahlo 1923, S. 95, Nr. 155, nach Emil Obst: Beschreibung und Geschichte des Kreises Bitterfeld. Berlin 1887.

5 Temme 1839, S. 132f., Nr. 7, nach »Alte Magdeburgische Chronik«. – Vgl. Hülße 1887, S. 643ff. > Leinung/Stumvoll 1894, S. 167ff.

6 Nier 1937, S. 36, Nr. 37, »allgemein bekannt«.

7 Größler I, 1887, S. 2f., Nr. 6, mdl. 1883.

8 Lemmer 1968, S. 62–64, nach Eynatten 1893, S. 140–147. – Vgl. Temme 1839, Nr. 50.

Von Fürsten und hohen Herren

9 Ecke 1906, S. 60f., Nr. 10. – Vgl. Sagen Halb. 1847, S. 497f.

10 Leibrock I, 1842, S. 17f., Anfang gekürzt. – Vgl. Otmar 1800, S. 201f.; Thür./Harz VI, 1842, S. 110f.; Sommer 1846, Nr. 69; Bechstein 1853, Nr. 413; Größler 1880, Nr. 137. – AaTh 2400 abw.

11 Hülße 1887, S. 28–39.
12 Hülße 1887, S. 39.
13 Leinung/Stumvoll 1894, S. 17f., nach Hülße 1887, S. 41ff.
14 Leinung/Stumvoll 1894, S. 19, nach Hülße 1887, S. 40f.
15 Siebert 1924, S. 17f.
16 Leinung/Stumvoll 1894, S. 95f., nach Relssieg I, 1846, S. 307ff. >Hülße 1887, S. 385ff.
17 Temme 1839, S. 30, Nr. 33, nach August Wilhelm Pohlmann: Geschichte der Stadt Salzwedel. Halle 1811, S. 204f. – Vgl. Kuhn 1843, Nr. 37.
18 Schmiedecke 1973, S. 88f. – Vgl. Grimm/Uther II, Nr. 552, 554; Chronicka 1729; Ziehnert II, 1839, Nr. 22; Bechstein I, 1858, Nr. 384; Grässe I, 1868, Nr. 335; Größler 1880, Nr. 286; Büttner 1888, S. 76ff.; Schultze-Gallera 1922, S. 133; Nier 1937, Nr. 38.
19 Siebert 1924, S. 145f. – Vgl. ebenda S. 146ff.; Peuckert 1961, Nr. 143; Pröhle 1879, Nr. 31; Heese 1925, S. 5ff.
20 Temme 1839, S. 21, nach J. G. und B. L. Bekmann: Historische Beschreibung der Chur und Mark Brandenburg... Bd. II, Berlin 1753, 5. Teil, 1. Buch, 9. Kap., Sp. 71.
21 Siebert 1924, S. 150f. – Vgl. Nr. 149; Weihe II, 1840, Nr. 4; Größler 1880, Nr. 30, 171; Winckler 1925, Nr. 131.
22 Kahlo 1923, S. 186f., Nr. 291, nach Karl Höse: Chronik der Stadt und Grafschaft Barby. Barby 1911.

Ritter und Raubritter

23 Behrens 1703, S. 160–162.
24 Kuhn/Schwartz 1848, S. 168f., Nr. 192, mdl. – Vgl. ebenda S. 169; Ecke 1906, S. 49ff.
25 Größler III, 1891, S. 171, Nr. 9, von Kaufmann Rindelhardt in Nebra. – Vgl. Sommer 1846, Nr. 70; Kahlo 1923, Nr. 315.
26 Leinung/Stumvoll 1894, S. 43–45, nach Hülße 1887, S. 307ff. – Vgl. Pohlmann 1901, S. 128f.
27 Größler 1880, S. 92f., Nr. 106.
28 Bechstein IV, 1838, S. 32f., Nr. 15.
29 Nier 1937, S. 42f., Nr. 42, nach Unser Heimatkreis Weißenfels. Weißenfels 1926.
30 Siebert 1924, S. 169–171.
31 Größler 1880, S. 110f., Nr. 120, nach Teickner 1862, S. 7–71 und mdl./schriftl.
32 Siebert 1924, S. 155–157.
33 Siebert 1924, S. 41f. – Vgl. Gottschalck 1814, S. 184ff.
34 Schultze-Gallera 1922, S. 199, Nr. 4.
35 Größler 1880, S. 50f., Nr. 58, mdl./schriftl.

Adlige und Untertanen

36 Schultze-Gallera 1922, S. 43f., Nr. 31, nach Büttner 1888, S. 67–71. – Vgl. Schultze-Gallera S. 54.

37 Pröhle 1879, S. 75f., Nr. 45, schriftl. aus Kalbe a. d. Milde.

38 Größler 1880, S. 106f., Nr. 118, nach Busch, Chronik der Grafschaft Mansfeld. Leimbach 1849, S. 85. – Vgl. Blankenstein 1896, Nr. 13.

39 Größler 1880, S. 107-109, Nr. 119, nach Teickner 1862, S. 85–98.

40 Temme 1839, S. 64, Nr. 70, Anfang gekürzt, nach Heinrich Christoph Steinhart: Über die Altmark. Bd. II, Stendal 1802, S. 131f. – Vgl. Eynatten 1893, S. 119ff.; Altmark 1908, S. 33.

41 Bechstein I, 1858, S. 244f., Nr. 382. – Vgl. Ziehnert I, 1838, Nr. 21; Thür./Harz VII, 1842, S. 190ff.; Relssieg II, 1847, S. 277ff. > Hülße 1887, S. 105ff. > Leinung/Stumvoll 1894, S. 48ff.; Bechstein 1853, Nr. 420; Witzschel 1866, Nr. 85; Grässe I, 1868, Nr. 379; Kahlo 1923, Nr. 254; Reuschert 1933, S. 20f.; Saal 1969, S. 18ff.

42 Pohlmann 1901, S. 230f., von Leutnant v. Alvensleben in Erxleben. – Vgl. Praetorius I, 1668, S. 101ff. > Grimm/Uther I, Nr. 68; Peuckert 1961, Nr. 130; Temme 1839, Nr. 73; Ziehnert III, 1840, Nr. 23; Leibrock I, 1842, S. 84ff.; Thür./Harz III, 1840, S. 57ff.; Relssieg I, 1846, S. 54ff.; Bechstein 1853, Nr. 347; Schwartz 1886, Nr. 121; Blankenstein 1896, Nr. 9; Siebert 1924, S. 147f.

43 Temme 1839, S. 54–56, Nr. 62, nach Steinhart (wie Anm. 40) II, 1802, S. 133. – Vgl. Bechstein 1853, Nr. 338; Altmark 1908, S. 31f.

44 Kuhn/Schwartz 1848, S. 208f., Nr. 234, mdl. – Vgl. Grimm/Uther II, Nr. 577; Bechstein IV, 1838, Nr. 63; Ziehnert II, 1839, Nr. 2; Bechstein 1853, Nr. 417; Witzschel 1866, Nr. 81; Kahlo 1923, Nr. 286. – AaTh 762 abw.

45 Größler 1880, S. 133, Nr. 140, mdl./schriftl. – Vgl. Nr. 69.

46 Kahlo Harz 1923, S. 68, Nr. 108, von F. Hoffmann. – Vgl. Büsching 1812, Nr. 74; Thür./Harz III, 1840, S. 54ff.; Bechstein 1853, Nr. 406; Größler 1880, Nr. 113; Blankenstein 1896, S. 32ff.; Kahlo Harz 1923, Nr. 108; Winckler 1925, Nr. 206.

47 Siebert 1924, S. 99.

48 Pröhle 1879, S. 65f., Nr. 35, nach Denkwürdigkeiten des Freiherrn A. F. v. d. Asseburg. Leipzig 1842, S. 23. – Vgl. Nr. 256; Ziehnert I, 1838, Nr. 15; Relssieg I, 1846, S. 246ff., II, 1847, S. 357ff. > Hülße 1887, S. 424ff. > Leinung/Stumvoll 1894, S. 74f.; Kahlo 1923, Nr. 225. – AaTh 990.

49 Größler 1880, S. 68f., Nr. 75, mdl./schriftl. – Vgl. Reuschert 1933, S. 46f.

50 Größler 1880, S. 69, Nr. 76, mdl./schriftl.

51 Größler 1880, S. 120, Nr. 128, mdl./schriftl. – Vgl. ebenda S. 121.

52 Schultze-Gallera 1922, S. 182, Nr. 4.

Räuber und Wegelagerer

53 Schultze-Gallera 1922, S. 200f., Nr. 8.

54 Siebert 1924, S. 181–183, entspricht Kahlo 1923, Nr. 233.

55 Kuhn/Schwartz 1848, S. 159–161, Nr. 186, mdl. von einem Kuhhirten aus Röderhof, einem Schäfer aus Schwanebeck (beides Kr. Halberstadt) und einem Bürger aus Halberstadt. – Vgl. Nr. 57; Otmar 1800, S. 279ff.; Zieh-

nert I, 1838, Nr. 42; Sagen Halb. 1847, S. 74ff.; Pröhle 1879, Nr. 17; Größler 1880, Nr. 23, 26; Winckler 1925, Nr. 106.

56 Kuhn/Schwartz 1848, S. 125f., Nr. 144, mdl. aus Cheinitz, Kr. Salzwedel.

57 Größler 1880, S. 26f., Nr. 24, mdl./schriftl. – Vgl. Nr. 55.

58 Pröhle 1886, S. 56f., Nr. 92, mdl. aus Stapelburg, Kr. Wernigerode.

59 Temme 1839, S. 11f., Nr. 9, nach Material zu einer »Chronik von Stendal II, 48f.« > Altmark 1908, S. 248.

60 Temme 1839, S. 25, Nr. 25, nach Bekmann (wie Anm. 20) II, 1753, 5. Teil, 1. Buch, 4. Kap., Sp. 36.

Städtische Belange

61 Sommer 1846, S. 70–73, Nr. 62, mdl. von einem Halloren. – Vgl. Schultze-Gallera 1922, S. 4ff., 46ff.

62 Büttner 1888, S. 65f., Nr. 14, 2. Teil. – Vgl. Grimm/Uther I, Nr. 57.

63 Sommer 1846, S. 73f., Nr. 63, mdl. aus Halle.

64 Temme 1839, S. 50, Nr. 57, nach Steinhart (wie Anm. 40) II, 1802, S. 8. – Vgl. Bechstein 1853, Nr. 336; Pohlmann 1901, S. 181.

65 Pröhle 1856, S. 63, Nr. 162, mdl.

66 Temme 1839, S. 3f., Nr. 3, nach Steinhart (wie Anm. 20) I, 1800, S. 185. – Vgl. Nr. 78; Weihe II, 1840, Nr. 13; Bechstein 1853, Nr. 342; Pohlmann 1901, S. 127f.

67 Kuhn/Schwartz 1848, S. 206, Nr. 229, mdl.

68 Saal 1969, S. 60f.

69 Kahlo 1923, S. 139f., Nr. 230, vom Hrsg. – Vgl. Nr. 45; Relssieg I, 1846, S. 5ff. > Hülße 1887, S. 250ff. > Leinung/Stumvoll 1894, S. 21ff.; Größler 1880, Nr. 271; Altmark 1908, S. 235; Schroeter 1926, Nr. 6; abw. Reuschert 1933, S. 33ff.

70 Leinung/Stumvoll 1894, S. 91f., nach Hülße 1887, S. 548ff. – Vgl. Ziehnert II, 1839, Nr. 35; Kahlo 1923, Nr. 169.

71 Siebert 1924, S. 151f. – Vgl. Heese 1925, S. 23ff.

72 Siebert 1924, S. 119f.

73 Ziehnert III, 1840, S. 106f., Nr. 34. – Vgl. ebenda I, 1838, Nr. 28; Weihe I, 1840, Nr. 10; Sommer 1846, Nr. 64; Größler 1880, Nr. 294; Büttner 1888, S. 85ff.; Schultze-Gallera 1922, S. 37ff.

74 Temme 1839, S. 26, Nr. 26, nach Steinhart (wie Anm. 40) II, 1802, S. 271f. – Vgl. Bechstein 1853, Nr. 329.

75 Leinung/Stumvoll 1894, S. 112f., nach Relssieg I, 1846, S. 80ff. > Hülße 1887, S. 607ff. – Vgl. Kahlo 1923, Nr. 59.

76 Größler 1880, S. 62–64, Nr. 70, mdl./schriftl.

Zu »katholischer Zeit«

77 Leinung/Stumvoll 1894, S. 76–78, nach Hülße 1887, S. 534ff. – Vgl. Temme 1839, S. 130; Ziehnert II, 1839, Nr. 35; III, 1840, Nr. 10; Weihe I, 1840, Nr. 6; Kahlo 1923, Nr. 243.

78 Hülße 1887, S. 568f., Nr. 31 > Leinung/Stumvoll 1894, S. 120ff. – Vgl. Nr. 66; Hülße, S. 569; Temme 1839, S. 131f.; Kahlo 1923, Nr. 237.

79 Büsching 1812, S. 383, Nr. 79. – Vgl. Otmar 1800, S. 29; Grimm/Uther I,

Nr. 232; Gottschalck 1814, S. 333ff.; Ziehnert I, 1838, Nr. 8; Bechstein 1853, Nr. 314; Siebert 1924, S. 109ff.; Heese 1925, S. 111ff.

80 Temme 1839, S. 20f., Nr. 20, nach mehreren lit. Quellen > Pohlmann 1901, S. 192. – Vgl. Bechstein 1853, Nr. 340; Altmark 1908, S. 248; Winckler 1925, Nr. 228.

81 Größler 1880, S. 111f., Nr. 121, nach Teickner 1862, S. 75–82.

82 Größler 1880, S. 166f., Nr. 188, mdl./schriftl.

83 Größler 1880, S. 46f., Nr. 49, mdl./schriftl.

84 Wittenberg 1973, S. 14.

85 Bechstein 1853, S. 346, Nr. 407.

86 Leinung/Stumvoll 1894, S. 98.

87 Siebert 1924, S. 138–140.

88 Temme 1839, S. 34f., Nr. 41, mdl. > Pohlmann 1901, S. 208f. > Altmark 1908, S. 43f. – Vgl. Bechstein 1853, Nr. 332.

89 Pohlmann 1901, S. 148, Nr. 14. – Vgl. Weihe II, 1840, Nr. 5; Altmark 1908, S. 201f.

Die Reformation und ihre Folgen

90 Sagen Halb. 1847, S. 416.

91 Wittenberg 1973, S. 63f., nach Wittenberger Tageblatt vom 16. 5. 1909. – Vgl. Erfurth 1938, S. 7ff. – AaTh 756 abw.

92 Erfurth 1938, S. 9.

93 Schultze-Gallera 1922, S. 82f., Nr. 55, nach Dreyhaupt I, 1755, S. 851.

94 Günther 1893, S. 112, Nr. 99, nach Aus der Heimat 1885, Nr. 4. – Vgl. Thür./Harz I, 1839, S. 115.

95 Wittenberg 1973, S. 23, nach Gottlieb Stier: Die Schloßkirche zu Wittenberg. Wittenberg 1860, S. 16.

96 Erfurth 1938, S. 33f.

97 Schultze-Gallera 1922, S. 233, Nr. 19.

98 Temme 1839, S. 59–61, Nr. 66, nach »Akten des Altmärkischen Vereins für Geschichte und Industrie«. – Vgl. Altmark 1908, S. 252f.; Winckler 1925, Nr. 239.

99 Siebert 1924, S. 16f.

100 Größler 1880, S. 10f., Nr. 7, mdl./schriftl.

Immer wieder Kriege

101 Leinung/Stumvoll 1894, S. 146f. – Vgl. Praetorius II, 1677, S. 36f. > Grimm/Uther I, Nr. 145; Temme 1839, S. 137f.; Ziehnert III, 1840, Nr. 70; Bechstein 1853, Nr. 325.

102 Leinung/Stumvoll 1894, S. 148, nach Temme 1839, S. 138f.

103 Temme 1839, S. 139f., Nr. 15, nach »Gottfried Gengenbacher, Magdeb. Chronik«.

104 Leinung/Stumvoll 1894, S. 105f., nach Hülße 1887, S. 594ff. – Vgl. Kahlo 1923, Nr. 204.

105 Größler 1880, S. 121f., Nr. 129, mdl./schriftl.

106 Nier 1937, S. 45f., Nr. 47, nach Kurt Mende: Orts- und Heimatkunde des Dorfes Keutschen. 1925.

107 Schultze-Gallera 1922, S. 62, Nr. 39.
108 Günther 1893, S. 201f., Nr. 181, nach Sagen Halb. 1847, S. 192.
109 Schultze-Gallera 1922, S. 84, Nr. 57, nach Dreyhaupt I, 1755, S. 394.
110 Saal 1969, S. 16, nach Reuschert 1933, S. 7, von Lützener Einwohnern.
111 Größler 1880, S. 140, Nr. 152, mdl./schriftl.
112 Schultze-Gallera 1922, S. 143f., Nr. 22.
113 Wittenberg 1973, S. 40, Anfang und Schluß gekürzt, nach Ernst Fritzsche: Die Dübener Heide und ihre Umgebung. Düben 1922, S. 112f. – Vgl. Kahlo 1923, Nr. 210.
114 Wittenberg 1973, S. 42, nach Fritzsche (wie Anm. 113), S. 102.
115 Pohlmann 1901, S. 189, Nr. 10, von Rektor E. Lehrmann in Kalbe > Kahlo 1923, Nr. 252.
116 Siebert 1924, S. 100f. – Vgl. Kuhn/Schwartz 1848, Nr. 161.
117 Temme 1839, S. 53f., Nr. 60, nach Bekmann (wie Anm. 20) II, 1753, 5. Teil, 1. Buch, 5. Kap., Sp. 55 und Steinhart (wie Anm. 40) II, 1802, S. 69. – Vgl. Altmark 1908, S. 249.
118 Wittenberg 1973, S. 76, Anfang und Schluß gekürzt, nach Wagner 1893, S. 64.
119 Kahlo 1923, S. 162, Nr. 251, mdl. von Regierungsbaurat Blanck in Salzwedel.
120 Schultze-Gallera 1922, S. 219, Nr. 22, mdl.
121 Temme 1839, S. 68–70, Nr. 74, mdl.: »Einen Schauplatz giebt diese Sage nicht an. Sie ist aber mündlich in der ganzen Altmark zu Hause...« – Vgl. Pohlmann 1901, S. 211; Altmark 1908, S. 49.

Bergleute und Hüttenmänner

122 Grimm/Uther I, S. 162, Nr. 161, nach E. W. Happel: Grösseste Denkwürdigkeiten der Welt... Bd. III, Hamburg 1687, S. 528. – Vgl. Bechstein 1853, Nr. 404.
123 Siebert 1924, S. 24–26.
124 Größler 1880, S. 11f., Nr. 8, mdl./schrift. – Vgl. ebenda S. 12.
125 Kuhn/Schwartz 1848, S. 197f., Nr. 221.2, mdl.
126 Kahlo Harz 1923, S. 72f., Nr. 115, mdl. von einem Schüler in Harzgerode. – Vgl. Kuhn/Schwartz 1848, Nr. 221.4; Siebert 1924, S. 39f.
127 Sommer 1846, S. 66f., Nr. 58, mdl. aus Helfta. – Vgl. Kahlo Harz 1923, Nr. 104; Meiner II, 1929, S. 30.
128 Gebser 1885, S. 19–21. – Vgl. Ecke 1906, S. 47ff.
129 Gebser 1885, S. 21f. – Vgl. Leibrock I, 1842, S. 93ff.; Pröhle 1886, Nr. 78; Günther 1893, Nr. 176.
130 Pröhle 1856, S. 122, Nr. 319, mdl.
131 Größler 1880, S. 126f., Nr. 132, mdl./schriftl.

Abenteuer und Schicksale

132 Temme 1839, S. 18f., Nr. 18, nach August Wilhelm Pohlmann/August Stöpel: Geschichte der Stadt Tangermünde. Stendal 1829, S. 6f. – Vgl. Ziehnert II, 1839, Nr. 8; Kuhn 1843, Nr. 7; Bechstein 1853, Nr. 339; Schwartz 1886, Nr. 124; Altmark 1908, S. 91f.; Kahlo 1923, Nr. 141.
133 Siebert 1924, S. 127f.
134 Blankenstein 1896, S. 59, Nr. 27. – Vgl. Praetorius 1669, Vorrede; Büsching 1812, Nr. 76.
135 Saal 1969, S. 27f., von W. Saal, Merseburg.

Recht und Unrecht

136 Größler 1880, S. 43f., Nr. 44, mdl./schriftl.
137 Temme 1839, S. 31f., Nr. 35, nach August Wilhelm Pohlmann: Geschichte der Stadt Salzwedel. Halle 1821, S. 204f. – Vgl. Weihe II, 1840, Nr. 6; Bechstein 1853, Nr. 331; Altmark 1908, S. 251f.
138 Kuhn/Schwartz 1848, S. 135, Nr. 157, mdl. – Vgl. Wegener 1880, Nr. 24; abw. Altmark 1908, S. 168. – AaTh 1590 abw.
139 Temme 1839, S. 7, Nr. 4, mdl. > Pohlmann 1901, S. 176f. – Vgl. Weihe I, 1840, Nr. 7; Kuhn 1843, Nr. 2; Bechstein 1853, Nr. 344.
140 Größler 1880, S. 12f., Nr. 9, mdl./schriftl. – Vgl. ebenda Nr. 100.
141 Temme 1839, S. 16, Nr. 14, mdl. > Altmark 1908, S. 13.

Allerlei Frevel

142 Behrens 1703, S. 84–86.
143 Heese 1925, S. 131f. – Vgl. Engelien/Lahn 1868, Nr. 37; Schultze-Gallera 1922, S. 156; Siebert 1924, S. 37f.
144 Temme 1839, S. 48f., Nr. 56, mdl., Anfang gekürzt.
145 Schmiedecke 1955, S. 14, durch Horst Schlie. – Vgl. Nier 1937, Nr. 25.
146 Witzschel 1866, S. 253, Nr. 262, nach Thuringia 1842, S. 782. – Vgl. Größler 1880, Nr. 172.
147 Wittenberg 1973, S. 54, nach Die Dübener Heide, 1933, S. 80.
148 Größler 1880, S. 39, Nr. 37, mdl./schriftl.

Orakel und Vorahnung

149 Pröhle 1856, S. 66, Nr. 167, mdl. – Vgl. Nr. 21; Praetorius I, 1668, S. 319f. > Grimm/Uther Nr. 40.
150 Bechstein 1853, S. 297f., Nr. 346.
151 Ziehnert II, 1839, S. 226f., Nr. 64. – Vgl. Grimm/Uther I, Nr. 263; Reuschert 1933, S. 39.
152 Peuckert 1962, S. 46, Nr. 83, nach VZfVk 4, 1892, S. 260, aus Spickendorf bei Halle durch Pastor Nottrott.
153 Kahlo 1923, S. 1f., Nr. 2, mdl. von Franke in Wanzleben.
154 Meiner I, 1927, S. 20.

Zauberkundige und Hexen

155 Thür./Harz IV, 1840, S. 29. – Vgl. Praetorius 1669, S. 30f.
156 Kuhn/Schwartz 1848, S. 133f., Nr. 154, mdl. aus dem Dammkrug zu Güssefeld, Kr. Salzwedel.
157 VZfVk 1, 1889, S. 226f., Nr. 2, aus Vehlitz, Kr. Burg, von Frau Adler sen., 1876.
158 Pröhle 1886, S. 41f., Nr. 68, mdl. 1856.
159 Pröhle 1856, S. 118f., Nr. 311, mdl.
160 VZfVk 1, 1889, S. 311, Nr. 2, aus Vehlitz, Kr. Burg, von Eberth, 1876.
161 VZfVk 1, 1889, S. 227, Nr. 3, aus Vehlitz, Kr. Burg, von Frau Adler sen., 1876.
162 Pröhle 1886, S. 42f., Nr. 69, mdl. 1856.
163 Sommer 1846, S. 56f., Nr. 49, mdl. aus Halle. – AaTh 503 abw.
164 Sommer 1846, S. 57f., Nr. 50, mdl. aus Wettin. – Vgl. Größler 1880, Nr. 176; Pröhle 1886, Nr. 81.

Wundertäter

165 Siebert 1924, S. 23f.
166 Siebert 1924, S. 203f. – Vgl. Bechstein 1853, Nr. 412; Heese 1925, S. 20ff.
167 Pröhle 1879, S. 67f., Nr. 36, nach Augustin Lercheimer: Bedenken von Zauberei, 1585, Bl. 15f. – Vgl. Grimm/Uther I, Nr. 254; Bechstein 1853, Nr. 326; Wegener 1880, Nr. 33; Leinung/Stumvoll 1894, S. 157f.
168 Kuhn/Schwartz 1848, S. 121f., Nr. 139, mdl. aus Mellin, Kr. Salzwedel.
169 Siebert 1924, S. 148–150. – Vgl. Ziehnert II, 1839, Nr. 55; Wittenberg 1973, S. 94.
170 VZfVk 1, 1889, S. 382, Nr. 1, aus Vehlitz, Kr. Burg, von Seeger, 1876. – Vgl. abw. Nier 1937, Nr. 1a; Schmiedecke 1955, S. 22.
171 Nier 1937, S. 10, Nr. 1 d, mdl.
172 Nier 1937, S. 11, Nr. 1 f.
173 VZfVk 1, 1889, S. 346, Nr. 2, aus Vehlitz, Kr. Burg, von Seeger, 1876.
174 Schmiedecke 1955, S. 32, schriftl. von Klaus Müller in Osterfeld. – Vgl. ebenda S. 32f.; VZfVk 4, 1892, S. 259; Nier 1937, Nr. 1 c.
175 Größler IV, 1892, S. 200, Nr. 29, von Landwirt Fricke in Helfta, Kr. Eisleben.
176 Winckler 1925, S. 196, Nr. 169, nach Größler IV, 1892, S. 192, Erz. wie Nr. 175.

Verwandelte – Mahrt und Werwolf

177 Sommer 1846, S. 46f., Nr. 40, mdl. aus Gorsleben bei Halle.
178 Kahlo 1923, S. 7, Nr. 10, nach Altmark 1908, S. 190f. – Vgl. Kuhn 1843, Nr. 48; Wegener 1880, Nr. 16, 40.
179 Otmar 1800, S. 273–276, Nr. 21. – Vgl. Ziehnert II, 1839, Nr. 57; Sagen Halb. 1847, S. 346ff.
180 Temme 1839, S. 56f., Nr. 63, nach Akten (wie Anm. 98) > Altmark 1908, S. 233f.
181 Wegener 1880, S. 60, Nr. 35, aus Mieste, Kr. Salzwedel.

Kobolde und andere Hausgeister

182 Temme 1839, S. 57–59, Nr. 64, nach Akten (wie Anm. 98). – Vgl. Altmark 1908, S. 185.
183 VZfVk 1, 1889, S. 76, Nr. 4, von Anna Veckenstedt aus Vehlitz, Kr. Burg, 1876.
184 Winckler 1925, S. 305–307, Nr. 291, von Frau Kögel in Eisleben.
185 Sommer 1846, S. 27f., Nr. 24, mdl. aus Helfta bei Eisleben.
186 Wegener 1880, S. 53, Nr. 10. – Vgl. VZfVk 1, 1889, S. 75; Nier 1937, Nr. 6.
187 Sommer 1846, S. 28–30, Nr. 25, mdl. aus Gutenberg, Saalkreis. – Vgl. Größler 1880, Nr. 174.
188 VZfVk 1, 1889, S. 77f., Nr. 6, von Anna Veckenstedt aus Vehlitz, Kr. Burg, 1876.
189 Sommer 1846, S. 30–32, mdl. aus Gutenberg.
190 Peuckert 1962, S. 163, Nr. 345, nach VZfVk 4, 1892, S. 256, aus Spickendorf durch Pastor Nottrott.
191 Sommer 1846, S. 32, Nr. 27, mdl.
192 Saal 1969, S. 70, von A. Saal in Merseburg. – Vgl. Reuschert 1933, S. 36.
193 Saal 1969, S. 71f., von A. Saal in Merseburg. – AaTh 1161.
194 Wittenberg 1973, S. 82, nach Wittenberger Rundblick 1957, S. 78.
195 Winckler 1926, S. 77, Nr. 71. – Vgl. Kuhn/Schwartz 1848, Nr. 228; Größler 1880, Nr. 123; Schultze-Gallera 1922, S. 213f.
196 Pohlmann 1901, S. 40, Nr. 6.
197 Nier 1937, S. 15, Nr. 5 c, nach Unser Heimatkreis Weißenfels. Weißenfels 1926. – Vgl. Wegener 1880, S. 52; VZfVk 1, 1889, S. 73; Altmark 1908, S. 186; Siebert 1924, S. 200f.; Saal 1969, S. 70f.

Das Zwergenvolk

198 Behrens 1703, S. 74f. – Vgl. Otmar 1800, S. 332f.
199 Otmar 1800, S. 329–331, Nr. 24 II. – Vgl. ebenda, S. 326f.
200 Kuhn/Schwartz 1848, S. 224, Nr. 248.2, mdl. – Vgl. Nr. 199.
201 Grimm/Uther I, S. 111f., Nr. 91, nach Praetorius I, 1668, S. 123f. – Vgl. Siebert 1924, S. 152f.
202 Kuhn/Schwartz 1848, S. 164f., Nr. 4, mdl. – Vgl. abw. Pröhle 1856, Nr. 122; ders. 1879, Nr. 38; Siebert 1924, S. 26f.
203 Siebert 1924, S. 187.
204 Nier 1937, S. 12f., Nr. 4, von Paul Thieme in Weißenfels. – Vgl. Kuhn/Schwartz 1848, Nr. 195f.

Nixen und andere Wassergeister

205 Grimm/Uther I, S. 68, Nr. 57, nach Praetorius I, 1668, S. 497f. – Vgl. Ziehnert II, 1839, Nr. 7.
206 Sommer 1846, S. 38–40, Nr. 34, mdl.
207 Sommer 1846, S. 41f., Nr. 36, mdl. aus Gutenberg, Kr. Saalkreis. – Vgl. Praetorius I, 1668, S. 106ff., 531ff. > Grimm/Uther I, Nr. 65; Otmar 1800, S. 328f.; Ziehnert III, 1840, Nr. 74; Bechstein I, 1858, Nr. 385; Siebert 1924, S. 28, 186.

208 Sommer 1846, S. 42f., Nr. 37, mdl. aus Gutenberg. – Vgl. Größler V, 1893, Nr. 11.
209 Schmiedecke 1955, S. 30, nach Zeitzer Kreisblatt 1847, S. 156.
210 Leinung/Stumvoll 1894, S. 24f. – Vgl. Grimm/Uther I, Nr. 60; Ziehnert II, 1839, Nr. 7.
211 Sommer 1846, S. 40f., Nr. 35, mdl. aus Gutenberg, Kr. Saalkreis. – Vgl. ebenda Nr. 38; Größler I, 1887, Nr. 33.
212 Größler I, 1887, S. 12, Nr. 32, mdl. aus Helfta bei Eisleben, 1883. – Vgl. Siebert 1924, S. 159ff.; Heese 1925, S. 28ff.
213 Kuhn/Schwartz 1848, S. 174, Nr. 197.4, mdl.
214 Nier 1937, S. 21f., Nr. 13, von Martin Siebert in Reichardtswerben, Kr. Weißenfels.

Schlangen und Kröten

215 Winckler 1925, S. 276f., Nr. 252, von Kastellan Goldacker, Schloß Falkenstein. – Vgl. Größler 1880, Nr. 204.
216 Heese 1925, S. 60f. – Vgl. Siebert 1924, S. 197f.
217 Wittenberg 1979, S. 32, nach Erfurth 1902, S. 68, mdl.
218 Größler V, 1893, S. 164f., Nr. 7, von Steinsetzer Eisfeld in Helfta, Kr. Eisleben. – Vgl. Sommer 1846, Nr. 16; Kuhn/Schwartz 1848, Nr. 138; Gebser 1885, S. 17f.

Schätze und Schatzsucher

219 Sommer 1846, S. 65f., Nr. 57, »mdl. aus Bendorf«. – Vgl. Gottschalck 1814, S. 17ff.; Thür./Harz VII, 1842, S. 140ff.
220 Sommer 1846, S. 139–141, mdl. aus Wettin. – Vgl. Wegener 1880, Nr. 52; VZfVk 1, 1889, S. 385; Leinung/Stumvoll 1894, S. 37ff.
221 Wegener 1880, S. 63f., Nr. 51, aus Irxleben.
222 Wegener 1880, S. 63, Nr. 50, aus Irxleben.
223 Größler 1880, S. 164, Nr. 185, mdl./schriftl.
224 Kuhn 1843, S. 31, Nr. 31, mdl. – Vgl. Pohlmann 1901, S. 75.
225 Kuhn/Schwartz 1848, S. 178f., Nr. 200.3, mdl. – Vgl. Otmar 1800, S. 171ff.; Bechstein 1853, Nr. 400; Pröhle 1886, Nr. 62.
226 Peuckert 1962, S. 195, Nr. 350, nach VZfVk 4, 1892, S. 260, aus Spickendorf durch Pfarrer Nottrott. – Vgl. Nier 1937, Nr. 10.
227 Größler 1880, S. 179f., Nr. 207, mdl./schriftl. – Vgl. Größler I, 1887, Nr. 14; V, 1893, Nr. 12; Pröhle 1886, Nr. 26; Siebert 1924, S. 8f., 28f., 63f., 196f; Winckler 1925, Nr. 196; Schmiedecke 1955, S. 26.
228 Pohlmann 1901, S. 70f., Nr. 5.
229 Kahlo 1923, S. 135f., Nr. 226, vom Hrsg. – Vgl. Relssieg I, 1846, S. 175ff. > Hülße 1887, S. 217ff.

Glocken

230 Temme 1839, S. 13 f., Nr. 10, nach Steinhart (wie Anm. 40) I, 1800, S. 167. – Vgl. Ziehnert III, 1840, Nr. 12; Kuhn 1843, Nr. 11; Größler 1880, Nr. 36; Pröhle 1886, Nr. 25; Pohlmann 1901, S. 157 f.; Reuschert 1933, S. 9; Nier 1937, Nr. 29 f.; Schmiedecke 1955, S. 37.

231 Pohlmann 1901, S. 155 f., Nr. 3, mdl. von Pastor C. Koch in Groß Rossau, Kr. Stendal. – Vgl. Kuhn/Schwartz 1848, Nr. 159; Altmark 1908, S. 142; Siebert 1924, S. 137 f.; Reuschert 1933, S. 9.

232 Größler 1880, S. 67, Nr. 74, mdl./schriftl.

233 Günther 1893, S. 138 f., Nr. 129, nach Thür./Harz II, 1840, S. 214 f. – Vgl. Temme 1839, Nr. 11; Kuhn 1843, Nr. 11; Größler II, 1890, Nr. 20; Pohlmann 1901, S. 106 ff.

Riesen

234 Kuhn/Schwartz 1848, S. 134 f., Nr. 156, mdl.

235 Pohlmann 1901, S. 83 f., Nr. 7.

236 Bechstein 1853, S. 279, Nr. 319, nach Otmar 1800, S. 269 f. – Vgl. Ziehnert II, 1839, Nr. 74.

237 Kahlo Harz 1923, S. 75, Nr. 118, mdl. von Ilse Wolff in Thale. – Vgl. Otmar 1800, S. 181 ff. > Grimm/Uther I, Nr. 319; Ziehnert II, 1839, Nr. 38; Sagen Halb. 1847, S. 198 ff.; Bechstein 1853, Nr. 403; Ecke 1906, S. 9 ff.

238 Größler 1880, S. 102 f., Nr. 114, nach Otmar 1800, S. 197 f. > Grimm/Uther I, Nr. 320. – Vgl. Thür./Harz I, 1839, S. 167; III, 1840, S. 237 f.; Bechstein 1853, Nr. 405; Blankenstein 1896, S. 37.

239 Größler 1880, S. 119, Nr. 126.

Der Teufel

240 Kuhn/Schwartz 1848, S. 159, Nr. 185, mdl. – Vgl. Otmar 1800, S. 27 f.; Sagen Halb. 1847, S. 257 ff.; Größler 1880, Nr. 278; Altmark 1908, S. 12.

241 Schultze-Gallera 1922, S. 243 f., Nr. 3, nach Kalender für Ortsgeschichte von Halle 1901, S. 12. – Vgl. Schultze-Gallera S. 167, 243.

242 Gottschalck 1814, S. 135–137 > Heese 1925, S. 54 f. – Vgl. VZfVk 1, 1889, S. 386.

243 Schultze-Gallera 1922, S. 94 f., Nr. 65, nach Hallischer Kalender 1910.

244 Sommer 1846, S. 52 f., Nr. 45, mdl. aus Seeburg. – Vgl. Winckler 1925, Nr. 111 b.

245 Pröhle 1879, S. 60 f., Nr. 29, nach C.G.F. Brederlow: Der Harz, zur Belehrung und Unterhaltung für Harzreisende. Braunschweig 1851, S. 438 f. – Vgl. Otmar 1800, S. 189 ff.; Gottschalck 1814, S. 304 ff.; Thür./Harz III, 1840, S. 235 ff.; Leibrock I, 1842, S. 108 ff.; Sagen Halb. 1847, S. 129 ff.; Blankenstein 1896, Nr. 14; Siebert 1924, S. 49 ff.; Heese 1925, S. 132 ff.

246 Größler 1880, S. 234 f., Nr. 283, mdl./schriftl.

247 Pröhle 1886, S. 12, Nr. 19, mdl.

248 Leinung/Stumvoll 1894, S. 97, nach Hülße 1887, S. 553 ff. – Vgl. Temme 1839, S. 131; Kahlo 1923, Nr. 204.

249 Leinung/Stumvoll 1894, S. 131 f., nach Hülße 1887, S. 602 ff.

250 Pohlmann 1901, S. 15, Nr. 3. – Vgl. Altmark 1908, S. 15f.

Der Tod und die Toten

251 Siebert 1924, S. 123f.
252 VZfVk 1, 1889, S. 312, Nr. 4, von Frau Adler sen. aus Vehlitz, Kr. Burg, 1876.
253 Größler 1880, S. 153, Nr. 169; mdl./schriftl.
254 Größler III, 1891, S. 168f., Nr. 1, von Rektor Kahnt in Ermsleben. – Vgl. Pröhle 1886, Nr. 93; Saal 1969, S. 82.
255 Witzschel 1866, S. 249, Nr. 255, nach »Mone's Anzeiger 8,60.«
256 Saal 1969, S. 22, nach Reuschert 1933, S. 46, von Cl. Kuntze in Frankleben. Vgl. Nr. 48.

Wütendes Heer und Wilde Jagd

257 Praetorius 1669, S. 28f.
258 Schmiedecke 1955, S. 9f., nach E. Daube in »Zeitzer Heimatbote«, August 1937. – Vgl. Siebert 1924, S. 29.
259 Sommer 1846, S. 7f., Nr. 4, mdl. aus Wettin. – Vgl. ebenda S. 8; Otmar 1800, S. 246f.; Sagen Halb. 1847, S. 482ff.; Leinung/Stumvoll 1894, S. 56ff.; Altmark 1908, S. 24; Schultze-Gallera 1922, S. 188f.; Kahlo 1923, Nr. 127; Saal 1969, S. 84f.
260 Größler I, 1887, S. 14, Nr. 40, aufgez. 1839.
261 Winckler 1925, S. 137, Nr. 125 h, von Gastwirt Hühne, »Gartenhaus«.

Spuk und Spukerscheinungen

262 Erfurth 1902, S. 64f., Nr. 2, »aus dem Volke gesammelt vom Verfasser«. – Vgl. abw. Nier 1937, Nr. 3.
263 Siebert 1924, S. 114f., mdl.
264 Größler 1880, S. 168f., Nr. 191, mdl./schriftl.
265 Größler 1880, S. 171, Nr. 195, mdl./schriftl.
266 VZfVk 1, 1889, S. 347f., Nr. 5, von Frau Adler aus Vehlitz, Kr. Burg, 1876. – Vgl. ebenda S. 22.
267 Nier 1937, S. 19, Nr. 9, von Hans Zeutschel in Hohenmölsen.
268 Witzschel 1866, S. 255f., Nr. 267, nach Thuringia 1842, S. 796.
269 Schultze-Gallera 1922, S. 203, Nr. 13, mdl.
270 Größler 1880, S. 84, Nr. 94, mdl./schriftl. – AaTh 1676 B abw.

Magnet Kyffhäuser

271 Kuhn/Schwartz 1848, S. 217f., Nr. 247.1, mdl. aus Edersleben, Kr. Sangerhausen. – Vgl. Praetorius 1669, S. 10f.
272 Otmar 1800, S. 143f., Nr. 6 > Bechstein IV, 1838, Nr. 8. – Vgl. Kuhn/Schwartz 1848, Nr. 247.4.
273 Otmar 1800, S. 133–140, Nr. 5 > Bechstein IV, 1838, Nr. 16; ders. I, 1858, Nr. 391. – Vgl. Kuhn/Schwartz 1848, Nr. 247.2.; Pröhle 1886, Nr. 52; abw. Otmar, S. 225ff.; Relssieg I, 1846, S. 378ff.; Sagen Halb. 1847, S. 468ff.

274 Otmar 1800, S. 147–150, Nr. 7. – Vgl. Gottschalck 1814, S. 189ff.; Bechstein IV, 1838, Nr. 5; Kuhn/Schwartz 1848, Nr. 247.7., 249; Größler 1880, Nr. 20; ders. I, 1887, Nr. 68; Siebert 1924, S. 43ff.

275 Kuhn/Schwartz 1848, S. 220f., Nr. 247.6, mdl. aus Teutschenthal bei Halle. – Vgl. Bechstein IV, 1838, Nr. 32.

276 Bechstein I, 1858, S. 258f., Nr. 388, nach Otmar 1800, S. 153–158. – Vgl. Bechstein IV, 1838, Nr. 14.

277 Büsching 1812, S. 331–333, Nr. 5. – Vgl. Bechstein IV, 1838, Nr. 11; ders. I, 1858, Nr. 389; Ziehnert III, 1840, Nr. 19.

278 Kuhn/Schwartz 1848, S. 219f., Nr. 247.5, mdl. aus Abberode, Kr. Eisleben, und Teutschenthal bei Halle. – Vgl. Bechstein IV, 1838, Nr. 12; Sommer 1846, Nr. 1.

279 Bechstein IV, 1838, S. 22f., Nr. 10.

In der »Unterwelt«

280 Grimm/Uther I, S. 258f., Nr. 316, mdl. aus Wernigerode. – Vgl. Thür./Harz I, 1839, S. 120ff.

281 Engelien/Lahn 1868, S. 65f., Nr. 38, mdl.

282 Erfurth 1902, S. 68f., Nr. 5, »aus dem Volke gesammelt vom Verfasser«.

283 Sommer 1846, S. 68f., Nr. 60, mdl. – Vgl. Grimm/Uther I, Nr. 283; Thür./Harz III, 1840, S. 198f.; Bechstein 1853, Nr. 316; Pröhle 1879, Nr. 19.

Ortsregister

Das Ortsverzeichnis enthält nur diejenigen Ortsnamen, die in den abgedruckten Sagentexten genannt sind. Die Angabe der Kreise zu den Orten entspricht der Zuordnung nach der Kreisgebietsreform des Jahres 1994.

Dabei wurden folgende Abkürzungen verwendet: Aschlb = Aschersleben, Bernbg = Bernburg, Bittfd = Bitterfeld, Burg = Burg (Jerichower Land), Dess = Dessau (Stadtkreis), Eislb = Eisleben (Mansfelder Land), Halbst = Halberstadt, Haldlb = Haldensleben (Ohre-Kreis), Halle = Halle (Stadtkreis), Köth = Köthen, Krst = Kreisstadt, Magdbg = Magdeburg (Stadtkreis), Mersebg = Merseburg (Merseburg-Querfurt), Naumbg = Naumburg (Burgenlandkreis), Oschlb = Oschersleben (Bördekreis), Quedbg = Quedlinburg, Saalkr = Saalkreis, Salzw = Salzwedel (Westliche Altmark), Sanghs = Sangerhausen, Schönbck = Schönebeck, Stend = Stendal (Östliche Altmark), Weißfs = Weißenfels, Werngd = Wernigerode, Wittbg = Wittenberg, Zerbst = Zerbst (Anhalt-Zerbst). Namen von untergegangenen Orten sind mit einem * gekennzeichnet. – Die Zahlen beziehen sich auf die Nummern der Texte.

(Die Orte, in denen die Sagen aufgezeichnet wurden, sind – soweit bekannt – bei den Quellennachweisen angegeben.)

Bildnachweis

Schedel, Hartmann: Chronicon mundi / Weltchronik. Nürnberg 1493 = S. 17, 154, 232, 262

Constitutio Criminalis Bambergensis. 1507 = S. 238

Lucas Cranach der Ältere. Der Künstler und seine Zeit. Hrsg. von Heinz Lüdecke. Berlin 1953 = S. 105, 107

Agricola, Georg: Bergwerksbuch. Basel 1557 = S. 143

Merian, Matthias: Topographia Superioris Saxoniae / Thüringiae / Milniae / Lusatiae etc. Frankfurt a. M. 1650 = S. 31, 34, 37, 52, 56, 134, 147, 192, 209, 259

Thüringen und der Harz mit ihren Merkwürdigkeiten, Volkssagen und Legenden. Bd. II, Sondershausen 1840 = S. 278

Münnich, C.H.W.: Der Elbstrom von seinem Ursprunge bis zu seiner Mündung in die Nordsee. Dresden 1845 = S. 88, 231, 282

Münnich, C.H.W.: Die malerischen Ufer der Saale. Dresden 1848 = S. 28

Ey, August: Harzbuch. 2. Aufl. Goslar 1855 = S. 241

Dietrichs, Hermann / Parisius, Ludolf: Bilder aus der Altmark. Bd. I–II, Hamburg 1883 = S. 94, 103, 145, 152, 171

Kutschmann, Marie: Im Zauberbann des Harzgebirges. Glogau [1890] = S. 79

Wäscher, Hermann: Feudalburgen in den Bezirken Halle und Magdeburg. Bd. I–II, Berlin 1962 = S. 236, 264

Denkmale in Sachsen-Anhalt. Weimar 1983 = S. 75

Bildarchiv Neumann = S. 18, 140, 220 (Stahlstiche von L. Rohbock), 23, 148

Fast alle Abbildungen geben Ausschnitte der Originale wieder.